JUNK SCIENCE

and the

AMERICAN CRIMINAL JUSTICE SYSTEM

法庭上的偽科學

從齒痕鑑定冤案檢視美國刑事司法系統中的垃圾科學

「科學」證據都可信嗎？咬痕、毛髮顯微鏡比對、工具痕跡、縱火調查、測謊、鞋印、血跡噴濺……
審判中讓人堅信不移的「科學」證據，可能終結犯罪，卻也可能摧毀無辜者的一生。

"Junk science" sounds like science but there is no empirical basis for the "expert opinion"; it is subjective speculation masquerading as science, typically tilted in the government's favor against an indigent person of color.

Nearly half of all wrongful convictions overturned by DNA evidence involve the misuse of forensic sciences. Expert witnesses like Lowell Levine took the stand in these cases and convicted the innocent. In 2012, the Innocence Project began a new initiative: litigating explicitly to prevent the use of junk science in criminal courts and searching for the other Keith Harwards locked away across the country, many on death row.

The focus of the work was on bite mark analysis, but it just as easily could have been shaken baby syndrome, arson investigation, hair microscopy, bullet lead analysis, polygraphs, voice spectrometry, handwriting, bloodstain pattern analysis—the list of discredited forensic techniques is considerable. The question becomes, Why? Why has junk science been accepted by courts, unanimously, for the past fifty years? How does a dentist like Levine become a world-renowned forensic scientist in a field with no basis in science?

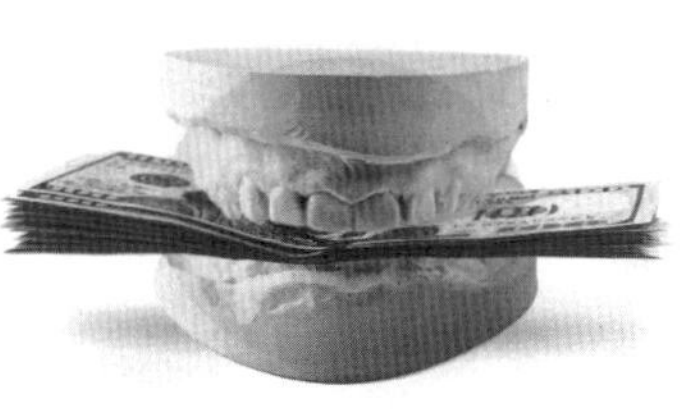

Fierce and absorbing... Fabricant chronicles the battles he and his colleagues have fought to unravel a century of fraudulent experts and the bad court decisions that allowed them to thrive.

——Washington Post

In this intriguing and beautifully crafted book, Innocence Project lawyer M. Chris Fabricant illustrates how wrongful convictions occur, and he makes it obvious how they could be prevented.

——John Grisham

Fabricant expertly delves into now-discredited forensic tactics, including bite mark analysis and outmoded methods used in arson investigations, to show how investigators and prosecutors often used pseudo-science to put innocent people in prison for decades.

——Texas Observer

Few people are more qualified to write about wrongful convictions in the U.S. than M. Chris Fabricant . . . Fabricant's book shows how faulty ideas from blood spatter analysis to shaken baby syndrome were developed, infected court systems, and ruined a still-untold number of lives.

——Reason

克里斯・法布里坎特——著　M. Chris Fabricant

譯——堯嘉寧

For bite marks and hair microscopy, DNA evidence exposed the guild techniques as junk science. But in arson cases, where high temperatures degrade biological evidence, DNA evidence was not available. Instead, arson science was debunked by a series of high-profile arson-murder prosecutions—Lentini in the middle of most of them—that fell apart when prosecution theories were tested in controlled scientific experiments, beginning with a near-fatal capital prosecution in Jacksonville, Florida, in the early '90s.

推薦序

不要在司法科學中念舊

葉建廷

關心冤案的朋友，對於紐約卡多佐法學院成立的無辜計畫（Innocence Project），想必不陌生。於一九九二年成立的無辜計畫，其任務是協助申冤者聲請DNA鑑定，透過DNA平反冤錯，至今已超過三百七十五起平反案件。在成功透過DNA救濟多起冤案後，無辜計畫於二〇一二年成立一個重要的工作部門：策略性訴訟部門（Strategy Litigation department），以「避免垃圾科學進入美國法庭」為核心目標，即便案件仍在訴訟中，也可能受理介入，不以判決確定為限，甚至不論被告是否真實無辜，只要檢察官起訴證據牽涉瑕疵科學，就有策略性訴訟部門參與的可能性。

對於一個以冤案救濟為宗旨的組織而言，把資源運用於「沒有冤的案件」似乎難以想像。然而，根據美國學者布蘭登．嘉瑞特（Brandon Garrett）在二〇一一年針對美國兩百五十起DNA平反案件的研究，有百分之七十四牽涉到科學證據，許多平反者都被法庭上不可靠的鑑定方法而被判罪，例如毛髮比對、咬痕比對（bite-mark comparison）、指紋比對等，苦坐多年冤獄後，才經由DNA平反。換個方向思考，這些錯誤科學讓無辜被告要付出如此嚴重代價，如果能盡可能減少錯誤科學的使用，自然就能減少冤錯。「糾錯也要防錯」，這正是無辜計畫成立策略性訴訟部門的緣由。

咬痕比對源自美國一九七〇年的刑事鑑識實務，發現被害人身上可能的齒痕傷勢，再製作嫌疑人齒模，由聲稱具有比對專業的牙醫，藉由觀察齒模與咬痕之間有無相似或相異之處，作出比對結論，究竟被害人身上的傷口是誰咬的。這群專家們於一九七六年成立美國法醫牙科學會（American Board of Forensic Odontology），並為牙醫們從事認證，專家們也發表期刊論文，介紹案例與比對方法。有專家、有方法，還有專業社群，這時候咬痕比對看來是如此「科學」！沒想到在多年之後，DNA鑑定結果排除涉案，證明那些被比對相符的「行為人」，其實是冤案被害人。

本書作者克里斯．法布里坎特（Chris Fabricant）自二〇一二年起開始在紐約無辜計畫服務，策略性訴訟部門創立後擔任該部門主任，而本書，可以說是該部門運作多年下來的重要成果，以三位冤案被告漫長的平反故事，帶領大家認識以下這兩個問題：**「咬痕比對如何從法庭上的專業意見，變成垃圾科學？這些帶有社會知名度的破案牙醫，如何造成冤案？**」克里斯的文字流暢，讀者們可以迅速地隨著書寫，進入這位冤案救援律師的工作日常——如何受理案件？如何在法庭上與專家抗衡？又如何讓冤案得以進展？

回望台灣，二〇一五年再審開啟，改判無罪的呂介閔冤案，正是受到咬痕比對所誤的冤錯案。專家出具報告指出被害人身上咬痕，百分之九十九點九九為呂介閔所留下，而且是一個具有報復性的、故意的大力咬痕，法院以此專家意見認定呂介閔故佈疑陣，判決有罪。所幸，呂介閔堅持清白，臺灣高等檢察署檢察官為呂介閔發動DNA再鑑定，新鑑定結果排除呂介閔，檢察官並參考美國近年來發展，援引美國國家科學院報告二〇〇九年的NAS報告《提升美國司法科學：前進之路》（*Strengthening Forensic Science in the United States: A Path Forward*），指出咬痕不可採信，為呂介閔聲請再審，開創了近年來檢察官為重大刑事案件聲請再審的先例（臺灣高等法院一〇四年度聲再字第一七九號刑事裁定），台美兩國的冤案救援行動，在呂介閔案的平反上有了重要的交集：**質疑咬痕比對的科學性，並透過DNA平反，而且還是由檢察官重啟調查**。

本書有許多的冤案故事，有令人心碎的遺憾，也有讓人振奮的魔幻時刻。關注冤案的朋友們在閱讀之時，應該都能聯想到台灣的冤案救援行動。對於從事制度改革的夥伴，本書同樣值得推薦。在此，我想特別提到德州的一項特殊冤案救濟制度，二〇一三年，德州立法規範，如果在監收容人可以證明當初判有罪的科學證據有瑕疵，即應給予再審的機會，成為全美率先創立此制度的一州。這個制度，在本書稱作「垃圾科學令狀」（Junk Science Writ）。在冤案救援的世界中，最常面臨的課題是必須回應「**科學證據不科學，並不代表被告就是無辜**」，救援團隊得拿出一翻兩瞪眼的清白證據，才有可能說服法院。德州這項垃圾科學令狀制度的重要性在於，一旦有罪判決援引的科學證據基礎受到動搖，就不能容忍無辜被告繼續困在舊科學裡面。我想到此時此刻正向法院提出第四次再審聲請的呂金鎧先生，當初判決有罪確定的證據，其中有一份是一九九四年的「DNA-HLA-DQα」報告，鑑別力較差，時至今日他仍被迫困在這份鑑定報告裡面。有多少無辜被告因為舊科學而被無奈定罪，我們無從計數。德州這個制度警醒了我們，不要在司法科學中念舊！

科學進展日新月異，以今非古自屬當然。期待有朝一日台灣引進這類制度，不讓垃圾科學困住被告，並讓無辜之人都得以平反，並重獲自由。是為序。

本文作者為律師，台灣冤獄平反協會常務監事

推薦序

質疑科學證據是法律人的工作

金孟華

法律上有一個概念叫做「法安定性原則」，該原則強調的是一個國家的法律規範必須要穩定，不要朝令夕改，這樣人民才會信賴法律、信賴政府的施政，如此才能建立一個安定的法秩序。法安定性原則也影響著司法對於法律的解釋與操作，實務工作者在處理個案紛爭的時候，如果遇到法律上的疑義，所有人都會去尋找過去的實務見解看看能不能獲得解答，司法就是透過實務見解取得穩定性。

然而，法律人尊重前例的習慣遇上科學證據會產生嚴重的問題。首先，法律人如果把法安定性的習慣運用到科學證據上，很容易會產生一種「以前可以使用的證據，現在就可以使用」的預設立場。因此，許多過往使用的科學證據很容易在未經嚴格檢驗的情況下，在個案中持續被使用。此外，大多數的法律人對於司法科學，乃至於科學整體都感到陌生，因此雖然法律上已有機制檢驗進入法庭的所有證據，但實際上這些機制在遇到科學證據時，其效果都會打折扣。第三，許多科學證據存在本身的目的就是為了服務司法，鮮少有其他的用途，本書中提到的如咬痕、工具痕跡、毛髮或纖維比對、火場鑑識等等，都幾乎是這種專門為了司法而存在的技術，因此只要做為使用者的司法，對於證據的品質是可以接受的，司法科學證據不一定會像其他科學領域一樣不斷創新精進。

綜合前述，法律人在評價證據時，習慣沿用過往的前例，這樣的預設模式在法律人欠缺能力檢驗科學證據，以及科學證據本身缺乏創新精進的動力的情況下，最後的結果就是本書中所提到的諸多可信度存疑的（偽）科學證據在法庭中不斷被使用。

我國過往的司法改革討論，多半將重心放在法庭中的「人」身上，比方說因為不信任法官，所以從職權進行主義修改為改良式當事人進行主義，讓兩造有更大的空間主導證據調查的進行；現在隨著國民法官法的實施，更進一步傾向於當事人進行，減縮法官的主導能力。這些變革雖然都是重要的，但是如果法律人對於科學證據的態度沒有改變，關注法庭中的分工與角色對於證據檢驗的品質似乎沒有直接的幫助，我們只是將指責的對象從過往的法官移轉到兩造，然後再讓國民法官一起承擔罵聲罷了。

過去這幾年，只要有機會都會前往美國參與無辜計畫舉辦的年會，每年科學證據都一定會是年會主題之一，站在台上講述科學證據的專家不一定都是科學背景出身的人，很多時候是承辦案件的律師、檢察官、法官。這些法律人有一種辦過某種案件，使用過某種科學證據，執行過專家的交互詰問，就可以來討論科學證據的自信與能力。

我想我們的法律人也可以做得到。在個案中對不懂的議題進行了解，竭力找出不同的可能性並進行說服，本來就是法律人的專業。針對法律議題，過往的實務見解固然重要，但是法律人本來就是在做挑戰實務見解的工作。隨著時間經過，實務見解會隨著個案中的辯論而改變，而法律就是在這個試煉的過程中，不斷進步。期待法律人透過本書認識到科學證據的本質與限制以後，也可以把科學證據的可信與否比擬作法律的辯論，讓每一場審判都使科學證據接受試煉，追求個案正義的同時，也敦促科學證據的持續進步。

本文作者為國立陽明交通大學科技法律學院副教授

中文版作者序

垃圾科學並不是美國刑事司法系統所獨有。它也不是一個新的現象。有科學的地方就有垃圾科學。但是美國的刑事司法系統是全世界最大的：全美有兩百三十萬人遭到監禁，有數千億美元被用於大量監禁，美國文化輸出的歷史也經常令人不安，其中便包括在刑事訴追中使用的垃圾科學。聯邦調查局是全世界頂尖的犯罪實驗室，他們的方法被執法界廣泛認為是最先進的，從一九五〇年代之後就一直享有盛譽。

然而，儘管聯邦調查局的犯罪實驗室享譽全球，但它依然在傳播有害的垃圾科學，這些垃圾科學奪走了許多人的生命。司法科學萬無一失的神話因好萊塢而在全世界永垂不朽。由美國發展出或使其「臻於完善」的鑑識學科，不可避免地被其他國家的執法部門（和電視節目製作人）採用。其中有些技術帶動了對真相的探索，例如司法科學的DNA分析就是一個明顯的例子；有些技術則使無辜的人遭到監禁和死刑執行，「咬痕」比對證據就是一個具代表性的例子。

本書講述的「真實犯罪」故事，對我這個替美國「無辜計畫」工作的律師和我的當事人來說，當然都是親身經驗。不過台灣冤獄平反協會的律師、他們的當事人，以及其他受害者（傷害他們的是偽裝成科學證據的主觀猜測）也可以說出這類故事。就像是無辜的呂介閔，他在二〇一〇年因謀殺女友而被判決殺人罪成立，處有期徒刑十三年。被害者的屍體是在台北內湖的一個公園裡被發現的，被害者胸部的一個疑似咬痕與呂介閔的牙齒相符，這導致他的錯誤定罪。十五年後，臺灣高等法院才根據新的DNA證據改判無罪。

偷走了呂介閔多年生命的垃圾科學是由一小群美國牙醫發明的，而且像病毒一樣在全球傳播，愚弄著容易輕信的陪審員，並使無辜的人被定罪。不過，咬痕證據只是其中一個例子。《法庭上的偽科學》書中還調查了其他不可靠的科技，包括毛髮顯微鏡比對和纖維比對證據、工具痕跡、縱火調查、測謊、鞋印和血跡噴濺，它們都讓無辜的人被定了罪。

台灣的讀者會注意到兩國刑事司法制度存在著巨大差異，例如呂介閔在美國一定會被判無期徒刑，但是科學就是科學，垃圾就是垃圾。垃圾科學永遠無法助長真相的追尋。我寫這本書的目的，是希望一改以為司法科學萬無一失的錯誤描述，這種描述在大眾文化中甚為流行，在法院過往判決中也已經根深柢固。我希望本書能讓台灣刑事司法系統對專家證人的證詞有適度的懷疑。

CONTENTS

第一部

「維吉尼亞州訴基思・艾倫・哈沃德案」與垃圾科學的興起

VIRGINIA V. KEITH ALLEN HARWARD
& THE RISE OF JUNK SCIENCE

維吉尼亞州紐波特紐斯（Newport News）

一九八二年九月一個溫煦的傍晚，二十二歲的特蕾莎．佩隆（Teresa Perron）獨自帶著三個小孩在家，她的三個孩子都不滿四歲，最小的還是嬰兒。對這位年輕的母親來說，那天只是夏末裡平凡的一天：和孩子們在社區泳池裡度過下午，家裡有堆積如山的衣服要洗，晚餐吃義大利麵，飯後還有成堆的盤子。她已經準備要讓孩子們就寢了。晚飯後，她打開電視，在客廳的地板上鋪了睡袋，希望孩子們能夠睡著。孩子們一個個睡下了。雖然特蕾莎很嬌小，身高不滿五英尺（譯按：約一五二公分），體重也只有七十五磅（譯按：約三十四公斤），但是孩子們都還小，她可以把他們抱上樓。她幫孩子們蓋好被子，就回到在走廊盡頭的房間睡覺了。她的丈夫傑西．佩隆（Jesse Perron）在附近的海軍基地值夜班，還要幾個小時後才會回到家。

特蕾莎感到有些不安。她睡不著。那天下午發生的一件事，在她腦海中揮之不去。她開車經過一個站在路旁想要搭便車的水手。但是她並沒有停下來載他一程，而對方隨即朝著她搖下的車窗大喊「婊子！」。後來那天下午稍晚，特蕾莎在後院晾衣服時，注意到有一名穿著海軍制服的男人站在後門邊。在紐波特紐斯看到水手並不是什麼奇怪的事，這個基地本來就駐紮了數千名士兵。但是這個人看起來有點眼熟，說不定就是那個想搭便車的人。他公然盯著特蕾莎看，特蕾莎看向他時，他也沒有把目光移開。特蕾莎直覺地把孩子都叫回屋內，並且把門關上。

大約過了一個小時，她決定起身，下樓去用一根木棍抵住傑西回家時慣常走的後門。約莫晚上十點多，她在客廳的沙發上打起盹來。

前門的敲門聲把她吵醒了。午夜剛過。一定是傑西回來了。她隔著門聽到他的聲音，趕緊開門讓他進來。這對年輕夫婦一起抽了根菸，還閒聊了一會兒。沒多久特蕾莎就上樓睡覺，丈夫回來讓她放心不少，孩子們睡在走廊另一端的房間床上。後來她聽到傑西在洗澡，並感覺到他帶著濕氣的身體爬上床躺在她身邊，接著夫妻倆都墜入深沉的夢鄉。

大約一小時後，特蕾莎再度被一個「巨大的」聲音驚醒。她睜開眼睛，看到床邊有個穿著海軍制服的男子手裡握著一根鐵撬。他舉起鐵撬砸在傑西的頭上，血濺得整個臥房都是。這名入侵者用另一隻手把特蕾莎從床上拉下來，用穿著靴子的腳把她踩在地板上。受重傷的傑西動了動，該名水手再次用鐵撬敲向他，並警告特蕾莎不要出聲，他說他不會殺了傑西，只是要「把他打昏」。傑西無力反抗。他倒在那裡，重擊聲又取代了短促的掙扎聲。

水手把鐵撬丟在特蕾莎身旁的地板上。他伸手扒開她的睡衣，趁她丈夫正奄奄一息倒在床上，性侵她並對她肛交。結束後，他又警告她說，如果她發出聲音或是不按照他的要求去做，他就會攻擊她的孩子。他把她拉起來，用手臂環住她的脖子，讓她覺得快窒息了。他用一片尿布蒙住她的眼睛，從後面壓著特蕾莎的脖子帶她走出臥室，往樓梯走去。

樓下一片漆黑，靜悄悄的。當他們走進廚房時，特蕾莎聞到對方的手臂上有象牙牌（Ivory）肥皂的味道，耳邊也能感受到他的呼氣，他叫特蕾莎從冰箱裡拿一瓶百事可樂給他。在幽暗的客廳裡，水手問特蕾莎抽不抽菸。她拿起茶几上的香菸，水手點了一根給她，也為自己點上一根。他們兩個一起坐在黑暗裡抽菸，他的手臂始終架在她的脖子上。過了幾分鐘吧，他把菸捻熄在百事可樂的空瓶裡，然後靠向她。睡袋還鋪在客廳的地板上，他在那裡又性侵了她一次；接著把她移到沙發上，在那裡對她肛交。在最後一次侵犯她時，他咬了她的大腿幾次，留下幾道痛苦的咬痕。

特蕾莎自始至終都沒有大聲喊叫，也沒有抵抗，她默默流著淚，忍受被粗暴性侵的痛苦、被惡毒撕咬的劇痛。完事後，水手坐在沙發上，在黑暗中抽著菸，特蕾莎則躺在他腳邊，蜷縮在地板上，等著接下來將發生的事。最後，他叫她鑽進睡袋，把拉鍊拉到她頭上。水手問她怎麼前往諾福克（Norfolk），她回答他，還聽到他翻她錢包

的聲音，然後他便從後門離開了，往沃里克大道（Warwick Boulevard）而去，走進黑夜中。（原注1）

這個慘劇發生的整個過程都很安靜，特蕾莎的三個孩子都還在樓上睡覺。他們的父親死了。他們的母親一直躲在睡袋裡，直到她確定水手已經走了，然後她走上樓去，拿出她的來福槍，報了警。

警車和救護車隨後趕到。醫院遵照通常的程序，由一名醫生操作一套「性侵採證套組」來保存生物跡證。遍布在她大腿上的紅腫咬痕被拍了數十張照片。在接下來幾天的混亂中，特蕾莎看了數百張可能嫌疑人的臉部照片，但是一點用都沒有。她無法指認。她只記得入侵的是一個白人，鬍子刮得很乾淨，塊頭跟她死去的丈夫差不多，身高五呎十吋（譯按：約一七八公分），體重一百五十磅（譯按：約六十八公斤），而他的制服袖子上有「三個交疊在一起的V字」。調查人員認為這個軍徽顯示這名水手的軍銜是少尉三級（以下），他可能是當時停靠在海軍基地的卡爾文森號（Carl Vinson）航空母艦的士兵。

有數千人符合特蕾莎對嫌犯的描述。

犯罪現場調查人員在屋內進行蒐證，採集指紋，保存菸蒂、沙發墊和尿布。他們也對鄰居做了訪談，但是沒有人看到或聽到什麼，完全沒有任何線索。第一個看似有幫助的訊息來自當晚在五十街海軍基地大門的駐衛。在凌晨四點半到五點間，他看到一名年輕的白人水手穿著血跡斑斑的制服返回基地；如果入侵者在襲擊兩人之後立刻返回基地，的確差不多就是這個時間。一隻嗅探犬聞了襲擊事件中的尿布，然後跟隨這條線索，一路從佩隆家來到第五十街的海軍基地大門。

駐衛提供的情報和嗅探犬的追蹤證據，使人們更加相信凶手在犯下當晚的襲擊罪行之後，就返回航空母艦，隱身在基地駐紮的數千名士兵當中。要怎麼從這一大群人裡鎖定嫌疑犯呢？調查人員回頭檢視手邊的證據，將咬痕視為識別「咬人者」（也就是凶手）的可行方式。

幾天後，地區檢察官威拉德・羅賓遜（Willard Robinson）寫了一封信給卡爾文森號航空母艦的指揮官，提出一個不尋常的要求。信中描述了傑西・佩隆遭到謀殺和妻子特蕾莎被性侵的事。羅賓遜解釋說，紐波特紐斯刑警目前收集到的有限證據顯示，犯案的是卡爾文森號上的一名低階船員。他要求指揮官協助他確定有哪些士兵大致符合特蕾莎的描述。搜索參數將嫌疑人的範圍縮小到大約一千三百名水手。羅賓遜要求提供這一千三百名男性的牙齒紀錄，並說明這個不尋常要求的原因：被害者腿上留下可供識別凶手的咬痕；一名「齒科專家」檢查傷口之後，判斷「凶嫌的『上顎右正門齒』（尖前牙）有「錯位」。（原注2）他們要找的是一個牙齒不整齊的水手；除此之外，沒有其他線索。

在接下來的五個月裡，兩名牙醫參與了可能是有史以來最大規模的牙齒搜捕網。他們檢查了這一千三百名水手的牙齒X光照片。有些人被標記起來，要再做進一步檢查，也有些人被排除在可能的嫌疑人之外。他們替所有可能的「咬人者」都做了蠟質咬痕印模，並且比對特蕾莎大腿上的咬痕照片，但是沒有任何一個齒痕被認為是確定「比對相符」的。沒有什麼可以拿來當作起訴證據。

首席調查員查爾斯・「查克」・史賓納（Charles "Chuck" Spinner）的偵查陷入了泥淖。這個方法看起來無異於是想在幾千隻大小和形狀都差不多的魚群裡辨認出某一隻魚。案件發生後的幾個月內都沒有出現新證據。現場沒有再發現新的指紋；也沒有出現新的證人。根據犯案者的合成素描畫也找不到嫌疑人，調查人員絕望到孤注一擲。他們想從僅有的兩名證人身上榨出更多細節，甚至還求助於催眠。但還是什麼都沒有。

案情越來越讓人洩氣，破案的壓力卻不斷累積。紐波特紐斯人的共同焦慮快要炸鍋了。他們之中就住著一個怪物，而且大家都知道他在哪裡：就在卡爾文森號航空母艦上。被害者的家屬開始大聲疾呼，並聯繫他們的民意代表。（原注3）一九八三年二月下旬，美國參議員保羅・崔布爾（Paul Tribble）的郵箱裡躺了一封他們寫來的信。信裡大致描述了這起還未破案的殺人案件經過，並強調所有證據都指向卡爾文森號航空母艦的一名水手。他們表示：有一名殺手逍遙法外，但是美國海軍情報局（Office of Naval Intelligence）卻對破案拖拖拉拉的。海軍情報局不願意與紐波特紐斯警察局合作，共享他們的情報。

兩天後，這位參議員寫信給海軍的立法事務負責人，表達了選民的擔憂，並要求提供該調查的資訊。他在信後附上一份日期為三月十日的備忘錄；第二次又附上了那些驚恐的地方人士寄來的信件。一週後，崔布爾來自紐約的有力同僚參議員阿爾豐斯・達馬托（Alfonse D'Amato）加強施壓，支持崔布爾要求海軍內部加快速度找出真凶。

十天後，一名派駐卡爾文森號的二十六歲水手基思・艾倫・哈沃德（Keith Allen Harward）因為與本案不相干的指控遭到逮捕。那個案子倒是沒有什麼特別值得注意的，就是哈沃德和他女友格拉迪斯・貝茨（Gladys Bates）在酒醉之後的家暴案件。不過對於佩隆案的調查人員來說，這個案件有幾個細節吸引他們的注意。首先，哈沃德是一名水手，也大致符合特蕾莎的描述，而且他還因案被逮捕了，所以看起來就和其他小魚不太一樣。不過還有一件事特別敲響了史賓納刑警腦中的警鈴：哈沃德會咬人。據稱在家暴事件中，貝茨用煎鍋打了哈沃德之後，他朝她的手臂咬了回去。

雖然特蕾莎說襲擊她的人鬍子刮得很乾淨，哈沃德卻留著小鬍子，但是其他描述都相符：哈沃德是一名低階水手，他的年齡符合，他和合成的素描畫甚至有幾分相像。此外，他的「齒列」（牙齒的咬合面）也被標記為特蕾莎大腿上咬痕的可能來源。哈沃德那顆歪斜的犬齒在搜捕網中並沒有被遺漏，而且現在大家都知道他會「咬人」了。這是第一個確確實實的線索。調查的重點本來是幾名離營不歸的水手，現在也都轉向哈沃德。

刑警也知道兩名牙醫對一千三百張X光照片進行的初步審查中，已經將哈沃德排除在可能的「符合對象」之外。但是他們要看這麼多張X光，很容易有漏網的小魚，而且這些都是在哈沃德被確定為嫌疑人之前發生的事，那時候所有其他證據都還沒有就定位。此外，那兩人只是當地的牙醫，並非專業醫療協會認證的專家。調查人員決定向洛威爾・萊文（Lowell Levine）醫師徵求意見，萊文醫師是這個相對新的咬痕證據領域的專家。萊文不只是一名對法醫學有涉獵的家庭牙醫，他還是一名全職的「法醫口腔學家」（forensic odontologist），同時是美國法醫牙科學會（American Board of Forensic Odontology, ABFO）認證的「專科醫師」。（「口腔學」和「牙科」是可以互換的術語。）

就在哈沃德因為與女友發生爭吵而被傳訊的同一天，紐波特紐斯警局將他的牙齒模型和傷口照片一起寄給人在紐約的萊文。特蕾莎・佩隆當天也到了法庭。史賓納刑警讓她出席對哈沃德的傳訊，希望她能夠做指認。當時的情況就是準備好要讓她指認了。哈沃德已經被拘留，戴著手銬站在地方法官面前，他被控以施暴的罪名，而且大家都知道他會咬人。特蕾莎需要做的就是動動她的手指，指向他。然而她沒有。雖然指認過程充滿暗示性，但是她始終沒有指認哈沃德。她從來沒有真正仔細地看過對她施暴的人。她無法肯定。

萊文也無法肯定。他的初步報告指出哈沃德的牙齒與咬痕「一致」，但是如果要得出最後結論，還是必須檢查原始的牙齒模型，並且與「實物大小」或是「一比一比例」的咬痕照片比對。（原注4）待他審視過這些資料之後，就可以製作報告，並與調查人員會面討論他的分析。萊文也被安排飛往紐波特紐斯協助調查。

與此同時，史賓納刑警繼續對哈沃德進行調查。在特蕾莎無法指認他唯一的嫌犯哈沃德的兩週後，史賓納決定從海軍基地的駐衛下手。這次終於讓刑警知道那天晚上穿著血跡斑斑制服的水手是誰了。他們拍了哈沃德的臉部照片。駐衛端詳著這名年輕人的臉，指認他就是事發那晚返回基地的那名水手。卡爾文森號上的三千名嫌疑犯減到只剩下一名，他就是來自北卡羅來納州的年輕海員基思・哈沃德。

調查取得了重大進展；幾乎可以表決起訴★了，但是還缺少物證，沒有證據表明哈沃德就在現場。當時DNA鑑定才剛成為一種可行的法醫技術；血清學（血型）檢驗的結果則顯示「不確定」；沒有其他目擊者，哈沃德在警方的嚴厲訊問下一概否認涉案。咬痕證據依然是替佩隆一家伸張正義和平息眾人恐懼的最大希望。

★編按：vote an indictment，表決起訴是指大陪審團（grand jury）可投票決定是否對嫌疑人進行起訴，此類決定是否起訴重罪嫌犯的陪審團，是依據美國憲法第五修正案所設，又稱「起訴陪審團」，目的在避免檢察機關濫行起訴，保障人民基本權利。

在駐衛做出指認的七十二小時後，從紐約搭機而來的萊文也降落在紐波特紐斯機場，與當地的刑警會合。這名法醫牙科專家近來因為在連環殺手泰德．邦迪（Ted Bundy）的審判中做證而成為破案名人（邦迪案是首次由全美電視轉播的審判案件）。萊文還利用齒科紀錄確認了埋在巴西的納粹戰犯約瑟夫．門格勒（Joseph Mengele）的屍體（門格勒的遺體以假名被葬在當地一個墓地），因此獲得了國際聲譽。

一等萊文抵達維吉尼亞，刑警就把強化後的咬痕照片交給他，讓他直接展開分析工作。他在當天晚上就提出意見：那個咬痕是基思．哈沃德在特蕾莎．佩隆的大腿上留下的。地區檢察官羅賓遜的團隊第二天早上就聚集在紐波特紐斯警局，由萊文重述他的調查結果。地區檢察官希望這些證據有足夠的說服力起訴哈沃德，他現在可以鬆一口氣了。六個月以來無止盡地篩選嫌疑犯，卻只是換來一次又一次的挫折，還有兩名美國參議員親自出面施壓破案；他自己的選區居民則生活在恐懼中，只能盯著街上的水手尋找犯罪跡象。

在萊文坐下的一小時後，羅賓遜已經確定咬痕是由哈沃德的牙齒造成的，他也準備要起訴了。但是這件案子還有一個漏洞，其實是兩個：就是原本將哈沃德排除在外的兩位「齒科專家」。他們一定是弄錯了。羅賓遜決定再尋求第二份委員會認證的法醫牙科專家的意見，才能夠將案子提交給大陪審團。（原注5）萊文也知道他應該打電話給誰。就在羅諾克市（Roanoke），有一名美國法醫牙科學會的專科醫師也在展開這個領域的工作。

日後在一九九〇年代的體育賽事轉播員馬夫．艾伯特（Marv Albert）那駭人聽聞的性侵案審判中，阿爾文．凱吉（Alvin Kagey）醫師將會以咬痕專家之姿大放異彩，但是當史賓納刑警找到他位於羅諾克的辦公室時，凱吉還只是初出茅廬的法醫。當時的凱吉是一名中年的家庭醫師，他在一九六三年於自己家鄉開了一間生意不錯的牙科診所，但是在替人洗了二十年的牙和做根管治療之後，他覺得自己想要更多。凱吉在七〇年代後期對法醫牙科學產生興趣，並於一九八〇年加入有美國法醫牙科學會認證的法醫牙科專家的壯大行列。他在那時就已經開始進行屍體辨識，但是並沒有接到什麼重大的咬痕案例。（原注6）

萊文在警局作完陳述後的第二天早上，史賓納刑警便來到羅諾克。這位經驗老道的凶殺案刑警的職業生涯即將結束，他想要親自把證據交給凱吉。他帶著特蕾莎大腿傷口的照片、三個齒模（分別取自傑西．佩隆、基思．哈沃德和另一名在搜捕過程中被標記為牙齒歪斜的水手），以及用這些齒模製作的蠟質咬痕印模。史賓納從紐波特紐斯出發的四小時後，便抵達了凱吉的辦公室。（原注7）

牙醫立即展開分析，他把三個齒模在強化後的照片上旋轉來旋轉去，一邊尋找牙齒和咬痕之間的一致性。過沒多久，他就在腦海中形成了一個觀點：可以把傑西・佩隆排除了，咬痕比較可能是刑警認為的主要嫌疑人造成的。凱吉只需要再花一點時間來分析證據，就可以做出最後結論了。隔天凱吉就把自己的調查結果匆匆寫成兩頁報告，送給地區檢察官羅賓遜：「的確是哈沃德先生咬了佩隆太太。」（原注8）地區檢察官在當天稍晚與刑警會面，表示檢方將在下週一以謀殺、性侵、強制肛交和強盜（因為哈沃德從特蕾莎的錢包裡拿走了現金）等罪名起訴哈沃德。

雖然已經決定要起訴，但是在案件進入審判之前，還是有兩個未了的問題必須解決，也就是最初將哈沃德排除在外的「齒科專家」。既然有這樣的意見擺在那裡，辯方就可以告訴陪審團：這些證詞是檢察官篩選出來的。史賓納決定重新走訪當初檢查卡爾文森號船員X光照片的當地牙醫羅伯特・貝恩斯（Robert Banes）醫師。兩人在貝恩斯醫師位於維吉尼亞海灘的辦公室見面，重新檢查了一次證據（包括咬痕的「強化」照片）。他們一起坐下來之後，貝恩斯就開始逐漸把他的意見改成和起訴理論一致。當刑警離開貝恩斯的辦公室時，他做出的結論已經變成：哈沃德有百分之七十到八十的可能性是留下咬痕的人。（原注9）第二位牙醫是一名海軍中尉，他也被要求重新審視證據。他同樣修改了自己的意見，於是「維吉尼亞州訴基思·艾倫·哈沃德案」（*Commonwealth of Virginia v. Keith Allen Harward*）便加速邁向審判之路。

在表決起訴和挑選陪審員之間的三個月，辯方律師諮詢了另外兩名也是由學會認證的牙醫，斯坦利·施瓦茨（Stanley Schwartz）醫師和路易斯·艾比（Louis Abbey）醫師。兩位專家都同意萊文和凱吉的結論。鑑定證據可以說是一面倒。六位專家都得出相同的結論：咬人的就是哈沃德。

辯方只能夠在沒有反方專家證詞的情況下進入審判，他們只能依靠交互詰問來削弱咬痕證據。

地區檢察官羅賓遜從一開始就告訴陪審團：他主要是依靠鑑定的證據。他在開場陳述中直陳：「這是一件科學證據的案子。您會聽到咬痕專家的證詞。您會聽到洛威爾·萊文醫師的說法，他是該領域的世界知名權威，他將在本案中作證，並告訴您何謂咬痕鑑定領域。」檢察官接著解釋為什麼咬痕如此重要：「佩隆太太認不出襲擊她的人。」只有法醫學家才能夠站在證人席上指認哈沃德。

羅賓遜傳喚了他的第一位證人特蕾莎·佩隆。她陳述的內容就像一場活生生的噩夢，很難想到比這更可怕的描述了。鐵撬、血流滿地、尿布、一起抽菸、狠咬她的大腿、威脅她如果反抗就要攻擊她「可愛標緻」的小女兒、為了避免波及熟睡中的孩子而數小時不發一聲地忍耐著性折磨——這名現年二十三歲的寡婦向陪審團道出了這一切。她從未指認哈沃德，但是她在證人席上描述的那名水手，聽起來就很像坐在被告席上的那個年輕人：相符的年齡、軍階和體型。除了小鬍子。

控方的終結陳述是聯邦明星證人洛威爾・萊文出庭表達意見。他先是從他的資歷開始講：他是一名「美國法醫牙科學會認證的專科醫師」，美國司法部、國防部、紐約州警察局、紐約州驗屍官辦公室、國家運輸安全委員會的法醫顧問；他曾為美國地區檢察官學院（National College of District Attorneys）的地區檢察官提供咬痕證據培訓（包括羅賓遜團隊中的一名檢察官）；他也為紐約州警察局的「七百名成員」進行了「最新技術和法醫學」的培訓；他曾對哥斯大黎加、委內瑞拉和厄瓜多的執法機構進行咬痕證據的演講；他發表過許多關於法醫牙科學的文章和兩本教科書；最後，他在九個州、哥倫比亞特區和幾起軍事法庭的訴訟中都獲得了專家資格。

花了半個多小時詳細呈現萊文的簡歷之後，檢察官要求法官認定萊文的專家資格。（原注10）法官轉向哈沃德的律師，詢問他是否要挑戰萊文的資格。通常對造律師會在這裡進行初步攻擊，想辦法讓陪審團產生一些懷疑，他們會反對該名專家的資格，說那名「專家」的整個領域都是假的。哈沃德的主要辯護律師羅伊・拉斯瑞斯（Roy Lasris）承認咬痕對他而言是「全新的」，他只有提出一個問題要求澄清：「萊文醫師，法醫口腔學是牙科的委員會嗎？您到底是哪種協會的成員？」

這名牙醫回答：「我是美國法醫牙科學會的專科醫師。」

拉斯瑞斯坐回座位，表示他沒有更進一步的問題了，於是萊文被正式宣告為「專家證人」，這是法院授予的特殊地位，這類證人可以針對一般素人陪審員的經驗或理解能力未逮的事項提出證言。

萊文手裡拿著投影筆，權威地挑起雙眉，拿著他這行的基本工具站在陪審團面前：被認為是咬痕傷口的照片，以及被認為是造成這些咬痕的牙齒輪廓。這些放大的照片就是大家都知道的咬痕；特蕾莎作證說性侵她的人咬了她。萊文的工作是在陪審團面前，把哈沃德的牙齒和那些傷痕合在一起。

當檢察官在陪審團面前展開陳述時，他問了證人一個重要的先決問題：**為什麼是他**？難道「專家會看到我們這些非專業的人在評估咬痕時看不到的東西嗎？」

「噢，當然，當然。」

萊文輕敲他的投影筆，開始展示他的專業知識讓他看到的那些微妙事物。例如哈沃德有一顆牙齒「向旁邊歪斜，那顆歪掉的牙齒尾端有一點岔開，或者可以說像一個扇形」，它「完全對得上」其中一個咬痕。還有另外一顆牙齒由於「一些斷裂」而「呈現鉤狀」，這是一個「獨特的特徵」。萊文把那顆斷牙的輪廓放在咬痕的照片上，由此看出它可以「完全吻合」。萊文的結論是：「在這個世界上，沒有其他人的牙齒

會完全長得像這樣。」否則就是「傳說中的雙頭小牛」★了。（原注11）

羅賓遜問道，是不是只要有「任何一個你在照片中看到、但是在齒模上找不到的東西」，就會排除哈沃德是咬人者的可能性。

「是的。」

「譬如一個小缺口或是斷裂？」

「例如一個缺口，如果有一個不應該在那裡的缺口，卻出現在那裡。譬如，假設有一個裂縫，那就應該有一個痕跡，如果沒有就會排除這個人了，是這樣的沒錯，檢察官。」

拉斯瑞斯在反詰問中採取了直接點明的方式。他指出咬痕中有一些「裂縫」沒有呈現出來，這表示哈沃德的牙齒並不吻合；雖然萊文堅持吻合。這也是拉斯瑞斯唯一能用的辯護了。因為他一直找不到辯方專家。

但是這位牙醫用他的訓練和經驗駁斥了律師過分簡化的批評：「我可以再說一次相關的理論和實際狀況。常識是：如果一顆牙的位置高於其他牙齒，它就不會留下牙印。或者說，如果某一顆牙的位置比其他牙齒低的話，它就會留下牙印。但不幸的是，你可以根本不必理會常識，因為在我們發現的實際案例中，我可以用文件證明給

★編按：Two-Header Calf 出自於美國詩人 Laura Gilpin（1950-2007）的九行小詩，在詩中，出生即有雙頭的小牛被稱為是一種「自然怪物」（freak of nature）。萊文醫師在此處引用此詞是想要強調，傳說中的自然怪物是相當異常、獨特的存在，以補強前句「沒有其他人的牙齒會長這樣」的論點。

你看，出於某種原因，位置比較低的牙齒還是沒有留下牙印。」萊文繼續說道：「我知道你會覺得這很不合理，但是相信我，我已經看過數百起這類案例了，而且我想，如你所說的，這是你見過的第一個案子。雖然這在現實中說不過去，不過你知道的，如果你問我，我可以告訴你在數十個案例中的確發生過這種情況。」

拉斯瑞斯對此也沒有答案。這是他的第一個咬痕案件。他又坐了回去。

覆主詰問時，羅賓遜要萊文再次拿出他的投影筆。他問道：您在咬痕上「看到了獨特的缺口和特徵」嗎？

「是的。」

萊文最後做出一個明確的結論：「出於合理的科學確信，可以認為腿上的咬痕是哈沃德先生造成的。」合理的科學確信意味著「非常、非常、非常、非常高的可能性。同時還有其他人擁有所有的這些特徵，實際上是不可能的」。（原注12）

凱吉也扮演了替補角色，他強化了萊文的論點：哈沃德就是製造那個咬痕的人。「可能性如此之高，已經超越了任何合理的懷疑。如果你想問我有多少可能性，我會說是百分之九十九以上。」（原注13）

哈沃德的家人看到牙醫的證詞後，簡直嚇得說不出話來。他的父母從北卡羅來納

州而來，從來沒有錯過任何一天審判，他的哥哥們也都盡可能出席。哈沃德的哥哥查爾斯和家裡其他人從未懷疑弟弟的清白。他聽完大部分證人的證詞，但是心裡清楚基思不可能做出被指控的那些暴行。

不過隨後就由萊文掌控了法庭大局，查爾斯也無法否認，他內心開始有所懷疑。

他弟弟的齒痕怎麼會出現在特蕾莎・佩隆的身上？

哈沃德出庭為自己辯護。他證稱襲擊事件發生當晚，他和格拉迪斯・貝茨在一起，貝茨也在證詞中確認了這一點。但是不在場證明敵不過科學證據，哈沃德很快就被判處所有罪名成立。他的處刑可能是要坐上維吉尼亞州的電椅，羅賓遜力促陪審團嚴懲這個不思悔改的凶手。攻擊的邪惡程度、特別令人同情的受害者、侵入對方家裡（還是夫妻床笫），這一切都在呼喚死刑。羅賓遜有充分的理由相信他的論據會占上風。維吉尼亞州的陪審團傾向裁判死刑案件有罪成立，在二〇二一年廢除死刑之前，維吉尼亞州並不吝於動用行刑室，該州處決的居民人數僅次於德州；有一次還在一天內處決了五個人。（原注14）

哈沃德虔誠的雙親乞求陪審團饒了他們的小兒子一命。他母親泣訴道：「您們一定無法想像這件事對我們造成什麼影響。他是我們的寶貝，我唯一能夠說的，就是求求您們可憐可憐他吧。」（原注15）他父親在證人席上崩潰，那是哈沃德唯一一次看到他哭泣。

最終陪審團饒了哈沃德一死，但是他再也不曾在監獄高牆外與他的父母相見了。他父母都在真相大白——證明他們的兒子是無辜的——之前就過世了。真正的凶手是卡爾文森號上的另一名水手，他的名字叫傑里．克羅蒂（Jerry Crotty），他後來是因為綁架罪名而入獄，並於二〇〇六年死在俄亥俄州的監獄，但是在那之前，他又持續攻擊了其他幾名女性。

基思．哈沃德在一九八七年一月踏進梅克倫堡矯正中心（Mecklenburg Correctional Center），成為第 1125797 號囚犯，開始在殘酷的維吉尼亞州刑罰體系中度過餘生，當時他才二十七歲。有三十多年期間再也沒有人聽到他的消息，直到我的律師助理在偶然間看到維吉尼亞州最高法院維持他殺人罪定罪的意見，並把這份意見書放在我於無辜計畫（Innocence Project）辦公室的桌上。

第一章

垃圾科學與美國刑事司法制度

在美國的刑事法庭中，披著「科學」的外衣經常被認為就是披著「正義」的外衣——但它們充其量只是令人憧憬的用詞。「科學證據」會對真相提出特定主張，一個值得信賴的保證，讓陪審團賴以做出攸關生死和自由的決定。好的科學是客觀的；它與審判的結果沒有利害相關；它所仰賴的研究是以科學方法為基礎，而不只是「訓練與經驗」。「垃圾科學」（junk science）**聽起來**像是科學，但是這些「專家意見」並沒有實證基礎；它是偽裝成科學的主觀推測，通常會傾向支持政府對有色人種的偏見。

在DNA證據推翻的所有錯誤定罪中，將近一半涉及司法科學的濫用。這些案件中會有像是洛威爾·萊文這樣的專家證人出庭，讓無辜的人被判有罪。無辜計畫在二〇一二年展開一個新的作法：明確地透過訴訟防止刑事法庭使用垃圾科學，並在全國各地尋找其他被關押的基思·哈沃德，其中還有許多人是死刑犯。

哈沃德案的重點是咬痕分析，其他案件的重點也可能是嬰兒搖晃症候群（shaken baby syndrome）、縱火調查、毛髮顯微鏡比對、彈頭分析、測謊、聲紋圖譜學、筆跡、血跡型態分析——我們可以列出一長串名譽掃地的司法科學技術。於是問題就變成了：為什麼？為什麼在過去的五十年間，法院毫無異議地接受垃圾科學？像萊文這樣的牙醫，是如何在一個沒有科學基礎的領域成為世界知名的鑑識科學家？

那裡還有多少個基思·哈沃德？

第二章

牙醫做為鑑識專家

紐約州長島亨廷頓（Huntington）

一九七八年春天，洛威爾．萊文和他的妻子芭芭拉坐在他們位在長島北岸的家中，那是這位牙科手術醫師（DDS）／美國法醫牙科學會的專科醫師（D-ABFO）在「維吉尼亞州訴基思．艾倫．哈沃德案」中出庭作證的五年前。他們客廳的牆上投影著據說是咬痕的圖像。標榜「為了全世界男人」的《Oui》雜誌記者坐在這對夫婦的沙發上；該雜誌現已停刊，它是一份類似《閣樓》（*Penthouse*）風格的軟調色情出版物。記者要採訪萊文有關咬痕證據這個新興領域的故事，還有這一群最近開始自稱為「法醫牙科專家」、在刑事審判中以專家證人身分出庭作證的特殊家庭牙醫。

在《Oui》採訪時，像萊文這樣的牙醫師才剛開始跟隨法醫病理學家（forensic pathologist）開闢的道路從事法醫職業。(原注1) 雖然醫師參與死亡調查已經有幾世紀的歷史，但是「法醫病理學家」直到二十世紀中葉才開始出現職業組織，並由委員會提供認證。這個進展反映出法醫學在美國變得益發專業化，知名度也提高了——美國聯邦調查局實驗室是司法科學的龍頭，二次大戰後成為世界上首屈一指的司法科學實驗室。實驗室的「特別幹員」被視為冷靜精明、身上帶著顯微鏡的 G-Man★形象，他們會利用實驗室的最新技術，在全國各地偵破犯罪行動。州執法機構也開始設立自己的犯罪實驗室。越來越多人認為「鑑識專家」是一種可行的、值得期待的職業。甚至連

★譯按：科幻遊戲人物。

色情雜誌都想寫一篇介紹文。

同一時期，媒體對駭人聽聞的刑事審判做了大量報導，也使鑑識專家成為名人。山姆．謝潑德（Sam Sheppard）醫師因為謀殺妻子而兩次受審的傳奇故事體現了文化的時代精神。最高法院撤銷了這位俄亥俄州醫生的前審有罪判決，該案在一九六六年重新審理，震驚了整個國家。如同一位法律學者所描述的，這個「世紀審判」是「美國史上最轟動的媒體情況證據（circumstantial evidence）★謀殺案之一」。（原注2）（哈里遜．福特在《絕命追殺令》中飾演謝潑德一角，該劇是受到本案啟發的兩部電影之一；另一部是喬治．比柏〔George Peppard〕在一九七五年主演的電影。）本案也和許多情況證據的案件一樣，司法科學成為起訴謝潑德的關鍵。飛濺的血跡、犯罪現場重建、法醫病理學，甚至還有一些咬痕證據（謝潑德的手上沒有這類傷痕），都在震驚世人的謝潑德無罪宣判中扮演了重要角色，並且有助於將「司法科學」嵌進大眾的想像。

除了聯邦調查局探員，法醫病理學家也成為明星：他們成了用科學解決最棘手犯罪的「醫學偵探」。像米爾頓．海爾彭（Milton Helpern）醫師這樣的病理學家成為家喻戶曉的人物。紐約最大的公共廣播電台WNYC稱他是「紐約市最著名的首席法醫師——『使用顯微鏡的福爾摩斯』」。（原注3）在七〇年代後期繼承海爾彭的邁克爾．巴登（Michael Baden）醫師也成為國際名人，他最後還主演了以他自己為主角

★編按：又稱間接證據，基於常識可合理從中推斷待證事實的情況或事實，而非個人親身經歷或親眼所見的事實。亦指除證人證言以外其他形式的證據。

的HBO影集《驗屍》（*Autopsy*）。廣受歡迎的電視節目《昆西法醫》（*Quincy, M.E.*）講述一名破案的法醫病理學家的故事，當萊文接受《Oui》採訪時，它已經播到第三季了。

不過牙醫師大致上還是處於第二線。如同《Oui》的觀察所示：「電視啟發我們的年輕人，但是基本上沒有注意到牙醫。」（原注4）其實「綜觀歷史，牙科學一直是醫學界的醜小鴨」。（原注5）讀者們會想起「一個老笑話說：牙醫就是那些分數進不了醫學院的人」。不過有一小群志趣相投的牙醫師走進司法體系，讓自己扮演破案的角色，改變了人們對該領域的看法。《Oui》預測，「很快，就會有新型態的牙醫師加入英雄榜的行列。」萊文也準備好了。他說：「我們要面對一件事，牙科醫學在知識上不是那麼能夠激發熱情。」他在美國法醫牙科學會的同僚萊斯特．倫茨（Lester Luntz）也同意這個說法。他告訴該雜誌：「咬痕是未來的領域。你會從這裡開始接觸到牙醫學性感的一面。」（原注6）

一九七〇年代後期眾多吹捧言論記載著法醫牙科學的興起，像是偏愛穿「一百五十美元的鞋子」（依一九七八年的幣值）、「衣著講究」的牙醫師這種令人欽羨的形象，許多這類文章還發表在牙醫通訊中。這個領域的先驅，諸如紐約的萊文和洛杉磯的傑拉德．韋爾（Gerald Vale）等牙醫，被形容成勇猛的犯罪鬥士，他們英俊、強健、風流、喜歡拿死亡當幽默、不害怕屍體、技術高超。他們是男人中的男人。這類形象看起來像是在招募對現狀不滿的郊區牙醫；就像是羅諾克市的阿爾文．凱吉這樣的牙醫。

「您究竟處理過多少顆蛀牙，才出現那種似曾相識的感覺？」《洛杉磯時報》（*Los Angeles Times*）問道。（原注7）「當然，有些牙醫師是很滿足的。畢竟酬勞不錯，工作時間也很規律。但是也有例外，例如傑拉德．韋爾醫師。他是洛杉磯的頂尖牙醫之一，但是他有好幾年沒有給人補牙了。韋爾是洛杉磯郡的首席法醫牙科專家和副驗屍官。他的工作是填滿牢房，而不是填補蛀牙。」在一份牙醫的通訊中寫著：「五十歲的韋爾每天早上都要跑步、舉重和打網球，因此曬得黝黑、身材精瘦……他的工作不是追蹤蛀牙，他要追查人！」（原注8）

若非觀察了很久，你可能會以為這些牙醫偵探在法醫現場只是初來乍到，但是他們其實一直都在那裡，他們在停屍間裡工作，靜靜地在幕後用齒科紀錄辨識屍體。他們會視需要成為病理學家的助手，但他們從來不是出席審判的專家證人，從來不是破案的人，從來不是明星。他們偶爾也會因為辨識出一個受人矚目的人物而獲得某些認可——萊文辨認出約瑟夫．門格勒的遺體；韋爾確認了連環殺手理察．「夜行者」．拉米雷茲（Richard "The Night Stalker" Ramirez）的牙齒。但是破案的依然是他們在停屍間的同僚，法醫病理學家，像是山姆．謝潑德的案件，也是由法醫病理學家出庭作證。

牙醫師們在六〇年代末和七〇年代初開始宣傳法醫牙科學，並指出咬痕證據是一種受到忽略的破案技巧。（原注9）韋爾和萊文在病理學和牙科雜誌上發表文章，呼籲人們認可這個領域。萊文於七〇年代初在《紐約州醫學雜誌》（*New York State Journal of Medicine*）上發表〈牙科：一種新興的司法科學〉（Dentistry: An Emerging Forensic Science）一文，主張：「長期以來，牙醫師對法醫學一直都是偶然的貢獻者，主要是在辨識手腳殘缺、腐爛、燒傷和被肢解的屍體。」他接著強調：「通常都需要一個事件標誌著鑑識專家職業生涯的開始和結束……而例如謝潑德審判中的專家米爾頓・海爾彭醫學士（MD）等人，就一直想要將法醫牙科專家從對法醫學著迷的訪客，轉變成訓練有素的調查團隊成員。」（原注10）

萊文討論了初期應該如何「組織一群受過訓練的法醫牙科專家核心成員，透過遊說讓他們被承認為專家」。武裝部隊病理學研究所（Armed Forces Institute of Pathology）發展出該領域的「基本介紹」課程，並由各「牙科協會」規畫了一天的課程。為了真正被「同行接受為鑑識專家」，也被「承認是專家」，萊文還提倡「某種認證」。萊文指出牙醫師的貢獻不只在辨識受害者的身分，「咬痕」還可以「更有價值，能夠為了法律的目的而確認行凶咬人者的身分」。但是他也承認，「若是我們要在凶殺案法庭上明確指出凶嫌的身分，在那之前還必須累積大量的知識。」他坦言這項新技術缺乏「客觀、科學」的基礎。因此，咬痕「永遠無法像指紋那樣真的可比對，

因為我們無法重現被咬表面的三度空間」。（原注11）

當萊文寫下這些話時，還不曾在法庭上試過比對人類皮膚上的咬痕。這還只是一個想法。十年後，他已經成為美國法醫牙科學會認證的專科醫師，以世界上主要咬痕專家的身分作證說：「特蕾莎‧佩隆腿上的咬痕是哈沃德先生造成的。」這件事在「科學上是可以確定的」，他在美國法醫牙科學會的同僚阿爾文‧凱吉同樣確定。是什麼改變了呢？其實研究並沒有什麼突破性的進展。少數既存的文獻也顯示，這一行應該被揚棄，因為我們其實不可能靠著「詮釋」傷痕得到什麼有意義的訊息。

牙醫師靠著確實執行策略和天上掉下來的好運，讓咬痕被納入主流司法科學。他們在全國性的主要法醫組織美國鑑識科學學會（American Academy of Forensic Sciences, AAFS）中成立了牙科部門，並創建美國法醫牙科學會，由其進行認證工作，這些都是極具策略性的作法。幸運的是，他們找到了一個理想的測試案例，讓咬痕證據第一次進入法庭。接著在幾年後，他們又中了大獎，迎來下一個「那一代的代表性審判」。

第三章

認證、判例法與泰德・邦迪

伊利諾州芝加哥的德雷克飯店（Drake Hotel）
第二十二屆美國鑑識科學學會科學年會

有志成為法醫牙科專家的醫師組成了「訓練有素的中堅分子」。他們出席早期的研討會；彼此分享「咬痕」照片，針對如何將嫌疑人和這些傷口相互「吻合」交換意見。他們之中的大多數人隸屬於當地的驗屍官辦公室，也有許多人擁有首席法醫牙科專家之類的頭銜。其中有八位牙醫在一九七〇年到芝加哥德雷克飯店參加美國鑑識科學學會的第二十二屆年會。他們要在那裡向萊文於〈新興的司法科學〉一文中提出的目標邁出第一步：擁有「某種認證」的證書。

美國鑑識科學學會是司法科學給美國律師公會（American Bar Association）的回覆：組成一個有影響力的、官僚式的保護傘組織。該學會有來自全美五十州和全球七十個國家的六千五百多名會員，規模在司法科學界可謂無人能出其右，擁有「學會」的成員資格就是重要的基本證書，尤其是在法庭上。（原注1）該學會最重要的刊物《鑑識科學期刊》（*Journal of Forensic Sciences, JFS*）一直被認為是美國（乃至於全世界）具領導地位（須經同儕審查）的司法科學期刊。美國鑑識科學學會每年的「科學會議」都吸引數千人與會，是鑑識專家和一般的「實驗室科學家」必不可少的年度活動。

說牙科醫師去那裡是為了獲得個人認證也沒錯，但他們同時是為了把自己的領域確立為「司法科學」——這意味著他們要在美國鑑識科學學會有自己的「部門」，與其他當時受到承認的領域並駕齊驅，包括病理學、毒理學、文書鑑定，以及犯罪偵查學（這是一個包羅萬象的部門，指紋和槍枝檢驗都包含在內）。對美國鑑識科學學會的許多不同部門成員而言，法醫牙科學對他們來說就像對普羅大眾一樣深奧。不過病理學家們認識法醫牙科專家，這有助他們被學會接受，尤其是米爾頓·海爾彭，他是美國鑑識科學學會行政官僚的一股重要力量。海爾彭是美國鑑識科學學會的前任主席、執行委員會成員、病理學部門主席，他是牙醫在早期的重要盟友。（原注2）

他的支持在法醫病理學界並非罕見。法醫病理學家可能是像萊文這樣的牙醫師的導師，病理學家會為牙醫師提供頭銜、死亡調查經驗、屍體解剖的第一手觀察、演講和出版機會。（海爾彭是萊文發表文章的期刊編輯委員會成員。）（原注3）一旦有咬痕證據進入法院，病理學家就會將案件交給牙醫師，甚至聽從他們的專家意見。牙醫師要遊說爭取的只是法醫餡餅中的一小塊，而許多病理學家認為那是他們應得的。畢竟在停屍間裡辨識死者的身分時，這兩類人就站在一起。

當在德雷克飯店的美國鑑識科學學會人員告訴牙醫師，他們因為人數太少而無法組成一個獨立部門（至少需要十個人），是病理學家伸出援手。牙醫師從病理學部門找來四位恰好有牙科學位的醫師，才達到了人數要求，成立了牙科部門。由洛威

爾・萊文出任第一任主席。（原注4）

美國鑑識科學學會決定創立牙科部門其實與咬痕無關。是牙醫師的正統法醫工作——透過牙科紀錄識別人類遺骸——擔任了特洛伊木馬的角色。識別屍體就是將無主的牙齒和已知主人的牙科紀錄加以比對，這（通常）是一個客觀的過程。在大規模災難或是飛機失事後，牙醫經常會拿到一份有限的居民或是乘客名單供他們進行身分識別，有些人的牙科紀錄可能有些獨特的特徵。某女有一顆金牙，而且她上了這架發生空難的飛機；從飛機殘骸中找到一具有金牙的遺體。那就是了。

咬痕分析則涉及對皮膚傷痕的主觀解釋，需要推測傷痕是否由牙齒造成，如果是的話，是否由特定嫌疑人的牙齒造成。很少有人知道法醫牙科學的「學科分支」彼此之間沒有任何關係（雖然它們聽起來很像有關係）：法醫牙科專家要透過牙齒和咬痕辨識身分，而咬痕是牙齒造成的。這聽起來很直截了當，但是這件事其實比較像一位地質學家聲稱他可以辨認不同的岩石，所以他能夠知道某人的頭骨是被哪一塊岩石敲碎的。

然而，牙醫師中那群「訓練有素的中堅分子」想讓咬痕成為一種可以操作的「司法科學」，這讓牙醫師現在已經可以走上法庭，他們不再只是由家庭醫師兼職，而是可以成為美國鑑識科學學會的會員、牙科部門的主席、當地驗屍官辦公室的首席法醫牙科專家。能夠取信於人的認證機制當然就能夠讓法官選定他們為「專家證人」，大概也能讓咬痕比對的證據在法庭上獲得承認。最重要的是，要謹慎地挑選第一個案件，第一次就要做好：牙醫師需要一個有罪的被告和一個「完美的咬痕」。

於是瓦爾特・馬克思（Walter Marx）出現了——他在洛杉磯謀殺他的女房東時咬了她的鼻子，案件就發生在法醫牙科專家傑拉德・韋爾住的好萊塢街區沿著四〇五號州際公路往下直行的地方。

加州洛杉磯郡托倫斯（Torrance）

一九七四年二月上旬的一個星期六傍晚，洛依．貝諾夫斯基（Lovey Benovsky）被人發現裸體跪姿、臉朝下壓在血跡斑斑的床墊中。這位七十三歲的女性遭人勒斃，性器被刺傷，她的鼻尖上有一處「橢圓形撕裂傷」，驗屍官認為那是牙齒造成的。週末寄宿在貝諾夫斯基家中的瓦爾特．馬克思被鎖定為嫌疑犯，主要是因為他無法解釋為什麼在貝諾夫斯基被謀殺的那天，他先是前往她家，但是當晚卻沒有留宿在她出租給他的房間，而是跑去住在破舊的埃爾蘭喬（El Rancho）旅館。但是警方找不到什麼物證。沒有證人。沒有自白。沒有明顯的動機。雖然有了靶，卻沒有靶心。

不過有貝諾夫斯基鼻子上的這個傷……

雄心勃勃的洛杉磯年輕檢察官詹姆斯．伊德曼（James Ideman）決定調查馬克思的牙齒是不是有可能對得上那個明顯的咬痕，於是他找到了傑拉德．韋爾醫師。這也的確是韋爾一直在尋找的那種案件：一個三度空間的咬痕。萊文在一九七二年的文章〈新興的司法科學〉裡，描述了如何區分「好的」咬痕案例和「不好的」咬痕案例的挑戰。萊文寫道，「紐約市首席法醫辦公室的所有驗屍官都在不斷尋找這類證據。」但是他們一直沒有找到正確的案例：「他們檢驗的咬痕都不是三度空間的。」（原注5）這類傷口才是理想的，因為可以製作一個「咬合模型」，把它拿來和齒模對比，相較於比對正常皮膚上留下的瘀傷要容易得多。

韋爾在兩年後終於找到了：一個在軟骨而非皮膚上留下的3D咬痕。皮膚上的傷口會擴散，也會持續發生變化。如果傷口是留在活著的被害人（例如特蕾莎・佩隆）身上，就會隨著癒合過程不斷變化；如果是在凶殺案被害者（例如洛依・貝諾夫斯基）身上留下的，也會因為皮膚的分解而發生變化。癒合和分解都是動態過程，沒有精準的方法可以將這些不確定性列入考慮，也因為皮膚會隨著時間變化，因此牙齒可能會在某一天呈現「吻合」，但在隔天就不吻合了。留在貝諾夫斯基鼻子上的咬痕就不一樣了。軟骨不會像皮膚那樣發生變化，它穩定得多。

伊德曼聘請了三位牙醫師來檢查證據：一位是當地的韋爾，另一位則是加州大學洛杉磯分校牙醫學院的院長雷達爾・索格奈斯（Reidar Sognnaes）博士，他和萊文一樣曾經透過牙科紀錄辨識出某些納粹戰犯（包括希特勒），享有一定程度的讚譽。牙醫師向檢察官解釋說他們需要馬克思的牙齒模型。這個要求也幾乎沒有先例。犯罪嫌疑人會被迫提供他們的頭髮、唾液、指紋、尿液，甚至血液樣本，但是製作牙齒模型實在是太不尋常的要求。雖然法官簽了傳票，但是馬克思拒絕接受這個罕見的程序，他寧可因藐視法庭的罪名坐牢，也不願意服從法庭的命令。直到六個星期過後，他才終於屈服。

在洛杉磯郡監所製作瓦爾特・馬克思的齒模，開啟了牙醫進到監所為嫌疑人製作牙齒模型的悠久傳統，而這個過程尤其充滿偏見。畢竟涉嫌「咬人」的人已經遭到監禁，而且被控犯下暴力罪行，通常是像馬克思（和基思・哈沃德）被指控的那類血腥謀殺案。大多數鑑識專家並沒有努力讓自己避免接觸這類帶有偏見的資訊。瓦爾特・馬克思看起來也很符合這個偏見。**如果他是無辜的，怎麼會拒絕提供牙齒模型，寧可被關在牢裡六個星期呢？**

咬痕的首次審判已經一切就緒，傑拉德・韋爾也知道他要做什麼。這位住在好萊塢的牙醫恰好也有法律學位，並且知道「人民訴馬克思案」（*People v. Marx*）會為他帶來什麼機會。他拒絕在其他可能的測試案例中作證，因為它們不是「好的」咬痕。這個案子就不同了，韋爾作證說：「這是我見過最清晰的咬痕。牙醫看著這個咬痕，可以很快推導出自己看到什麼，哪裡屬於哪些牙齒。」（原注6）

法官也買單了。所有的牙醫都有資格做為專家證人，在人類身體上的咬痕也第一次獲得承認，瓦爾特・馬克思很快就被定罪。（原注7）伊德曼在判決之後告訴《洛杉磯時報》：「毫無疑問，這起案件將成為司法科學史上最重要的咬痕案件。」

事實證明這位後來被雷根總統任命為聯邦法官的檢察官確實有先見之明，甚至超乎他的預期。「人民訴馬克思案」（54 Cal. App. 3d 101, 1975）成為司法科學而不僅僅是法醫牙科學最重要的判決意見之一。（原注8）該判決意見首先做出一個重大的承認：「可以由咬痕識別身分的科學還未獲得確立。」該技術甚至沒有遵循最基本的科學方法原則。沒有先提出假說，再進行測試。沒有進行實驗室的實驗。沒有臨床研究。牙醫師從來沒有真正證明他們有將牙齒和咬痕配對的能力。這充其量只是一個意見。

不科學的證據不應被用來終結調查，並應該避免提交給陪審團。在一九二〇年代之後，法院已經排除沒有被「相關科學社群普遍接受」的證據進入審判，證據調查必須通過「弗萊準則」（Frye test）★。在科學界，自翊為專家的人如果提出沒有基礎的意見，會被稱作 *ipse dixit*（大概可翻譯為「我說了算」）而遭到拒絕。這個詞是西塞羅（Cicero）所創，用來區分基於證據的資訊，和有時被歸類為「基於威望」的知識——後者是指受人尊敬通常也具有領袖魅力的行業領導者所支持，但是未經檢驗的智慧。

「人民訴馬克思案」為咬痕證據開啟了 *ipse dixit* 的例外，其論述認為任何人都可以看出被告的牙齒是否「吻合」。陪審員不必相信牙醫師的話；他們可以用自

★編按：科學證據在法院審理程序中得否被認定為有證據能力的法律基準；依此基準，只要某項科學證據受到科學社群普遍接受為具有效度，即有證據能力。

己的觀察力決定是不是要採信專家說法。基本上，該案的意見創造了以「眼見原則」（eyeball test）評估法庭上的鑑識證據，將揭露專家證詞缺陷的責任轉嫁給辯護律師（透過交互詰問的「試煉」），並仰賴非專業的陪審員來區分科學和鬼扯。

藥品或消費產品在使用或出售給一般大眾之前，美國食品藥物管理局（FDA）會要求以臨床測試證明它們的安全性。然而，美國的司法科學卻是一個完全不受監管的行業。站在使用「科學」證據和陪審團之間的，就只有法官。不過幾乎可以確定法官是靠著判決先例而不是科學在做決定的。全國各地的法院很快就採用馬克思案草率推論的眼見原則，來證明其他的「型態比對」（pattern-matching）鑑識技術也都可以承認——彈道學、鞋印、輪胎胎紋，以及尤其是毛髮顯微鏡比對證據。這些全都是不需可信實證為基礎的證據。

康乃狄克州最高法院在以性侵定罪的「州訴馬克・里德案」（*State v. Mark Reid*）中採取眼見原則，該案中用到毛髮顯微鏡比對，就是透過目視的方式觀察人類頭髮的內部特徵，判斷兩根頭髮是不是「相符」。（原注9）頭髮比對證據可以被法院採納，並不是因為它經過科學驗證，而是因為「陪審團可以根據照片以及他們自己的觀察和比較能力，自由決定專家證詞的分量」。十年後，DNA證明陪審團的觀察力導致了馬克・里德的錯誤定罪。他其實是無辜的。被認為與里德相符的「黑人捲髮」(negroid)——這種不合時宜的種族主義語彙,在今日的司法科學中依然被使用——其實是指控他的原告的陰毛,也就是指認黑人男性里德性侵她的白人女性。

華盛頓哥倫比亞特區的希爾頓酒店
第二十八屆美國鑑識科學學會科學年會

一九七六年二月，馬克思案之後不過兩年，牙醫們（現在已經多達十二人了）滿懷信心地來到美國鑑識科學學會在華盛頓特區舉辦的第二十八屆年會。他們現在已經有了自己的牙科部門，咬痕也在法庭上被接受，而且不是只有在馬克思案。韋爾在那起案件中作證過後兩年又回到證人席上。這次的傷口不是3D的。第二個案件的傷口是在人的皮膚上，一起謀殺案中一名年輕受害者的大腿上。韋爾現在是美國鑑識科學學會的「新專業部門法醫牙科學」的「受認證成員」，這個身分讓法院相信這位牙醫是咬痕專家，也認可這個新領域是一門「科學」。法院甚至宣告「咬痕科學方法的良好可信度」（原注10）即使與「其他經科學檢驗的證據」相比也毫不遜色，例如「酒精呼氣測試」。

像這樣在科學上顯得無知的判例，排除了對司法科學進行嚴格探究的必要。傳統的司法科學技術在司法體系之外幾乎就派不上用場了，因此只要法院允許使用某種技術，其實就沒有真正的動機再進行研究，或甚至只是檢驗被推定為專家的人到底有沒有能力。為什麼要對已經被法庭接受的技術進行研究呢？反正這就是它唯一發揮作用的地方了。

這群「訓練有素的中堅分子」法醫牙科專家要成為他們領域中「相關科學社群」的守門人，剩下的工作就是成立自己的法醫協會。他們決定了名稱，並稱呼自己為「專科醫師」（diplomate）。（「專科醫師」是指「通過國家高級專家委員會的強化考試，並因其高階培訓和專業經驗，而有資格以醫學專業執業的醫師」。）（原注11）美國法醫牙科學會應運而生。出席的十二名牙醫師成為美國法醫牙科學會的「開國元勛」，他們從此便一路往前邁進，不再回頭看。（原注12）

專家證人這一行在二十世紀後期呈現爆炸性成長，像美國法醫牙科學會這樣不受監管的協會，也成為事實上的法醫學管理機構。美國法醫牙科學會就像是中世紀的工藝行會，它確立了「實踐典範」、專業標準，也傳承了行會中大師的智慧。

牙醫師是從他們的導師法醫病理學家那裡了解這個體系（大部分法醫病理學家都隸屬於美國病理學學會）。這時候還是一九七〇年代，就連大多數主流醫學也還沒有進入要求遵照證據的循證實踐（evidence-based practice）。醫生主要依靠的不是科學研究，而是該領域中傑出的醫生代代傳承下來的傳統智慧。有些智慧有憑有據，有些則是無稽之談。法醫病理學家能夠依靠的導師更少，他們沒有監督，只有更多的案件量以及要「解決」犯罪的壓力，又沒有什麼經驗上的知識，因此病理學家比主流醫師更不受科學方法的束縛。

鑑識學會和大部分行會一樣階級森嚴，而且主要是由年長的白人男性主導。有抱負的專家要依賴行會提供指導，才能夠取得認證和在專業上發展。第二代從業人員要在導師的工作基礎上對這個領域做出貢獻，而不是靠著提出質疑。他們的文化規範成了挑戰正統觀念、向公會大師大膽提問的強大遏阻因素。行會中的大師如果想要回答某些問題（譬如像是有什麼證據可以證明這種方法有效？），方法也不是透過實證研究，而是透過說故事。

在司法科學中，說故事被稱作「案例研究」。這些「研究」通常是指如何用某種方法「解決」特定犯罪的第一手報告。《鑑識科學期刊》就刊載了上千篇這類論文。與在有實證醫學之前的時代類似，案例研究本質上就是受人尊敬的權威提出的看法，某種作法對他們而言「行得通」，因此其他人也應該照做。**我替病人放血，他的頭痛就消失了。因此，你就應該為頭痛的患者放血**。這些案例研究聽起來很合理，也可以

當作科學探索的有用基礎，但是它們不能夠替代真正的科學研究。

垃圾科學大量依賴在經「同儕審查」的期刊（像是《鑑識科學期刊》）上發表的案例研究。這些論文有許多用途：在法庭上，任何出版物都令人敬重，就算其實很少有律師真正讀過。在司法科學界，案例研究會提升該領域的地位，並確立具有領導地位的人，通常就是主導鑑識學會的同一群專家。這種自我服務的回饋循環被發表在所謂的「文獻」上，創造出一門看起來堅實的學問。美國法醫牙科學會「開國元勛」韋爾的第一篇《鑑識科學期刊》投稿當然是深思馬克思案。（原注13）在這份具指標性的意見發表六個月之後，韋爾就發表了〈凶殺案中不尋常的三維咬痕證據〉（Unusual Three-Dimensional Bite Mark Evidence in a Homicide Case）一文。在這之後，又有無數牙醫在「文獻」上發表或是在會議中提出案例研究。

接著在兩年後，一名姊妹會成員麗莎．利維（Lisa Levy）在佛羅里達州立大學的校園內遭到謀殺，而這將是他們最重要的案例研究。

猶他州鹽湖城，猶他大學法學院

泰德・邦迪在一九七八年到達佛羅里達州時就已經很出名了。最初是因為一個傳言：據說有一名神祕、年輕、黑髮、還算得上英俊的男子，他可能叫做「泰德」，他會引誘年輕女性坐上他的福斯汽車，不過最後她們都死在西雅圖地區。但是他從未被逮捕，許多失蹤案件從未偵破。在西北部發生一連串誘拐事件之後，邦迪搬到鹽湖城，就讀猶他大學法學院，而那裡也開始出現年輕女性失蹤的事件，她們赤裸的屍體會出現在距離她們最後一次被看到之處好幾英里遠的地方——她們最後一次被人看到時，通常是跟一位「英俊」的陌生人在一起，那名陌生人的手斷了，車子需要協助。沒有人再活著回來，只有卡洛・達倫奇（Carol DaRonch）是例外。(原注14)

一九七四年深秋的一個星期五晚上，達倫奇正在鹽湖城郊區的一家購物中心閒逛，邦迪就在那時走向她。這名整潔體面的男子自然散發出威嚴感。「羅斯蘭警官」（Officer Roseland）亮出他的警徽，告訴這名青少女有人闖入她的車；她得和他一起去派出所報案。雖然達倫奇不是毫無戒心——她聽說那個地區發生了一連串誘拐和謀殺年輕女性的事件——但她還是跟著那名男子走出購物中心，坐上他那輛「沒有標誌的車」（一輛福斯金龜車）。過沒多久，她就發現他們不是在開往警察局的路上。邦迪把車開到路邊，用一根鐵撬攻擊她，還用手銬銬住她的手腕。達倫奇踉蹌地掙脫雙手、跳下車。一對年長的夫婦看到她在路邊狂奔，有一隻鞋不見了，手腕上還掛著手銬，於是便讓她上車。

達倫奇在「嫌疑人面部照片集」裡沒有看到任何人長得像羅斯蘭警官。警察想要從手銬上摘取指紋，但是只有污跡、她逃跑時沾上的東西，沒有什麼可用的。不過警察還是發現了一條線索，把她的綁架和該地區發生的一連串謀殺案串在一起。在達倫奇逃跑的幾小時後，有另一名女孩黛比．肯特（Debbie Kent）在高中的停車場失蹤了。在肯特被綁架的地點附近發現了一把小鑰匙，正是還銬在達倫奇手腕上的那副手銬的鑰匙。

不斷升級的連續犯罪新聞在鹽湖城掀起了一陣恐懼的浪潮。隔天早上《美聯社》頭條新聞寫著：北猶他州殺人事件造成的恐懼深深籠罩年輕女性。槍枝的銷量達到高峰，因為居民總感覺還會有下一個屍體出現、下一個女孩會消失。人們過了緊張的一年，不過沒有任何事件再發生。猶他州和華盛頓的警方花了一年時間調查未決案件，但是沒有取得任何進展。還是只有達倫奇的描述是唯一可靠的線索。

不過凶殺案其實從未停止。它們只是往東移到了亞斯本（Aspen），邦迪逃到那裡，在一九七五年的三月到六月間綁架了另外五名女性。

稍後，在那年夏天，邦迪又回到鹽湖城，而且幾乎是立刻就有一名年輕女孩失蹤：十五歲的蘇珊．柯提斯（Susan Curtis），她最後一次被人看到，是在楊百翰大學（Brigham Young University）校園的一場青年團體聚會。最近的這次綁架案和一九七四年的連續犯罪顯然是同一人所為，但是刑警除了加強搜索一名開著福斯金龜車的帥哥連環殺手之外，似乎也別無他法。

最後是碰上了一場天大的好運。一名警察在深夜把車停在他位於鹽湖城近郊安靜住宅區的車道上時，發現一輛福斯汽車在他鄰居的家門前繞來繞去。他知道那不是他鄰居的車，也知道那棟房子裡只住著兩名年輕女性。那名警官突然打開車燈，那輛汽車立刻加速離去，歷經一段短暫的追逐之後，警察讓司機靠邊停車。在搜索那輛福斯汽車之後，警察發現了綁匪的工具包：女性褲襪、滑雪面具、手套、鐵撬、冰錐和兩副手銬。警方終於逮捕邦迪了。

邦迪在達倫奇綁架案的審判中擔任自己的辯護律師，這是使他惡名遠播的決定性因素，也加速媒體對這個案件的狂熱報導。他很快就被定罪，還被引渡到亞斯本，在那裡面臨了殺害卡琳・坎貝爾（Caryn Campbell）的謀殺罪指控，坎貝爾是一名從密西根州來渡假的護理師。審判還未進行，邦迪就從監獄的法律圖書館二樓窗戶跳出去逃獄了。五天後，他因為駕駛一輛偷來的凱迪拉克而被捕，並被拘留接受審判。但是在一九七七年的元旦前夕，他拆下固定在牢房天花板上的燈座，擠進屋頂管線的狹小空間，又再次逃脫了。邦迪攔了便車到丹佛機場，訂了前往芝加哥的機票，再搭火車前往安娜堡（Ann Arbor）；他偷了一輛車，並開到亞特蘭大，在那裡撿到一本佛羅里達州立大學的小冊子，因此決定前往這個陽光之州。邦迪在一九七八年一月坐著灰狗巴士進入塔拉哈西（Tallahassee），他也是大約在那時登上FBI的「頭號通緝犯」名單。

佛羅里達州塔拉哈西佛羅里達州立大學

ΧΩ 姊妹會館（Chi Omega Sorority House）

那天是星期六，「奇歐米茄」（ΧΩ）的大多數姊妹在晚上都出去了，麗莎．利維去附近的謝羅德（Sherrod's）俱樂部；瑪格麗特．鮑曼（Margaret Bowman）去參加聯誼。凱倫．錢德勒（Karen Chandler）和她父母一起去吃晚餐；她的室友凱西．克萊納（Kathy Kleiner）則是去參加婚禮。凌晨兩點半，這四個人都回家了，各自睡在她們二樓的臥室中。凌晨三點剛過，一名男子從後門走進屋內，並走上二樓。他走過幾扇門，最後停在鮑曼的門前。這名男子走進去，在熟睡的女人身邊站了一會兒，然後用鈍器毆打她，再用一條尼龍繩將她勒斃。然後他轉往利維的房間，先是性侵了她，接著又將她打死。

凶手匆匆穿過走廊，朝克萊納和錢德勒共用的臥房走去。克萊納覺得她聽到開門聲，然後就有不知從哪兒來的什麼東西打破她的下巴（三處）。睡在她隔壁床上的錢德勒醒了過來，後來也有什麼東西擊中她的臉，還把她的下巴打碎了。當這兩名女性逐漸失去意識時，剛好有一輛車子開過姊妹會館。車子頭燈照亮了臥室內部。凶手受到驚嚇，慌忙逃下樓。

幾乎在同時，妮塔．尼瑞（Nita Neary）剛參加完兄弟會的派對從後門返家。她聽到有人從樓梯飛奔向前門的腳步聲。正是凶手。那名陌生人的一隻手握在門把上，戴在眉上的深色針織滑雪帽下可以看到輪廓高挺的鼻梁。他的另一隻手中握著一根又長又粗的木頭，可能是橡樹枝。木頭底部包了一塊布，可能是為了敲擊時不要發出聲音。沒過幾秒鐘，就看到那名男子打開前門，衝到外面的街道上。整個攻擊持續不到十五分鐘。

警察湧入校園，忙亂的無線電廣播照亮了整個夜晚，但是在不到一個小時後，離ΧΩ會館幾條街的地方又發生了另一起入侵事件。大約凌晨四點，一名入侵者從窗戶闖入佛羅里達州立大學的學生謝麗爾．湯瑪斯（Cheryl Thomas）的公寓，攻擊當時正在床上的她。湯瑪斯的鄰居聽到她的尖叫聲後報了警。不消片刻，就有大隊警車包圍了公寓大樓。但是他們太遲了。那個厚顏無恥的襲擊者已經消失在夜色裡。

湯瑪斯的傷勢嚴重，她的下巴骨折、肩膀脫臼、頭骨有五處斷裂，但是保住了性命，因為她的鄰居報警，使她得以獲救。ΧΩ會館的兩名室友克萊納和錢德勒也保住了性命，恰好經過的車燈閃光救了她們。但是這些倖存者都沒有辦法指認凶手。姊妹會館中有三十名潛在的證人，但是沒有其他人聽到或是看到任何東西。

佛羅里達州立大學繼續封鎖。塔拉哈西的最高執法官員，新當選的警長肯．卡薩里斯（Ken Katsaris），在校園設置了一個兩層樓的「指揮所」，當作行動的基地。犯罪現場做了各種採證，還訪談了謝羅德俱樂部的主顧，他們之中有許多人都記得在ΧΩ會館發生這場暴行的幾小時前，有個奇怪的傢伙一直盯著姊妹會的成員看。但是沒有任何可靠的證據足以鎖定嫌疑犯，雖然有一名華盛頓的刑警打電話到警長的指揮所，提示他：「泰德．邦迪。他已經到你們那兒去了。」（原注15）接著又有人提醒他們，這次是來自達倫奇綁架案中審理邦迪的檢察官弗蘭克．塔克（Frank Tucker），他告訴警察：「去找泰德．邦迪。他就是你們要找的人。」（原注16）

不過就連泰德．邦迪上了FBI的頭號通緝犯名單之後，警方還是沒有把他當作可能的嫌疑人展開調查。調查員反而想依賴一種心理學式的垃圾科學：FBI開發的凶手「剖繪」（profile）；他們讓妮塔．尼瑞接受催眠，「增強」她在ΧΩ會館看到的那名男性的記憶。FBI的心理剖繪將警方的調查導向「一個沒有通過高中程度學歷測驗的半熟練技工」（原注17），一名「深受強勢母親影響的」男性。眾所周知，邦迪是一名法學院學生，大部分描述也都說他的母親在他生命中是一個怯弱、溺愛的角色。尼瑞在催眠狀態下認出在謀殺案發生那晚，她在門廳看到的男性是一名叫做羅尼‧英格（Ronnie Eng）的ΧΩ會館員工。催眠只會破壞記憶，而非改善記憶。

每天的新聞就是重複著對這名逍遙法外的凶手的瘋狂搜索；任何小事都不放過，就算只是推測，也不會因此就不具有新聞價值。心理剖繪成了好幾天的新聞頭條，接著是催眠，然後是受害者的資料到處傳。但還是沒有人提到邦迪。不過邦迪其實就在附近。他在一個破舊的社區裡租了一間公寓，距離ΧΩ會館只有幾條街，他也開始感覺到熱度。他如此接近搜捕地區，還有不間斷的媒體報導、FBI頭號通緝犯名單，警察要將佛羅里達州立大學謀殺案和猶他州謀殺案、華盛頓發生的那些謀殺案串連起來，應該只是時間問題。邦迪偷了一台車，另一輛福斯金龜車，一路往西邊的佛羅里達狹長地帶駛去。三天後，在大約凌晨一點半的時候，一名高速公路巡警在彭薩科拉（Pensacola）發現這輛偷來的福斯汽車在阿拉巴馬州的州界附近亂竄——這是邦迪之路的盡頭，也是牙醫師登台享受鎂光燈的開始。

邦迪最後在彭薩科拉被捕，距離西雅圖地區開始出現屍體，已經過了五年。他從那時開始就成為美國最惡名昭彰的逃犯，涉嫌殺害數十名婦女和女孩，全都是中產階級、白人、一般認為很有魅力的女性，也就是媒體和執法部門最關注的那種受害者。

就算在發現這些事件與邦迪有關之前，每件謀殺案和每一次綁架都引起了廣泛的憤怒和恐懼——不像黑人和棕色人種的謀殺案，多半只會受到較少的媒體關注，而且不太可能破案。（原注18）一項針對超過五萬起凶殺案的研究顯示，白人謀殺案的凶手有百分之六十三會遭到逮捕，相較之下，黑人受害者的案件就只有百分之四十六，其他非白人受害者的案件則是百分之四十八。（原注19）

XΩ會館謀殺案更是完全體現了媒體和警察的偏頗。被害者是姊妹會的成員，她們是年輕的白人女性，是因為外貌、社會階級、儀態和魅力才被選中的，而且她們是在南部大學校園的姊妹會大本營裡遭到殘忍的殺害。這類案件屬於會被偵破的謀殺案。她們的故事總會占據頭版。資源總會投入。

警長卡薩里斯告訴聚集在彭薩科拉郡監所外面的記者：「邦迪涉嫌重大。」（原注20）他說證據顯示在襲擊發生時，邦迪人在塔拉哈西，「而且與其他謀殺案有類似的作案手法」，但是卡薩里斯也承認以謀殺罪起訴邦迪的主要障礙：「我們還沒有任何物證可以將他與此案連結在一起。」（原注21）這是要起訴邦迪涉嫌任何一件謀殺案的主要問題：完全沒有確鑿的證據，只有（極度）充分的重重疑點。既沒有目擊者，也沒有科學證據。卡薩里斯提到有像是「咬痕」的東西或許可供「辨認」，但是他也半信半疑。他

告訴記者：「不過我不覺得我們可以用它來做任何事。那是一個非常、非常……薄弱的證據，因為痕跡並不是真的很清晰。」（原注22）卡薩里斯進一步解釋，「是有幾處咬痕，但是如果要說它們是好的痕跡，我認為不是。」（原注23）

這位菜鳥警長補了一句話：「我們會盡全力嘗試各種可能。」（原注24）

佛羅里達州塔拉哈西萊昂郡（Leon County）警長辦公室

出於僥倖而使邦迪在彭薩科拉落網之前，卡薩里斯的調查毫無進展。沒有線索，沒有嫌疑人，沒有證據。在這名連環殺手浮出水面成為可能的凶手之前，卡薩里斯憂心地對一名調查員說：「我就只能做到這樣了。」（原注25）直到謎團看似自行解開，現在就靠這名塔拉哈西的新任警長（他才三十一歲，而且沒有真正的警務經驗）找到證據，才能起訴。血液、毛髮和手寫樣本與各種證據進行比對，但是沒有任何一樣，甚至是沒用的毛髮顯微鏡分析，可以將邦迪和 XΩ 會館的謀殺案連結在一起，依然只有具充分根據的懷疑。

《奧蘭多哨兵報》（*Orlando Sentinel*）在四月報導了「警長肯・卡薩里斯拚命尋找所需物證，要將邦迪以佛羅里達州立大學謀殺案起訴」，但是卡薩里斯一無所獲。一些帶有懷疑論的故事開始出現。合眾國際社（UPI）有一天的新聞標題是：「泰德・邦迪，殺人犯還是社會的受害者？」（Ted Bundy: Murderer or Society's Victim?）

對這個「神祕人物」的側寫興味盎然地推測邦迪有雙重人格。他會聽全國公共廣播電台！他是古典音樂的愛好者！他女朋友的兒子叫他「屁屁大叔」（原注26）！每一個平凡無奇的細節都點燃了公眾無比的興趣。媒體的報導重心開始從該案的被害者轉向被告，而邦迪除了財產犯罪，還沒有受其他任何罪名的起訴。

在競選警長期間，卡薩里斯被對手譏為「教室裡的警長」（原注27）。這是因為他的主要執法資格領域：在當地社區大學教授警察調查技巧。儘管卡薩里斯拒絕被貼上這個標籤，但是他的確很自豪自己有跟上司法科學的最新發展。他知道一個新發跡的鑑識單位自稱為美國法醫牙科學會，也知道其中一位發起人理查德・迪克・蘇維龍（Richard "Dick" Souviron）近來被任命為邁阿密戴德郡驗屍官辦公室的法醫牙科學主任。

卡薩里斯即將讓他成名。

「祕密聲請」法院下令取得邦迪的牙齒模型一事，立刻讓媒體的報導轉向「法院就批准邦迪咬合測試一事保持緘默」（原注28），這像是在暗示讀者說：調查可能將有突破。UPI的另一則報導「調查員：謀殺案該來的突破」，描述卡薩里斯戲劇性地在半夜將邦迪從萊昂郡監獄迅速帶往當地的牙醫診所。頭版消息繼續寫道：「當局在週五表示，他們可能已接近 XΩ 會館謀殺案的重大突破。邦迪的牙齒和留在其中一名受害者身上的咬痕『可能對案情非常重要』。」卡薩里斯向美國人民保證本案正在取得「進展」，但是他也提醒說，這是「一種非常精細和冗長的調查」（原注29）。卡薩里斯私底下還是很煩惱。他向一名朋友透露：「我們還是沒有任何確鑿的證據。我什麼都沒有。一切都得看那個牙醫怎麼說。」（原注30）

過了幾個星期，蘇維龍得出結果，讓邦迪終於以謀殺罪被起訴。曾經被卡薩里斯認為「非常非常薄弱」的證據，現在被他稱作邦迪的「畫押」，而且卡薩里斯堅稱他從一開始就都知道。他在二〇二〇年的一次採訪中解釋說：當他「檢查兩具屍體時，就發現了我認為最重要的證據……也就是那個咬痕」。（原注31）

佛羅里達州塔拉哈西的萊昂郡監所

「我覺得它看起來很棒，」囚犯說。

「確實很棒，」牙醫回答。

囚犯轉向法庭紀錄員，跟他說不必一直記錄這些證詞。「這很有趣，」他邊說邊拿起自己的牙齒模型。「我們多做幾個……這很好玩。」

「我不是來這裡玩的！」蘇維龍回他。

「醫生，你不必跟我說教。」

「我不是在說教，」蘇維龍說。「這是非常、非常嚴肅的事。」

「噢，這我知道。」

「在我的職業生涯中，從來沒有見過第二副和你一樣的牙齒……我老實對你說了吧。我的看法是，就是你的牙齒留下了那個咬痕。就這樣。」

「我知道你為什麼這樣說，我也了解你在說什麼。不過當然，我不同意你。」

牙醫師和這名狂人在萊昂郡監所的會客室裡相對而坐，爭論著這個咬痕；蘇維龍堅持邦迪的牙齒完全吻合，邦迪在陳述自己的證詞時則表示不同意，他指出這並不科學，要「在科學設定下重現〔咬痕證據〕是不可能的」。（原注32）

由一名面臨死刑的被告本人向專家證人進行監所取證，這件不尋常的事與邦迪案的許多面向一樣，都是史無前例。（原注33）使用咬痕證據在佛羅里達州也沒有前例可循。邦迪堅持親自對咬痕證據提起訴訟已經成為審前的新聞焦點，把牙醫提升成一種流行文化。各種神氣活現的牙醫形象最初是找到像《Oui》這樣的出口，引起好奇之後，則擴散到像是《紐約時報》等出版物和廣播新聞。

八年前，咬痕還只是一個想法，只是洛威爾．萊文在《紐約州醫學雜誌》上發表的一篇充滿希望的文章。現在它則是牽動邦迪案的關鍵線索。在山姆．謝潑德的審判中，美國法醫牙科學會認證的牙醫師還只能在一旁觀看，到了下一次「世紀審判」時，他們則已經加入專家證人的行列。（原注34）在利維的屍體解剖中被病理學家（牙醫師從前的導師）錯過的證據，將帶邦迪走向多數美國人希望他去的地方：佛羅里達州的電椅。

有數百萬美國人看著牙醫們——洛威爾．萊文在審判前便加入了——一手拿著投影筆，說服國民科學是可信的，連環殺手的牙齒的確「吻合」。邦迪在法庭上闊步詰問蘇維龍時，在家觀看新聞的觀眾們很容易想像他那呈現鋸齒狀的小臼齒，是如何在麗莎·利維遭到謀殺的那晚撕咬她的皮膚。邦迪的照片讓這一切都更容易想像了，照片中的他就像狗露出牙齒一樣，被拉開雙唇，這張照片在法庭陳述時被貼在黑板上，旁邊就是利維臀部裸露的照片。

審判中總共有四十九名證人作證，但主要還是牙醫的舞台。案件的起落都依靠牙醫的證詞。（原注35）另外，說邦迪出現在ΧΩ會館的唯一證據，是妮塔·尼瑞那番很不可靠的指認；在邦迪被捕之後，她就撤回了她在催眠誘導下對羅尼·英格的指認。

邦迪被定罪之後，有關牙醫的一切都變了。他們不再是萊文抱怨的「對法醫學著迷的訪客」，更像是萊文期望中的「訓練有素的調查團隊成員」。

他們是明星了。

第四章

致命性

基思・哈沃德因為侵入佩隆家的攻擊行為而遭定罪，過了三十年之後，查克・史賓納刑警的原始檔案被攤開放在我的辦公桌上。檔案裡包括一篇美國法醫牙科學會創辦人傑拉德・韋爾的舊文章，是他發表在《指認新聞》（*Identification News*）的〈人體皮膚上的咬痕〉（Bite Marks on Human Skin）一文；《指認新聞》是一份類科學期刊，擁有大量的執法人員讀者。史賓納刑警和卡薩里斯警長及當時全國各地的凶殺案調查人員一樣，才剛開始學習這個新的打擊犯罪工具，韋爾的文章剛好引起人們對新事物的注意：「近年來，有一種相對比較新而且令人振奮的辨識方法，獲得法院和執法機構越來越多的關注……全國對重大刑事案件（包括佛羅里達州的泰德・邦迪案）的經驗顯示：只要能夠有效的運用咬痕證據，會對案件結果產生巨大的影響。」（原注1）

〈人體皮膚上的咬痕〉一文在一九八二年五月發表，四個月後，佩隆一家就遭到攻擊。後來在那年夏天七月又發生了一起震驚社會且遲遲未破案的犯罪事件：在德州的韋科湖（Lake Waco）畔，有三名中產階級白人高中生遭到三人謀殺。

大衛・韋恩・斯賓塞（David Wayne Spence）
一九九七年四月三日執行死刑

大衛・韋恩・斯賓塞被控與兩兄弟，安東尼和吉爾伯特・梅倫德斯（Anthony and Gilbert Melendez），一起參與了一場病態又糟糕的僱兇殺人案，而他被判有罪。檢察官推斷三人受僱於當地一家便利商店的老闆穆內爾・迪布（Muneer Deeb），雙方約定由這三人殺死迪布近期僱用的一名十六歲女孩，好讓迪布獲得兩萬美元的保險金。（為防發生事故，迪布一向會替員工買保險。）但是迪布指定的目標毫髮無損。反而是另外三名當地的青少年被謀殺，其中兩人還遭到性侵。

根據檢察官的說法，迪布計畫中的受害者和其中一名真正的被害人吉兒・蒙哥馬利（Jill Montgomery）長得很像，斯賓塞和梅倫德斯兄弟悲劇性地認錯了人，並性侵和謀殺了這名被錯認的年輕女子，還性侵及謀殺了她十七歲的朋友瑞琳・賴斯（Raylene Rice）。接著又殺死了她們的第三名同伴，十八歲的肯尼斯・弗蘭克斯（Kenneth Franks）——之所以殺死其他兩人都是為了滅口。檢察官從未說明為什麼凶手要性侵被害者並朝他們刺了四十八刀，這比較像是出自性動機的激動殺人，而不是為了詐領保險金。

斯賓塞是一名在迪布的便利商店附近廝混的飆車族流氓，警方調查這起凶殺案時，有一些監所的線人把矛頭指向他，使得他被逮捕。但是既沒有目擊者看到他在現場，也沒有司法科學的證據。將近一年過去，他並沒有因為謀殺罪而被起訴。破案的壓力越來越大，還有一名新檢察官內德・巴特勒（Ned Butler）被專門聘來處理死亡案件。巴特勒根據之前在阿馬里洛（Amarillo）起訴的一起凶殺案，了解到咬痕證據對解決疑難案件的效果。他開始詢問警方的調查人員是否確認過被害者的屍體上有無咬痕，他還親自檢查了驗屍照片。他斷定有幾處傷口看起來像是人的咬痕，尤其是蒙哥馬利乳房上的一處傷口。如果那個傷口能夠與斯賓塞的齒痕相吻合，巴特勒就可以起訴了。

約當史賓納刑警親自往東跑了兩千英里遠，把基思・哈沃德的牙齒模型交給阿爾文・凱吉的同時，助理地區檢察官巴特勒也前往新墨西哥州，把斯賓塞的牙齒模型親手交給荷馬・坎貝爾（Homer Campbell）醫師，坎貝爾是巴特勒在阿馬里洛案中曾經

聘用過的法醫牙科專家。幾天後，坎貝爾就發現斯賓塞的牙齒可以「符合」吉兒・蒙哥馬利乳房上的「咬痕」，那是法醫在驗屍時完全沒有注意到的傷痕。坎貝爾的專家意見啟動了將斯賓塞推向死亡的機制。出現更多監所密告者，梅倫德斯兄弟也改口了，他們做出對斯賓塞不利的證詞，以交換自己活命。（原注2）

「獄中線民證詞」和垃圾科學是唯二對斯賓塞不利的證據，也是導致錯誤定罪的兩大主因。（原注3）值得稱許的是，這兩者都沒有說服調查韋科湖謀殺案的刑警。帶隊刑警和中尉指揮官馬文・霍頓（Marvin Horton）及拉蒙・薩利納斯（Ramon Salinas）都認為斯賓塞是無辜的。有兩個更可能涉案的嫌疑人：羅尼・布萊頓（Ronnie Breiten），他在謀殺案發生當晚被人看到穿著血跡斑斑的衣服出現在韋科湖；另一人則是詹姆斯・畢曉普（James Bishop），畢曉普在謀殺案之後就突然從韋科搬到加州。畢曉普曾經在聖地亞哥被判性侵和試圖謀殺兩名女高中生罪名成立，犯罪地點同樣是在海灘上；德州上訴法院也承認這些罪行「與肯尼斯、蒙哥馬利和賴斯的謀殺案非常類似」（原注4）。

穆內爾・迪布的教唆謀殺有罪判決在二審時遭到撤銷，這才真正讓整個韋科市對斯賓塞的有罪產生懷疑。對迪布的二審少了一審時的關鍵證據：梅倫德斯兄弟的證詞。兄弟倆在重新審理之前，一起被送到沃思堡（Fort Worth）作證。那是他們十年來第一次和彼此交談。在那次談話之後，他們便不再與檢察官合作了，並拒絕重複他們在斯賓塞的審判和迪布的第一次審判中講述的故事。兩兄弟最後都死於獄中（吉爾伯特是在一九九八年，安東尼則是在二〇一七年），他們在死前都撤回了對斯賓塞的不利證詞。安東尼在試圖證明自己的清白時去世了，他沒有等到對綑綁其中一名受害者的兩條鞋帶，所做的DNA檢驗結果。

除了咬痕吻合，沒有任何物證足以指出斯賓塞（或是梅倫德斯兄弟）與這起謀殺案有關。檢方提出僱凶殺人還搞錯對象這麼離奇的理論，只不過是根據一名刑警憑空想像的說法，這名刑警注意到蒙哥馬利和據稱是預定目標的年輕女性長得很像之後，就一頭熱地想要解決這起謀殺案。辯護律師無法提出其他嫌疑人的犯案證據，因此陪審團就只有聽到檢方對案情站不住腳的說明。陪審團做出決定時，只能集中在唯一的物證：「吻合」的咬痕，而審判時將咬痕與指紋配對拿來做對比，說明咬痕比對也是可行的。陪審員形容坎貝爾的專家證詞「非常有說服力」（原注5），為他們自己的決定和死刑判決帶來了信心。

斯賓塞的律師相信他是無辜的，他們分別透過兩次審判和後續的上訴審，防止德州因為垃圾科學，而將他們的當事人執行死刑。但是他們的對策顯然還是不夠。德州高等法院在處理咬痕時，也和其他法院一樣，認為該技術是可以採納的有效科學證據。法院依靠咬痕證據證明應該維持謀殺罪有罪判決，並指出「專家之爭」並沒有讓斯賓塞在審判中變得比較有利。審查有罪判決的聯邦法院也用咬痕駁回了他的人身保護令聲請。聯邦法官寫道：「斯賓塞在審判中提出他自己的法醫牙科專家，該領域的重要專家傑拉德・韋爾醫師；韋爾醫師大力批評坎貝爾醫師的方法和結論，不過關鍵在於，韋爾醫師也承認他無法排除斯賓塞的牙齒是造成該咬痕的來源。」（原注6）

斯賓塞的上訴律師在情急之下，又聘請了五名委員會認證的牙醫師重新進行盲測。這五名公認的專家（包括迪克・蘇維龍在內）分別收到了審判中所採用的「咬痕」證據。他們與坎貝爾的不同之處，在於五人都沒有得到任何關於此案的訊息；他們不知道有其他牙醫師的結論認為這些傷口是咬痕，最重要的是他們也不知道檢察官認為哪一組牙齒咬傷了受害者。（原注7）

他們的結論可謂五花八門。有一名牙醫師不認為那些是咬痕。還有兩個人認為「齒列五號」與蒙哥馬利乳房上的咬痕互相「吻合」，但是齒列五號的主人是「一名住在堪薩斯州菲利普斯堡（Phillipsburg）的家庭主婦」（為了品質管制措施而被納入的齒列）。而其中沒有任何人認為斯賓塞的牙齒與咬痕相符。

這些還是不夠。德州駁回了斯賓塞的最後救濟機會，不論是最高法院，還是州長喬治・沃克・布希（George W. Bush），他毫不猶豫簽署了斯賓塞的死刑執行令。一九九七年四月，一個暴風雨的星期四傍晚，大衛・韋恩・斯賓塞被綁在一張輪床上，注射了一系列致命的藥劑。

他至死前都主張自己的清白。

加州安那翰（Anaheim）的萬豪會議中心
第四十三屆美國鑑識科學學會科學年會

一九九一年二月，步入中年的基思．哈沃德已經成了被遺忘的人，只剩下史賓納刑警做為職業生涯「紀念品」放在辦公桌上的古銅色牙齒模型。（原注8）他的上訴機會已經用盡，他已經看不到希望了。真正的凶手傑里．克羅蒂才剛因為盜竊罪而在克利夫蘭（Cleveland）遭到起訴，克羅蒂此前因為強盜罪而在加州服刑；大約在襲擊佩隆一家兩年後，他因為強盜而被判罪。特蕾莎．佩隆再婚並搬到另一州，她還以為謀殺她第一任丈夫並折磨她的水手已經被正式定罪，並將在維吉尼亞州監獄中度過餘生。僅由八位牙醫師創立的美國鑑識科學學會牙科部門現在已經有數百名成員，美國法醫牙科學會的創始人同時是斯賓塞案的專家證人荷馬．坎貝爾，則是美國鑑識科學學會的主席。

距離那個完美的 3D 咬痕檢測實例「人民訴馬克思案」不到二十年。法院已經允許牙醫師透過咬痕來辨識狗，牙醫也可以測試紙巾上的咬痕、透過衣物的咬痕、留在口香糖和窗格上的咬痕是否與嫌犯相符，甚至是比對看不見的傷口，也就是經過紅外線和紫外線照明後「揭露」為「咬痕」的傷口。(原注9) 在停屍間和牙科診所之間可以憑空想出任何事，也都會被採納。牙醫開始宣稱他們可以確定「咬人者」的種族，還可以區分「出於激情的咬痕」和「憤怒」之下造成的咬痕，甚至是「典型同性戀」的性愛咬痕。有公信力的專家還闖入了新領域，從咬痕比對轉移到測試各種物品與人體皮膚上的傷口是否能吻合。(原注10) 例如萊文、坎貝爾和一名叫做邁克爾・索貝爾（Michael Sobel）的牙醫共同參與了匹茲堡（Pitsburgh）對班尼・格雷夫斯（Bennie Graves）的殺人罪起訴；他們每個人都認為被害者身體上的劃傷痕跡是格雷夫斯的指甲造成的。(原注11)

美國法醫牙科學會在吸引新成員或是主導領域發展上取得的成功，並非一枝獨秀。美國鑑識科學學會在德雷克飯店召開第一次牙醫師會議（一九七〇年）到一九九一年在安那翰萬豪酒店舉辦會議的二十年間，有兩股力量平行推動了美國司法體系的指數性成長：大量監禁和劇增的人身傷害訴訟。刑事和民事領域的訴訟當事人，都得仰賴科學證據來贏得官司。這些發展創造了我們今天所知的專家證人這一行，也出現學會認證的專家以滿足需求。學會認證的專家對科學有效性做出的大膽宣稱，從未受到法院的嚴正質疑。法官對學會照單全收，但是很少學會審查成員的資格，除了成員必須支付會費，也幾乎沒有學會在進行基礎的科學研究。

一九九一年在美國鑑識科學學會會議上的牙醫已經是第二代了；他們的重點是要讓領域專業化。他們新增加了好幾級的證書，並開發了無止盡的新方法，讓牙齒能夠吻合被認為是咬痕的傷口。他們撰寫了為數可觀的教科書，詳盡介紹這些（未經證實的）方法；還在《鑑識科學期刊》發表，或是擔任編輯委員會；並在整個美國鑑識科學學會和其他鑑識組織中擔任有影響力的職務。有數十人被當地媒體報導過他們身為法醫偵探的工作，報導中說這些關心社會的專業人士會保護弱勢的犯罪受害者，尤其是兒童，讓他們遠離以牙齒做為武器的罪犯。甚至不乏有人登上學術舞台。

洛威爾・萊文和迪克・蘇維龍享譽全國無人能及，但是也有其他幾個人小有名氣。最著名的就是密西西比州的邁克爾・韋斯特（Michael West）。這位有時自稱是「來自哈蒂斯堡（Hattiesburg）的小老頭牙醫」（原注12），帶著他以司法科學成就登上《花花公子》（*Playboy*）、《浮華世界》（*Vanity Fair*）的新聞剪報，和演出《菲爾・多納休秀》（*The Phil Donahue Show*）的經歷挺進安那翰。韋斯特一直具有草根魅力，他會在證詞中穿插由聖經典故、哲學、歷史（通常是美國南北戰爭時南方邦聯的歷史）組成的一場嘉年華會，並且把它們和大量科學術語混在一起。他會帶來一場咬痕大秀，一個讓人們心生嚮往的故事情節。

韋斯特的崛起得益於他的長期商業夥伴史蒂夫・海恩（Steven Hayne）醫師，海恩是一名病理學家，他當時每年會做一千三百多件屍體解剖——這是全國標準的六倍，（原注13）假設他一年工作三百六十五天，等於每天要做超過三件；不過他並沒有工作那麼多天。韋斯特是驗屍官的副手，每年也參與大約相同數量的死亡調查。這兩個人為密西西比州做了數千件驗屍工作，也編造過一些荒唐的死因和死亡方式理論。兩人（牙醫和醫師）一起宣傳他們的業務，一起巡迴演講，也經常在同一個案件中作證。他們的事業一帆風順。在整個一九九〇年代，層出不窮的謀殺案受害者不斷將他們帶進蘭金郡（Rankin County）的停屍間，他們在那裡迅速、不見光地破案。海恩的年收入超過一百萬美元，韋斯特則加入蘇維龍和萊文的行列，成為少數不再需要洗牙並全職從事法醫工作的牙醫之一。

那是垃圾科學家（junk scientist）的黃金盛世，尤其是牙醫師。偽科學在第二次世界大戰後的美國刑事司法制度中蓬勃發展，不過這個現況即將面臨嚴峻的新挑戰：在「道伯訴梅里爾・道製藥公司案」（*Daubert v. Merrell Dow Pharmaceuticals, Inc.*），最高法院徹底改變了要求法官評估「科學」證據的方式；幾乎同時，兩位打破傳統的紐約市律師在一九九二年成立了無辜計畫，啟動對司法體系而言最具破壞性的力量——DNA革命。同年，德州小鎮的一名父親因為謀殺他的三個孩子而被起訴，審

判最終揭露了依賴垃圾科學而做出攸關生死的決定，要付出多大的代價。

第五章

致命的胡說八道

一九九一年聖誕節前幾天一個涼爽的冬日早晨，住在德州科西卡納（Corsicana）的黛安・巴比（Diane Barbee）和她十一歲女兒布菲（Buffie），聞到從鄰居卡麥隆・托德・威靈漢（Cameron Todd Willingham）和他妻子史黛西（Stacy）一家住的平房飄出煙味。[原注1]黛安和布菲匆匆跑到街上，正好看到睫毛燒焦的卡麥隆・威靈漢赤著上身、光著腳站在他的木造房子前面，當時房子已經陷入火海，威靈漢家三個孩子的臥室窗戶都被炸飛。德州高等法院表示「儘管鄰居們懇求」，但威靈漢還是「拒絕進入房子試著營救他的孩子們」。[原注2]然而根據《紐約客》的調查，威靈漢「歇斯底里」地向消防員哭喊：「我的寶貝們著火了！」[原注3]消防員不得不抱住他、給他戴上手銬，以免他衝入火海救他的孩子。

大火繼續熊熊燃燒，高溫超過一千一百度，彈簧床墊都熔化了，剩下的窗戶也碎了。幾分鐘後，一切結束，威靈漢的家變成一堆冒著煙的灰燼。威靈漢家的三個孩子都死於這場大火，大女兒安柏當時兩歲，她的雙胞胎妹妹卡曼和凱莫倫則是一歲。威靈漢在醫院裡度過聖誕節，他的臉、手和背都燒傷了。大火當下，史黛西正在救世軍（Salvation Army）採買聖誕禮物，她變得無家可歸，心碎不已。在威靈漢住院期間，鄰居們發動了募捐，幫助支付孩子們的喪葬費用。

幾天後，火災調查員道格拉斯・福格（Douglas Fogg）和曼努埃爾・瓦斯奎茲（Manuel Vasquez）仔細檢查這個年輕家庭僅存的一片狼藉，不由得脊背發涼。這根本就是犯罪現場，到處可見「縱火的指標」：地板上燒焦的「傾倒痕」表明曾經有像是打火機油這類的液體助燃劑被倒在地板上，引起火苗。熔化的彈簧床墊、破碎窗戶上「龜裂的玻璃」，火勢如此猛烈同樣指向是化學助燃劑所助長。最該死的是有三個「V形」的煙灰痕跡分別從地板延伸到牆壁；一個是在孩子們的臥室，另一個是在前門，第三個則是在房間之間的走廊上。煙灰痕跡表示火災是在整棟房子的不同位置分別開始的，如果是意外引發火災，幾乎不可能有三個不同的起火點。

大約兩週後，威靈漢夫婦的車被特殊武裝突擊部隊壓制包圍在路旁，他們拿武器指著夫妻倆。卡麥隆・威靈漢遭到逮捕，被控蓄意謀殺他的三名女兒。如果三個謀殺罪成立，這起犯罪就可以判處死刑了。地區檢察官帕特・巴切勒（Pat Batchelor）告訴媒體：這場火災是「我們見過想要隱瞞縱火的最糟糕範例。太明顯了，你可以看到地板上有火燒的痕跡。深灰色的打火機液體噴灑在雙胞胎的床上，然後延伸到走廊和其他房間，引發了火勢」。（原注4）

原本支持威靈漢的鄰居們開始轉向，街坊流傳他是一個會家暴的老公。他有犯罪紀錄，喝很多啤酒。開始有人說他的悲傷好像太過度了，也開始傳出其他問題。如果他像自己說的那樣光著腳跑過著火的房子想要救他的女兒，為什麼他的腳沒有被燒傷？為什麼他在房子著火時，還去移車？他對車子的關心超過命懸一線的孩子們嗎？經過仔細審視之後，當初說威靈漢歇斯底里的記憶被重新解釋為他在演戲。一位在現場的警方牧師，他原本是同情威靈漢的，後來卻懷疑威靈漢展現的情緒是否屬實。那名牧師比較了威靈漢的反應和「一個生過孩子的婦女看到自己孩子死去時的那種悲痛」，結論是「在我看來，卡麥隆的情緒太過頭了」。（原注5）

威靈漢在監獄裡待了六個月，始終堅持他是無辜的，他也拒絕認罪協商，賭上自己的性命，要在科西卡納市中心的古老法院大樓裡接受死刑的審判。他的公設辯護人一直找不到專家願意反駁福格和瓦斯奎茲對那場火災的解釋。代代相傳的專家們沿襲著像是美國消防協會（National Fire Protection Association）等組織制定的指導方針，認為如果有多個「縱火指標」，唯一可能的解釋就是縱火而非意外。瓦斯奎茲向陪審團解釋說這是一個教科書級的案例。他作證時的語言都是直接出自美國消防協會的培訓：「火災講述了一個故事。而我只是翻譯這個故事。火不會撒謊。它會告訴我真相。」（原注6）審判只花了兩天就結束了。威靈漢被判處謀殺女兒的罪名成立，也很快就被判處死刑。他在二〇〇四年二月十七日被綁在亨茨維爾（Huntsville）德州州立監獄的輪床上，注射致死的藥劑。

但是卡麥隆．托德．威靈漢其實是無辜的。火說謊了。

第六章

最高法院的垃圾科學

華盛頓特區東北區第一街一號，美國最高法院

一九九三年三月三十日，最高法院的權威殿堂中其實沒有人想到卡麥隆·托德·威靈漢。根本沒有人在想什麼刑事司法制度。當資深的最高法院訴訟律師麥可·戈特斯曼（Michael Gottesman）走上席間，代表兩名出生就有缺陷的孩子提出主張時（他們聲稱這些缺陷是梅里爾·道製藥公司銷售的孕婦藥物Bendectin引起的），每個人在思考的都是錢。陪審團針對產品責任和人身傷害案件做出裁決，不過許多都是根據值得懷疑的專家證人證詞。「道伯訴梅里爾·道製藥公司案」引起的議題是，法官在剔除法庭中的垃圾科學上是否應該做得更好。雖然在言詞辯論中短暫提及新標準也要適用到刑事案件，但是在訴訟摘要中則隻字未提。（原注1）

「侵權法改革」（Tort reform）是當時的話題。其中利益涉及數十億美元。七〇和八〇年代的美國，因為各種傷害案件而起訴了欠缺注意的公司和怠忽職守的醫生，並求償大筆金額。這些案件中的專家證人賺到的錢，比實際在該領域工作的人還要多，許多人還成了全職的訴訟顧問。舉例來說，一九七四到八九年間，在芝加哥定期出庭作證的專家人數增加了百分之一千五百。加州的趨勢更為明顯，百分之九十五的產品責任案件都有專家證人，大半還成了「專家之爭」。（原注2）那個時期的侵權責任會讓大公司破產。（原注3）與石棉有關的索賠案件擊垮了約翰曼菲爾公司（Johns-Manville

Corporation）；有三十二萬五千起訴訟主張避孕器 Dalkon Shield 會導致骨盆疾病、不孕症或甚至死亡，最終使得羅賓斯公司（A.H. Robins Co.）倒閉；道化學（Dow Chemical）旗下的道康寧（Dow Corning）也因為矽膠隆胸訴訟而落得同樣下場。

企業方開始提出反擊，侵權法改革成了保守政治的圖騰。例如彼得・胡伯（Peter Huber，大法官歐康納〔Sandra Day O'Connor〕的前法律助理）等評論家就認為，原告律師只不過是利用客戶的苦難，以可疑的專家證詞為武器，讓陪審團做出龐大金額的裁決，好讓自己發財致富。胡伯在一九九一年出版的《伽利略的復仇：法庭中的垃圾科學》（*Galileo's Revenge: Junk Science in the Courtroom*）書中，猛烈抨擊道：「過去從來沒有這麼多律師，因為兜售這類雄心勃勃的科學報告而變得如此富有，但是那些科學所代表的事情其實根本不是那麼回事。」（原注4）這番評論直指這種「中頭獎」般的人身傷害訴訟的邪惡之處，影響深遠。

民事訴訟中的「專家之爭」主要是圍繞著因果關係的問題，這是科學研究中一門聲名狼藉的模糊領域，胡伯稱之為「責任科學」，意味著侵權律師依賴的研究並非為了科學發現；相反的，其目標是在確立公司責任。這個時代大部分的公司責任當然是合理的，也只有基於民事訴訟的結果才會被公開。例如發生爆炸的福特 Pinto 房車和吸水力超強的 Rely 衛生棉條導致嚴重傷害案件，在很大程度上它們是因為集體訴訟才退出市場。（原注5）但是胡伯有一個觀點：法院對於使用「科學」證據的放任態度，導致專家證人證詞的無所不用其極。

一般認為《伽利略的復仇》一書有助於「垃圾科學」一詞的普及；就在道伯案於最高法院進行辯論的同一個月，該書以平裝本出版，而被告方（梅里爾．道製藥公司）的「法庭之友」（*amicus curiae*）在大量意見中都加以引用。大法官威廉．芮恩奎斯特（William Rehnquist）抱怨「法庭之友」的意見過於龐雜，而且都不是「我們慣於解釋的那類素材。反而都在處理科學知識的定義、科學方法、科學的有效性和同儕審查；簡而言之，都是一些與法官的專業知識相去甚遠的事」。（原注6）

沒有任何一份摘要來自刑事辯護律師，不過的確有其他「法庭之友」擔心新標準將如何影響司法制度中的檢察官。有一群檢察長主張保留「傳統的」弗萊準則，他們認為法官應該遵照「相關科學社群」的說法，而不是對證據進行獨立評估。（原注7）我們可以預期檢察官會捍衛現狀。幾乎所有「弗萊」判決對相關科學社群的界定都是執法人員及其代理人，包括當地的犯罪實驗室、FBI實驗室和／或鑑識學會會的犯罪學家，這些成員通常會在審判中作證。

胡伯認為如果「弗萊」判決將以私利為考量的專家也定義為相關社群，就像是「弄虛作假」（gerrymandering）★讓大家信以為真。胡伯指出，會「有形形色色的江湖術士成立協會、參加全國大會，設立認證委員會，再不然就是以其他方式舉辦嚴肅的科學活動」。（原注8）「他們這樣就（如他們極力主張的那樣）是『相關科學社群』了

★編按：美國的政治術語，意指以不公平的選區劃分方法操控選舉，使投票結果有利於某一方。

嗎……？」司法制度給的答案一直是肯定的。鑑識學會決定了什麼是有效的科學、誰有資格以「專家」身分作證。刑事訴訟中使用的大多數鑑識證據就是這樣來的。如同美國刑事司法制度的各個面向，這類證據都對貧窮的有色人種絕對不利，與中產階級白人相比，他們被逮捕和監禁的可能性高達三倍。（原注9）他們得到的是窮人科學。

美國大公司受夠了窮人科學。這花去他們大筆的金錢。在二十世紀後期，原告律師分走的公司利潤比例越來越高，還有不祥的跡象顯示這種趨勢將繼續下去。就在道伯案辯論的三個月前，陪審團才在一個矽膠植入案中判給帕梅拉・簡・約翰遜（Pamela Jean Johnson）兩千五百萬美元，這在當時創下了紀錄（原注10），而那是第七起進入法庭審理的這類案件，也是原告勝訴的第五起。還有上百件訴訟案件懸而未決，而在整個七〇和八〇年代，有超過一百萬名婦女接受了道公司的矽膠乳房植入物。（原注11）同一時期，也有三千萬名懷孕婦女服用了Bendectin。

所以「道伯訴梅里爾・道製藥公司案」出現在最高法院的待審案件表中絕非偶然。它是全美各地發起的侵權法改革的一部分，侵權法改革包括對責任損害賠償上限的立法倡議，以及在媒體上宣傳陪審團的裁決已經讓普通美國人負擔不起保險了。梅里爾・道製藥公司及其戰友（尤其是保險公司）在法庭上的止血戰略，是要讓原告律師更難在富有同情心的陪審團面前提出推測性的意見。他們希望法院接受基本的科學原則。就從最高法院開始。

雖然首席大法官芮恩奎斯特並不認為司法部門有能力扮演「業餘科學家」，區分有效的科學和沒有根據的意見，但是芮恩奎斯特的法庭堪稱是美國大公司之友。道伯案是大企業推動侵權法改革的機會，而且無論做出何種判決，都將是一個劃時代的決定，有可能改變大規模侵權訴訟中的權力平衡。被垃圾科學定罪的囚犯只是搭上了這班順風車，成為最高法院最重要的科學意見中的註腳。

一九九三年三月三十日發表的道伯案意見書，打從一開頭看起來就像是一種進步。法院明確承認專家有誤導陪審團的獨特能力，而且因為非專業的陪審團沒有足夠能力評估科學證據，因此最高法院裁決法官不能夠只聽從「相關科學社群」的意見，而是必須做得更多。已經嘗試過這種作法七十年，但是都失敗了。法官必須開始自己審查科學。為了達到這個目標，多數意見認為在採納「科學」證據之前，必須經過五個部分的測試：一、該證據必須有一個經過（且通過）測試的假說，也就是不再適用 *ipse dixit*（「我說了算」）；二、必須有同儕審查的文獻證明該技術已經「通過科學界的審查」；三、必須知道其錯誤率；四、施行者必須遵守控制下的標準；五、為了表示對弗萊準則的尊重，可以將科學界的接受度列入考慮，但這不是主控因素。

更簡單地說，道伯案是訴諸科學的基本教條，並指示聯邦法官也要這麼做。這對咬痕來說是個壞消息。咬痕沒有可檢驗的（或已通過檢驗的）假說。沒有經同儕審查的文獻驗證該技術。沒有錯誤率。沒有控制下的標準。它就只是一個意見，*ipse dixit*（「我說了算」）。這同樣或多或少適用於多個已經確立的鑑識技術，包括毛髮和纖維顯微鏡比對、彈道學、鞋印、輪胎胎紋、縱火調查、血跡噴濺證據、筆跡。用這些方法得到的意見是主觀的，是基於「訓練和經驗」而來的，而不是客觀科學。

第七章

生命、自由與「道伯案」

道伯案的最高法院意見被譽為是一場認知的革命。對一些人來說，它確實是。法院開始以前所未見的方式拒絕在人身傷害和產品責任案件中的專家證人。美國大企業開啟了道伯案的挑戰，他們贏的次數比輸的次數多很多，省下了幾十億美元。一份二〇〇〇年的研究發現（原注1），對專家的挑戰只有大約百分之十是由原告律師提出的，不過適用新的檢驗之後，他們的專家有將近三分之二的機率會被排除在作證之外。企業的持久戰也打得很好。隨著越來越多州採用新標準排除可疑的專家證詞，侵權法改革從聯邦法院慢慢滲透到州法院。

與此同時，有一小群具奮鬥精神的辯護律師開始抨擊垃圾科學做出的有罪判決，他們期望藉由道伯案把科學的完善性帶進更重要的議題：州法院所做的死刑判決。要拯救像是卡麥隆·托德·威靈漢和大衛·韋恩·斯賓塞這樣的無辜者免於死刑是太遲了，不過在道伯案判決後不久，奧克拉荷馬州的陰森死牢裡出現了兩個相關的判例。

奧克拉荷馬州麥卡勒斯特（McAlester）州立監獄H區

羅恩・威廉森（Ron Williamson）曾經是美國職棒大聯盟年度選秀第四十一順位的新秀，他被判性侵和謀殺罪名成立，部分理由是根據毛髮顯微比對證據。（警方聲稱他「承認」自己夢到這場犯罪，這被當作是一種「自白」。）奧克拉荷馬州最高法院決定維持威廉森的死刑判決，而當時最高法院正在審理道伯案；道伯案的判決下來時，威廉森要求推翻有罪判決的人身保護令聲請正在聯邦法院審理。他的律師便用上了這個判決。（原注2）

「威廉森訴雷諾茲案」（*Williamson v. Reynolds*）基本上涉及科學事實是否可以推翻判決先例。毛髮證據從來沒有通過道伯案所要求的審查。那麼它是怎麼進行的呢？弗蘭克・西伊（Frank Seay）法官寫道：「本法院未能找到任何跡象，顯示專家的毛髮比對證詞符合道伯案提出的任何要求。」他繼續說：「甚至連弗萊準則的『普遍接受』標準都沒有達到，所謂的普遍接受似乎只存在於通常替檢方作證的技術性毛髮專家之間，而非能夠客觀評估這類證據的科學家之間。」（原注3）接下來，這位聯邦法官用兩句話抹殺了一個世紀以來的判決先例：「本法院承認採納此類證據的歷史由來已久，但是正如道伯案法院所陳，『不正確的假設……終將被證明其錯誤』。」

科學事實取得了勝利，威廉森的人身保護救濟聲請也獲得批准。這個意見在許多方面都令人震驚，判決的意涵甚廣。毛髮證據已經協助將上千人定罪。公開質疑該技術會讓那些有罪判決面臨質疑。檢察官立刻就上訴了。他們不是仰賴科學，而是基於既定的法律：他們主張道伯案是聯邦標準。而各州可以自由決定他們自己的標準。

就法律層面而言，想要依法處決無辜者的檢察官是對的，法律最後也取得勝利。第十巡迴上訴法院主張，直接將道伯準則適用到毛髮證據與該案代表的進步並無關聯，因此推翻了該判決。威廉森的有罪判決是因為其他原因而被推翻的，不過他還是被關在死牢裡，他的案件被發回州法院重審，而且要先舉辦「弗萊」聽證。各州當時都已經逐漸接受了道伯準則，但是奧克拉荷馬州還沒有這麼做。更重要的是，無論採用什麼標準，刑事司法制度都遠遠不能保證科學的進步一定可以勝過既定法律。

威廉森和他的朋友丹尼斯．弗里茨（Dennis Fritz）因為同一起性侵殺人案而分別受審，兩人最後都被證明無罪，但不是因為毛髮比對證據不可靠。（原注4）ＤＮＡ證據

證明了審判中的明星證人格倫・摩爾（Glen Moore）不只是證人，檢察官只好認輸：其實摩爾才是性侵並謀殺了二十一歲高中生黛比・蘇・卡特（Debbie Sue Carter）的凶手，有一天晚上，卡特在奧克拉荷馬州艾達（Ada）的酒吧拒絕了摩爾的示好。而威廉森和弗里茨是那家酒吧的常客，他們倒楣的成了摩爾那致命謊言的替罪羊，還得到垃圾科學的加持。

威廉森一度離執行死刑只差五天，他再也沒有從這段經歷中恢復過來。奧克拉荷馬州的死牢就是為了要讓人痛苦，所以他和死牢裡的其他犯人一樣，被關押在地牢裡，沒有自然光，沒有空氣，也無法和人接觸。他經常有幾個月無法洗澡，整晚在牢房裡踱來踱去，對著空無一物的牆壁大吼他是清白的，還要忍受警衛透過對講機的冷嘲熱諷。威廉森在獲釋後始終害怕重回監獄，他開始酗酒，還把他的錢都給了電視上的福音佈道者。獲判無罪後，沒過幾年他就因為肝硬化去世了。

F區牢房

西伊法官運用道伯案的審查標準推翻毛髮比對證據時，柯蒂斯・麥卡蒂（Curtis McCarty）已經在地牢裡關了十多年。麥卡蒂是因為性侵和刺死十八歲的帕梅拉・威利斯（Pamela Willis）而被判有罪；威利斯是當地一名警察的女兒。威利斯冰冷的屍體被人發現躺在奧克拉荷馬市西南部的一間昏暗夾板房的客廳裡。沒有目擊者，也沒有其他證據。麥卡蒂被列為嫌疑人，只因為他有過毒品犯罪的前科，而且和被害人有交情。不利於他的主要證據是專家證詞指出，威利斯胸口的「刀傷內發現」的毛髮與麥卡蒂的毛髮一致。根據同一位專家的說法，第二次的毛髮「配對」明確顯示麥卡蒂「實際上」就在犯罪現場，這幾乎可以確定將他定罪和判處死刑。

幾年後，麥卡蒂挾著西伊法官對道伯標準的突破性分析回到奧克拉荷馬州法院，試圖挽回他的死刑判決。不過奧克拉荷馬州的刑事上訴法院並沒有採信：「毛髮比對證據在刑事審判中多有使用，本法院過去也認為採納此類證詞並無問題。」（原注5）雖然麥卡蒂「希望本法院重新考慮毛髮分析證據的可行性」，但是並沒有任何新證據或是某位聯邦法官對道伯案的意見「能夠說服本法院現在改變見解」。

又過了十二年，麥卡蒂才在二〇〇七年以定罪後的DNA鑑定獲無罪宣告。麥卡蒂在死囚牢裡度過了十九個年頭，長年被關在地牢裡，見不得陽光，也沒有辦法與任何人接觸。那根本是個屠宰場。單單二〇〇一年一月，就有七個人被處決。（原注6）當行刑日期來臨時，遭關押的死刑犯會在水泥地板上砰砰砰地敲打他們的鞋子，當作一種送行儀式，接下來他們會一個接一個被蒙面的獄警拖去赴死。麥卡蒂被關在死牢的將近二十年裡，曾經為十一名將要執行的人敲過鞋子。那幾年裡的那些人，都被埋在通往監獄路邊的一個窮人墓地「佩克伍德山」（Peckerwood Hill）；那些人是麥卡蒂唯一的朋友，他相信其中有許多人是無辜的。

其實不難想像麥卡蒂相信他的那些朋友是因為自己不曾犯下的罪行而被處死。在他的審判中作證、已名譽掃地的毛髮「專家」喬伊斯・吉爾克里斯特（Joyce Gilchrist）曾經協助法院把至少二十三個人送進死牢。（原注7）經常傳喚吉爾克里斯特到證人席的檢察官羅伯特・「牛仔鮑勃」・梅西（Robert "Cowboy Bob" Macy）是美國史上對死刑最瘋狂迷戀的檢察官之一。這位奧克拉荷馬市的地區檢察官經常引用聖經，而且把手槍放在陪審團面前以強調他的觀點，（原注8）他在卸任前的二十年間持續執行他所謂私刑正義。讓麥卡蒂被判無罪的律師（現在是法學院教授）科林・斯塔格（Colin Starger）說那裡是「狂野的西部」（原注9）。在梅西擔任地區檢察官期間，至少讓五十四個人被判處死刑。（原注10）其中二十個人已經被執行。除了麥卡蒂，還有另外兩名被梅西以死刑定罪的人後來靠著DNA證據證明了他們的清白，在他們為自由做出漫長而艱苦的奮鬥之後。

出獄後，麥卡蒂把自己關進父母的家中，只是有時候會站在房子的前門旁，看著門滑開做為消遣。他會到外面馬路上來回踱上一個小時，然後又回到自己家裡的地下室，砰砰砰的鞋子聲還在他不安的腦海中迴盪。

即使在道伯案之後，並非只有奧克拉荷馬州的司法制度將判例置於科學事實之上。二〇〇五年的一項研究（原注11），標題是「道伯案與刑事司法的（近乎）無關聯性」，調查了道伯案以後十年間的判決，並且比較民事和刑事案件的判決：結果顯示，檢方的專家幾乎從未被排除在作證之外，只有辯方的專家才會。我在二〇一八年與杜克大學法學院教授布蘭登・嘉瑞特（Brandon Garrett）進行了一項後續研究（原注12），結果顯示一切還是沒有改變。檢察官幾乎總是贏得挑戰，檢方專家受到挑戰時也幾乎從沒輸過——即使是那些有欺騙和錯誤定罪紀錄的專家。不過，民事被告則繼續享有道伯案判決帶來的恩澤。

第二部

「德州訴史蒂夫・馬克・錢尼案」與DNA革命

TEXAS V. STEVEN MARK CHANEY
& THE DNA REVOLUTION

德州達拉斯（Dallas）
伍德梅多大道一〇八〇〇號，第一〇二一號公寓

瑞亞・傑克・拉斯尼奇（Rhea "Jack" Rasnic）和妮可・尼基・斯特朗格（Nicole "Nikki" Strange）穿著泳衣砰砰砰地敲著一樓公寓的門，這棟三層樓公寓位在東達拉斯的公共泳池附近。那是一九八七年夏天一個溫暖的週六晚上，一場泳池派對蓄勢待發。拉斯尼奇和斯特朗格是一對吸安的年輕情侶，他們頂著一頭漂染的爆炸頭，雙十年華在縱情聲色的派對裡狂歡度過，派對中還會用古柯鹼和 MDMA（「搖頭丸」或「Molly」）助興；MDMA 在一九八五年之前是合法的，那十年間持續在達拉斯自由流通。

這對情侶繼續敲著公寓的門，認為他們的朋友，販賣古柯鹼的年輕夫妻約翰・伯頓・斯威克（John Burton Sweek）和莎莉・斯威克（Sally Sweek）就在裡面。當天稍早拉斯尼奇本來計畫和約翰一起去釣魚，但是他在中午左右回電時，約翰的電話卻一

直忙線中，因此他決定開車到對方家看看。拉斯尼奇在敲門的時候，覺得自己聽到吸塵器運轉的聲音。但是沒有人來應門，這很不尋常，而且約翰的車子還停在固定的位置。過了一會兒還是那樣。前門的縫隙透出一絲光線，但還是沒有人來應門。

他們最後決定放棄，又回到泳池派對，在那裡度過接下來的幾個小時，直到晚上大約十點，才又回到斯威克家的公寓。這一次，拉斯尼奇繞過公寓一側，透過百葉窗向裡面窺視。他看到廚房口附近的油氈地板上躺著一條男人的腿，穿著白色牛仔褲，赤腳，腳趾朝上，剛好超過烤爐的拉取式烤盤。拉斯尼奇還看到另一條腿，光著腳，顯然是女人的腿，看起來血跡斑斑。他瞥見白色櫥櫃上濺了幾滴濃稠的紅色液體。有一個女人，掌心朝上，躺在地磚上一攤深褐色的水窪中。

莎莉．斯威克二十一歲。她結婚兩年的丈夫約翰則是二十七歲。

拉斯尼奇沒有報警。他也沒有進入他們的公寓或是檢查門上的鎖。他和斯特朗格一起離開了現場。這對情侶回到自己的公寓之後聯絡了約翰的家人，與他們約在約翰和莎莉的公寓見面；接著他們又返回現場，這時候才終於報了警。將近一個小時後，犯罪現場調查人員才開始搜查死者的公寓。

客廳裡隱約有一些暴力犯罪的線索——一個破掉的菸灰缸翻倒在一堆菸頭上，電話沒有掛好，報紙散落在客廳的地板上。臥室裡發現了磅秤、袋子、黑色蓋子玻璃瓶，還有一個紙箱，裡面有看起來像是大麻的零星殘留物；一隻小型㹴犬蜷縮在這對夫妻的床底下。沒有發現其他毒品、武器或錢財，也沒有強行進入的痕跡。廚房入口附近立著一台立式吸塵器，還有兩組血跡斑斑的鞋印從廚房拖到客廳的地毯上。

在廚房裡，時光像是靜止了。約翰．斯威克光著上身和赤腳躺在血泊中。他的喉嚨被割開，肩膀、胸部、下背部、左臂和拇指上也都可以看到刺傷。他右手上的砍痕顯示他曾經試圖抓住凶器以保護自己，但沒有用。有一處傷口與其他傷口不一樣，是他左前臂內側的嚴重U形挫傷，顯然是由另一種凶器造成的。

莎莉的屍體緊挨在她丈夫旁邊，她的光腳不自然地跨過她丈夫的身體；她那略帶紅色的深藍色夏裝浸在鮮血中，水平的砍痕劃過她的胸前，繞過她的上半身。她的喉嚨也被割開。她的右臉頰、頸部、胸部、雙手和手臂有多處「魚尾狀」刺傷，顯示凶手用的是單面刃。莎莉斷裂的指甲下有幾根不是她自己的毛髮，表示她曾經與襲擊她的人有過一番打鬥。（原注1）

此案由約翰．威斯特華倫（John Westphalen）刑警負責偵辦。這位經驗豐富的凶殺案探員在凌晨一點半到兩點之間抵達一〇二一號公寓，他身材矮胖，嘴裡像是塞滿菸草般一直嚼個不停。（原注2）犯罪現場的證據顯示這起謀殺案很可能是兩名凶手所為。莎莉和約翰都光著腳；從陳屍處往外走的兩組鞋印分屬不同鞋子；其中一雙是鞋

頭三角形的有跟鞋子，可能是牛仔靴，在客廳的棕色地毯上留下很深的鞋印。它的主人或許是一個穿著牛仔靴的大塊頭男人。另一組鞋印來自一雙鞋底為華夫格圖樣的運動鞋，在廚房入口處附近，約翰屍體周圍的油氈墊上留下疊印的紫紅色蜂巢狀。

靴印的痕跡拖過了覆蓋整個客廳的地毯，停在傑克幾小時前窺視室內的同一扇窗戶前面。百葉窗內側可以看到大滴的血跡；從屋外也可以看到百葉窗上的紅色污點。兇手似乎用沾滿鮮血的雙手去關百葉窗，以確定那個令人昏昏欲睡的夏日午後不會有人察覺到屋內發生的屠殺。

威斯特華倫刑警在凌晨四點離開現場，斯威克夫婦的屍體也在同時間運抵西南司法科學研究所（Southwest Institute for Forensic Sciences）進行解剖。達拉斯郡的驗屍官詹姆斯・韋納（James Weiner）醫師首先檢驗約翰的屍體外觀，他在驗屍報告中記錄如下：

一、頸部、胸部、背部、左臂和右手拇指多處刀傷。
・頸部傷口切斷了右頸動脈和右頸靜脈。
・所有其他傷口均為皮外傷，僅傷及皮膚和皮下軟組織。
二、左前臂有咬痕。

韋納的調查結果還交由其他三名驗屍官審查，最後簽署為官方驗屍報告：「我們的意見認為，二十七歲的白人男性約翰・伯頓・斯威克是死於頸部、胸部、背部、左臂和右手拇指的多處刀傷（切割傷）。只有頸部的傷口切斷了通往頭部的主要血管，應認為將使其迅速致死。左前臂的咬痕看起來發生在兩三天前。」對莎莉・斯威克的調查也有類似的結論：她的死因是割斷喉嚨的刀傷使其「迅速致死」。

在約翰或莎莉的體內均未驗出毒品或酒精。家人說他們一直在試著擺脫販毒踏上正途，或許還要生個孩子。

史蒂夫・馬克・錢尼在六月二十二日拿起一份星期日的《達拉斯晨報》（*Dallas Morning News*）。他翻閱著報紙，目光停留在一個標題：「將達拉斯夫婦致於死地的刺殺案動機何在。」（原注3）他看著這個故事，恐懼蔓延到他的指尖。約翰和莎莉是在自己家裡被殘忍殺害。報導引用威斯特華倫刑警的話：「我們此時還沒有發現任何動機。根據我們所知，公寓裡沒有遺失任何東西，但是我們也無法百分之百確定。」錢尼打開廣播新聞。謀殺案是當地廣播的頭條。

三十一歲的錢尼是一名二代鐵工，也是他引以為豪的 Teamsters Local #431 工會成員。達拉斯在整個一九八〇年代的石油繁榮期持續崛起，當時錢尼也盡責地每天上下班，投入無止盡的建築工事。除了幾次不值一提的因吸食大麻而被逮捕之外，他和警察沒有什麼交集。但是就在最近，這個精瘦、有著棕黃色頭髮和藍眼睛的德州東部男子逐漸背離他嚴格的基督教義，走進斯威克家的公寓派對。過去幾個月，他有很多時間待在那裡，經常是在拉斯科利納斯（Las Colinas）的工地收工後就順便過去；拉斯科利納斯是在近郊的一個企業園區，距離達拉斯僅二十分鐘車程。

錢尼的思緒回到他上一次去斯威克家的場景。時間是上週六，六月十三日。那週末他都在工作，以確保建築工事能夠如期完成，那個建案因為春雨異常而延遲。傍晚下工後，他和同事柯蒂斯・希爾頓（Curtis Hilton）過去買了「八球」（八分之一盎司）古柯鹼；柯蒂斯也是一〇二一號公寓的常客。錢尼和前幾次一樣先賒帳。約翰不是什麼黑道頭子，他沒有用嚴格的方式經營販毒事業；他有很多客戶都是朋友，所以他也讓他們賒帳。約翰就只是在一本活頁筆記裡記了一份欠款清單。

恐懼和妄想潛進錢尼的腦海中。他開始回想前一天，也就是謀殺案發生的那一天，他是怎麼度過的。那天始於拉斯科利納斯工地的補班調整（建築工程在夏天會比較早開始，以減輕曝曬在德州烈陽下的辛勞）。凌晨五點剛過，錢尼就離開家了，他從達拉斯東邊約八十英里一個叫做米爾塞普（Millsap）的小鎮開車到工地；他和女友萊諾拉・莫利（Lenora Murley）以及她十歲兒子貝瑞住在米爾塞普的一輛拖車裡。萊諾拉的父母約翰和朵拉・胡珀（John and Dora Hooper），以及萊諾拉的兄弟一家人，也住在那裡的一棟房子。

錢尼一向很準時，他在早上快七點時抵達工地，但是很快就下雨了，這天的工作也泡湯了。工頭在上午八點左右叫工人們回家。錢尼開車回到米爾塞普，並在九點到十點之間把萊諾拉叫醒，差不多就是拉斯尼奇與約翰．斯威克通電話的時候。正中午時，大約是拉斯尼奇敲約翰家的門並聽到吸塵器聲音的時候，錢尼正和貝瑞一起檢視胡珀夫妻那輛故障的七四年福特車的引擎，錢尼教導男孩一些有關引擎維修的知識，因為他想試試讓這輛被丟在後院幾年沒人管的老爺車再次發動。

那天下午大約三、四點的時候，萊諾拉的姊妹打電話來，希望錢尼幫她把一些傢俱從倉庫搬到她位在雪松溪（Cedar Creek）的新家，那裡離米爾塞普大約是三個半小時車程。錢尼、萊諾拉和貝瑞擠進另一台丟在胡珀家附近的老爺車，一輛生鏽的七六年雪佛蘭小貨車。他們就這樣上路，三個人把東西運往雪松溪：往東沿著二十號州際公路穿過德州中北部的平原，然後又往南沿著三十五號州際公路行駛。過了一會兒，當最後一小時的陽光也從後視鏡中消失時，一直靠在媽媽肩膀上打瞌睡的貝瑞被一個巨大的聲音驚醒：「砰！……噗嚕嚕……噗嚕嚕……噗嚕嚕。」（原注4）男孩是這樣形容那個聲音。

汽車爆胎了，就在沃思堡附近一個叫做蘭開斯特（Lancaster）的小鎮外。雪佛蘭在高速公路上暴衝，滑行到路肩才停下來。錢尼、萊諾拉和貝瑞沒帶什麼錢，也沒有備用輪胎，於是他們走到附近的麥當勞，打電話給萊諾拉的朋友貝琪・愛德華茲（Becky Edwards）。最後是貝琪和她丈夫基思前來幫他們找到一個用過的備胎。雪佛蘭重新上路之後，他們又繼續前往目的地，把傢俱搬到萊諾拉姊妹的新家，當晚就與她的姊妹一起待在雪松溪，那裡離一〇二一號公寓有三個半小時車程。

這一路上有許多證人。

威斯特華倫刑警在現場問過斯威克的家人，在謀殺案發生隔天又再問了一次。約翰的父親亨利告訴刑警：約翰和莎莉在他們的公寓販賣古柯鹼已經有一段時間了。之前曾經發生過麻煩。兩年前，這對夫妻欠了供貨給他們的人一筆錢，據稱對方是「墨西哥黑手黨」的成員，這個監獄幫派在一九六〇年代成立於聖昆丁監獄（San Quentin Prison），也被稱為La Eme。約翰和莎莉當時便亡命到科珀斯克里斯蒂（Corpus Christi）躲藏，直到還清了那筆錢。在謀殺案發生的幾週前，據稱是墨西哥黑手黨的成員胡安・岡薩雷斯（Juan "Z" Gonzalez）來過亨利家附近找他兒子約翰。

刑警後來得知更多有關岡薩雷斯的事（原注5）：他有販毒前科；身高五呎七吋寸（譯按：約一七〇公分），體重兩百五十磅（譯按：約一百一十三公斤），經常穿著牛仔靴。在謀殺案發生的前一晚，有人從斯威克家的公寓撥了一通電話到德州的特雷爾（Terrell），那個電話號碼與岡薩雷斯有關。在那之後不久，也有人從特雷爾的公用電話撥了一通對方付費的電話到斯威克家。的確有人接了那通電話，可能是約翰或莎莉。這次通話時間很短。

威斯特華倫刑警集中精力尋找岡薩雷斯。他很快得知岡薩雷斯住在離達拉斯以東約三十英里的特雷爾，當時正是他第二次重罪判決的假釋期間。這名刑警從岡薩雷斯的假釋官那裡拿到岡薩雷斯的電話號碼，並且留言給他。這個謎團的各個片段似乎可以拼湊在一起了。循這條路徑找到一個謀殺案的嫌疑人，是常見且合乎邏輯的。但是達拉斯警察局後來接到了一通匿名電話，使得調查方向大大轉了個彎。

來電者堅持要與負責調查斯威克謀殺案的刑警通話，因為《晨報》說該名刑警還不確定謀殺的動機。柯蒂斯．希爾頓報上自己的名字後，就直接進入主題。他懷疑凶手是錢尼，而且他給出了威斯特華倫刑警在尋找的動機：五百美金的毒品債務。希爾頓認為錢尼殺了這對夫妻，好讓他的債務一筆勾銷，他或許還搶了他們的錢。希爾頓解釋為何他有此懷疑：錢尼在得知斯威克夫妻被謀殺之後，便打電話給他。在他們的談話中，希爾頓不知為何問起錢尼上次兩人一起去斯威克家時，錢尼賒帳買的「八球」，尤其是錢尼是否在約翰被殺之前把錢付清了。錢尼說他付了。希爾頓堅持他在說謊。他知道這不是事實，因為他在謀殺案發生的三天前還去過斯威克家，當時約翰「極度」擔心錢的事，還抱怨錢尼的帳未還清。

接著希爾頓還提供了一個細節給這位刑警，證明他的情報不只是傳聞：他那天親眼在約翰的帳本裡看到錢尼的名字。威斯特華倫刑警開始相信這通電話所說的，因為他握有那本筆記本。約翰的姊妹瓊・斯威克（"Jone" Sweek）在謀殺案發生幾天後就把筆記本交給他。她說是在警察離開約翰的公寓後，她發現了這本筆記。犯罪現場調查不知道為什麼錯過了這本販毒帳簿，其中不只記載了客戶的姓名，還有賣給他們多少古柯鹼。瓊自己也在名單上，還有尼基・斯特朗格的兄弟，以及一個叫做「史蒂夫」的人。

威斯特華倫刑警有了新的嫌疑人。他掛上希爾頓的電話，又重新拿起電話，打給犯罪實驗室，緊急要求他們把錢尼的指紋與犯罪現場採到的六十多枚可能的指紋——大部分都有血跡——進行比對。不久之後，他就得到了他一直在尋求的突破點。錢尼的左手拇指在廚房門框上留下了部分印記，大約是在由下往上看三分之一的地方，剛好就是在約翰・斯威克流著血的腳趾上方。

那天是星期四，謀殺案已經過去五天了，在希爾頓提出線報後的五個小時、發現指紋符合的兩個小時後，威斯特華倫刑警指揮他的巡邏車開到拉斯科利納斯的一個建築工地。他在不到一小時後就抵達那裡。原本從達拉斯到墨西哥的一大群潛在嫌疑人，現在縮小到只剩下一個人了：史蒂夫・錢尼。

工頭把這名鐵工叫到建築外，與正不耐煩地嚼著菸草的紅臉刑警交談了幾句。錢尼問：「你是要談關於謀殺案的事嗎？」

他搶先提出的這個問題，進一步加深威斯特華倫刑警的懷疑。他怎麼知道我是因為那件事來的？

「我有九個不在場證人。」

為什麼他要提出不在場證明？

威斯特華倫當場就逮捕錢尼進行訊問。這位刑警以他總是能夠從謀殺案嫌疑犯的嘴裡問出口供而出名，他將錢尼關進達拉斯警局一間沒有窗戶的審訊室，並且把斯威克的屍體照片扔在他面前的桌上。然後就開始了。

他想要答案。他有不在場證明。他想要得到自白認罪。他堅詞否認。他們重複了一輪又一輪。通常的施壓方式都起不了作用，刑警已經沒辦法持續指控下去了。他心不甘情不願地讓錢尼走出警局。

岡薩雷斯在兩天後回電話給威斯特華倫。他想知道為什麼警察要找他。這名凶殺案刑警將岡薩雷斯和謀殺案受害者之間的點串聯起來。岡薩雷斯最初完全否認他認識

這對夫婦，不過後來他承認過去曾經在特雷爾與約翰共事過。他聲稱自己是無辜的。他沒有謀殺任何人。他不想前來接受訊問。因為他還在假釋期間，不能惹上任何麻煩。但是岡薩雷斯也知道如果他不出現在達拉斯，刑警就會跑去特雷爾，因此他最終還是同意接受訊問。

兩天後，身材魁梧、有著一頭茂密黑捲髮和凌亂黑鬍的岡薩雷斯，穿著一雙牛仔靴和粗藍布的工作服，大步走進達拉斯警察局。威斯特華倫刑警曾經注意過他的靴子、他那銅牆鐵壁般的體格和他犯過的幾項重罪，但是他那時已經看不到這些線索了。與錢尼不同的是，在現場沒有找到與岡薩雷斯的指紋符合的比對結果。刑警沒有扣押他的靴子，沒有對他進行任何測量或是拍照，也沒有像當時常見的那樣，對這個人進行測謊。刑警就是認為岡薩雷斯不是他要找的人。岡薩雷斯走出警察局，回到德州的沙漠，從此再也沒有音訊。

相反地，錢尼則被叫回來接受測謊和進一步訊問。他還是不鬆口。即使他被告知測謊的結果證明他在說謊，刑警也只能從他這位唯一的嫌疑人嘴裡得到越來越堅決的否認、更多可以為他提供不在場證明的人名。威斯特華倫刑警覺得他只是滿口廢話。他低頭看向錢尼那雙破舊的PUMA鞋，覺得他發現了另外一條線索：那雙運動鞋鞋底的圖案看起來很像是廚房地板上那血淋淋的蜂巢狀印記。這名刑警的腦海中出現了錢尼站在烤爐的拉取式烤盤附近、左手抓住約翰・斯威克屍體上方的門框、右手揮舞著一把單刃凶器的畫面。他扣押了那雙鞋，並且指控錢尼犯下可能被判處死刑的謀殺罪。

錢尼被逮捕的隔天早上，達拉斯驗屍官的主任牙科顧問詹姆斯・吉姆・黑爾斯（James "Jim" Hales）站在達拉斯郡看守所外，等待要按鈴入內。這座龐大的建築裡關押了六千多人，大部分是在等待開庭。許多人只會關押相對比較短的時間，他們會走過連接監所和弗蘭克・克勞利法院大樓（Frank Crowley Courts Building）之間的囚犯人行天橋，在案件解決之後便走出法院的前門，擺脫手銬和腳鐐。有些人則從此不會再接觸到自由的土壤；他們會在定罪之後被送回監獄，等待車子將他們送到德州數十個州立監獄的其中一個，然後開始服刑。

雖然看守所的收容人被指控的罪行從酒駕到殺人罪不等，但是很少人像黑爾斯即將見到的那個人那樣，被指控謀殺。這名牙醫上週已經在屍體解剖時看到斯威克夫婦的屍體。（他證實了病理學家認為的，約翰身上的U型傷口是咬痕。）當時凶手還沒有抓到。現在他則將與顯然是因毒品糾紛而犯案的凶手面對面；這名凶手被指控對這對年輕夫妻施以儀式性的虐待行為，最終謀殺了他們。那簡直就像是《疤面煞星》（*Scarface*）的一幕在達拉斯郊區的公寓裡上演，而吉姆・黑爾斯則剛被推進這個場景，這是他平淡無奇的法醫生涯中最大的一個案件。

第二天，這名牙醫就聯絡了威斯特華倫刑警，告知他的初步發現。雖然黑爾斯沒辦法說「錢尼是世界上唯一一個能製造這些咬痕的人」（原注6），不過他倒是可以說：「相較於因為不吻合而只能排除在外，錢尼的確能夠被納入可能的嫌疑人。」要說錢尼是「可能的嫌疑人」是完全沒問題的。接著在幾天後，對PUMA鞋的兩項法醫檢測結果也出來了：其中一項顯示左腳運動鞋呈現血跡陽性反應，而且分析人員認為無法排除廚房的沾血鞋印就是出自那雙鞋的鞋底。

錢尼在下次開庭時被指控犯下一級謀殺罪。他主張自己「無罪」，於是他又得走過囚犯的人行天橋，被送回看守所，等待五週後展開的審判。

尼爾・帕斯克（Neal Pask）是達拉斯地區檢察官辦公室的新手檢察官，這是他從法學院畢業後的第一份工作。他在一九八七年接手「德州訴史蒂夫・馬克・錢尼案」時，已經工作兩年了。把這個案子交給他的刑警是典型的冷酷型凶殺案調查員，在錢尼被起訴的那一天，他已經從事這份工作十六年。威斯特華倫刑警在這麼多年間都待在同一個法院、與同一批檢察官一起工作、遵守同樣的規範、贏得有罪判決，這份從容和熟悉讓他對其中的作法瞭如指掌。

帕斯克沒有接過殺人案，而他的第一個案件就沒有什麼帶球上籃的機會。他沒有目擊證人、沒有自白、沒有決定性的物證，嫌疑犯殺害兩個人的動機可疑、告密者前後矛盾、被告沒有暴力前科，還有九名不在場證人。除了缺乏證據，帕斯克列舉的時間軸也充滿漏洞。他必須說服陪審團相信以下事實：錢尼抓住了一個偶然的機會，趁著因為下雨無法工作，就開車去斯威克家，和一個不知道是誰的同謀一起，花了不知多長時間強盜、虐待和謀殺兩名受害者，最後逃離那個浸滿鮮血的現場，開了八十英里的車回到米爾塞普家中，接著就恢復正常生活。帕斯克還必須說明所有的不在場證人都不可信，或是至少說明錢尼有足夠的時間在星期六早上和當天晚上十點之間參與謀殺；死者約翰在星期六早上還活著，而晚上十點是拉斯尼奇和斯特朗格發現兩人屍體的時間。

就算對頭髮斑白的老手來說，這都是一個棘手的案子。但是這名年輕檢察官卻被期待要贏得有罪判決。他的頂頭上司地區檢察官亨利．韋德（Henry Wade）從來沒有敗訴過，他的辦公室也有高達百分之九十幾的定罪率，相較於其他可比擬的城市定罪率都落在百分之六十五到八十之間，儘管其中大部分城市的起訴件數遠少於韋德的達拉斯辦公室。（原注7）如果帕斯克要贏得他的首次謀殺案審判，需要證據證明錢尼在謀殺案發生時人在現場，還需要替某些沒有明確關係的事實「創造緊密一點的連結」——首先便是咬痕。黑爾斯這位當地專家無法確定錢尼就是那個咬痕的主人，而且雖然他也是美國法醫牙科學會認證的專科醫師，但是他並沒有全國性的聲譽。因此，這次審判需要一位更有地位的專家提供第二份意見。

荷馬・坎貝爾既是美國法醫牙科學會的發起人、新墨西哥州的主任法醫牙科專家，也曾經在全國矚目的死刑訴訟（包括大衛・韋恩・斯賓塞案）中擔任專家，因此他是平凡的吉姆・黑爾斯的理想代打者。而坎貝爾不是找到了一個咬痕，他發現了四個咬痕，都在約翰・斯威克前臂的同一個U形傷口內，也都是被同一副牙齒所咬的。他的結論不是像黑爾斯那樣無力的「的確能夠被納入可能的嫌疑人」、「可能的咬人者」，他直接說：這就是史蒂夫・錢尼的牙齒，不可能是其他人的。（原注8）

調查人員同時前往米爾塞普尋找將錢尼和謀殺案連結在一起的證據——要不然就是強盜所得（從斯威克家拿來的毒品或錢），要不然就是血跡。然而他們只在錢尼的鞋子上發現一點污跡，甚至還少到沒有辦法做血清學檢測。凶手理應全身都沾滿了血。血跡遍布在百葉窗、前門、整個客廳地毯，當然還有廚房也到處都是。帕斯克根據當時收集到的證據得出的理論是：錢尼刺了約翰很多次，還用力咬了他的前臂，在皮膚上留下傷口，接著他又走過廚房地板上的血泊，開著他的車離開謀殺現場，在接下來的幾個星期內，他還繼續開著同一台車，穿著同樣一雙鞋。陪審團可能會合理期待有更多的血跡證據。

警察翻遍了錢尼和他女朋友萊諾拉住的拖車，仔細檢視錢尼的車，還查了他衣服上的每一根線頭。但是他們在所有東西上都找不到血跡，沒有毒品，沒有武器，也沒有現金。進行搜查後卻找不到證據的這件事再也無人提起，也沒有開示給辯方知道，他們甚至不知道錢尼的鞋還曾經另外進行過一次檢驗。檢驗結果沒有發現任何血跡。

直到審判的前幾週，還是沒有什麼證據足以證明錢尼在謀殺案發生時，人就在現場。他無疑去過斯威克家很多次，所以他的指紋可能是在上次造訪時留下的。他的指紋並沒有沾到血，如果是在殺人時留下的，應該可以預期它會沾到血。犯罪現場的調查員之一詹姆斯．維恩亞德（James Vineyard）刑警同時是一名指紋專家。他在出庭作證之前，便斷定門框上的痕跡很可能是某個處於「亢奮」狀態的人留下的，因為處在這種情緒狀態下的人更容易分泌汗水；此外，犯罪現場調查的刑警也認為指紋是「最近」留下的，因為指紋的「頂點」還沒有隨著時間而淡化。（原注9）雖然不像血指印那樣一眼可辨，但是假設錢尼當時正在將約翰刺死，他很可能因為處於「亢奮」狀態而分泌大量汗水。

儘管如此，帕斯克還是沒有證據向陪審團證明當時被告就在場。咬痕證據很有力，但是它不具有決定性。坎貝爾的確確認錢尼是咬人的人，但是他沒有對傷口是何時造成的表示意見，辯方也僱用了自己的專家（經過委員會認證的專家）質疑坎貝爾的結論。唯一對受傷時間發表過意見的牙科專家是黑爾斯，這對檢方的陳述是一個嚴重的問題。這位當地的牙醫師在解剖屍體時得出的結論是，咬痕是在斯威克死前兩到三天留下的，四名病理學家也都得出相同的結論。

「咬痕」證據在審判前夕還是顯得沒什麼相關，充其量只是在謀殺前幾天發生了另一樁暴力事件的證據——差不多是在岡薩雷斯跑到約翰的父親家找他兒子的那段時間。

在開庭前幾天的某一晚，帕斯克拜訪了當地的專家。只有這位檢察官和黑爾斯知道他們那天晚上在牙醫師辦公室發生了什麼事，這是他們在牙醫師作證前的最後一次會面。隔天黑爾斯就對傷口有了新的解釋：傷口是在約翰．斯威克死亡時或是接近死亡時才造成的人類咬痕。（原注10）主任病理學家詹姆斯．韋納也根據牙醫師的意見發布了一份修正後的驗屍報告，報告中同意黑爾斯的更新意見。黑爾斯原本認為錢尼是「可能的咬人者」，但是當他坐上證人席時，這一點也改變了，他在席上作證說，約翰．斯威克被錢尼之外的其他任何人咬傷的機率是百萬分之一。（原注11）黑爾斯表示這些統計數據就「在文獻中」。

帕斯克真正需要的只是垃圾科學。有九位不在場證人？他還是必須承認錢尼在謀殺案發生當天早上有去工作，錢尼有打卡，他的工頭也對此作證了。但是這名檢察官在結辯時說：雖然有證人說錢尼在因雨停工後就回到米爾塞普，然後又幫忙萊諾拉的姊妹搬家到雪松溪，但是這些證詞並不一致，而且不管如何，他們都是「事實上的家人……他們一起住在米爾塞普。當然會有偏頗……這些人要不然被嚴重誤導了，要不然就是公然撒謊。這一點毫無疑問」。

帕斯克承認柯蒂斯．希爾頓並「不是天使」，他有竊盜、偽造和信用卡詐欺前科，但是他用約翰的欠據筆記本證明這件謀殺案有明確的動機。再加上當威斯特華倫刑警去錢尼的工作地點詢問他有關謀殺案的事時，錢尼「立刻採取防禦姿態」。帕斯克認為，主張自己是無辜的表示意識到自己有罪；而這個論點反映出，刑警在到達拉斯科利納斯的那一刻起，就出於直覺不相信錢尼了，因為錢尼已經知道刑警為什麼會出現在那裡。

最後是科學證據：「你們看到了那雙網球鞋。它們與地毯上的鞋印一致。還與廚房裡的鞋印一致……血清學家作證說可以推定他的鞋子上有血跡。那就符合謀殺案的情況。不過最重要的，是我們有咬痕。我不會要求你們只根據網球鞋證詞、錢尼對威斯特華倫刑警所做的陳述，或是他對柯蒂斯．希爾頓的說法就判他有罪。但是，上帝啊，我請求你們根據牙醫的證詞定他的罪……黑爾斯已經告訴您們：一百萬個人裡只有一個人可能製造出那個咬痕。您們還需要什麼呢？」

陪審團花了幾個小時評議，最後決定判錢尼有罪，錢尼在當天稍晚被判處終身監禁。莎莉．斯威克遭到殺害一事則從來沒有嫌疑人受審。

一年後，錢尼的直接上訴被一份五頁的明確意見駁回了，該意見根據咬痕證據維持有罪判決，而且不是只有出自帕斯克方面的專家證詞。德州上訴法院和駁回大衛・韋恩・斯賓塞的上訴法院一樣，強調審判中的「專家之爭」對錢尼來說並不是利多。（原注12）錢尼的律師請了美國法醫牙科學會的專科醫師約翰・麥克道爾（John McDowell）質疑檢方的牙醫師，但是麥克道爾反而同意坎貝爾和黑爾斯的觀點，無法排除錢尼是製造該「咬痕」的來源；他也在交互詰問中「承認」錢尼嘴裡的每一顆牙齒都和咬痕「一致」。

您們還需要什麼呢？

第一章

無辜計畫

我們知道這項新的DNA技術不僅可以證明人們有罪，也可以證明人們無辜。

——無辜計畫共同創辦人貝瑞．謝克（Barry Scheck）

一七九一年的美國憲法第六修正案保障每一名聯邦刑事被告都有權利「由犯罪發生地的州和地區陪審團進行公正的審判」。從那時開始，美國各州和聯邦法院就演變成以陪審制做為發現「真實」、確定「真相」的主要機制。儘管在陪審團審判的歷史中，不乏惡名昭彰且一再反覆的誤判事件，但是「真實狀況」（ground truth）實際上無從得知。陪審團的裁決就是事實。DNA鑑定的出現則改變了這一切，而首先運用DNA的是一九八〇年代後期的兩名前公設辯護人。（原注1）

貝瑞．謝克在南布朗克斯（South Bronx）區的法律扶助協會工作過一段時間，他在那裡遇到另一位具有科學素養、充滿雄心壯志的年輕辯護律師彼得．紐費爾德（Peter Neufeld）；之後他就到班傑明．卡多佐法學院（Cardozo School of Law）擔任實務教授。但是沒過多久，謝克和紐費爾德就被召回布朗克斯區，嘗試做一件之前在法律上從來沒有實現過的事：用科學的確定性證明一個人的無辜。馬里昂．科克利（Marion Coakley）在近期被判強盜和性侵罪名成立，雖然科克利有不在場證明，也有顯示他當時與其他十七個人一起參加祈禱會。他的公設辯護人相信他是無辜的，也有精液證據可以證明這一點。謝克和紐費爾德接手了這個案子。

DNA檢驗最後徒勞無功，但科克利還是用其他證據證明了他的清白，包括由血清學測試排除了他是精液證據來源的可能性。雖然科克利案無緣成為美國第一個靠DNA平反的案件，但是該案的確顯示DNA證據有潛力顛覆刑事司法制度、挑戰刑事司法的「終局性（finality）原則」——這個法律原則是指一旦窮盡所有上訴手段，有罪判決就是「終局確定」，日後不能夠再以新的證據加以挑戰，即使是新的無罪證據。然而DNA檢驗沒有取得成果，同時表示這項技術要從研究實驗室轉移到犯罪現場並不容易。要解釋混亂、遭到破壞的犯罪現場證據，比起詮釋實驗室裡沒有受過污染的DNA樣本，當然更具有挑戰性。當時有兩家公司在互相競爭，兩者都想成為第一個獲得法庭承認技術、壟斷這個新市場的公司。這兩個主要競爭對手是Cellmark和Lifecode，兩者都堅稱他們的產品已經通過科學驗證，可以用犯罪證據就鎖定特定嫌疑人，這兩家公司也都提出大量統計，說明兩個不同人的DNA隨機相符機率實際可能性為零。

謝克和紐費爾德對此表示懷疑。兩家公司都有明顯的動機吹噓他們的產品，他們的數據也沒有發表在任何經同儕審查的期刊上。謝克和紐費爾德在卡多佐舉辦了一場演講，主題是有關科克利的平反和司法制度勢必將引入DNA鑑定。會後有一名法律扶助協會的前同事找上他們，告知兩人他正遇到全國第一宗檢察官想用DNA證據證明有罪的案件：「人民訴卡斯特羅案」（*People v. Castro*）。他已經聲請審前的

「弗萊」聽審也通過了，目的在挑戰該證據是否可採，他請謝克和紐費爾德處理這個受到密切關注的聽審。

幾乎與此同時，當時的紐約州州長馬里奧・古莫（Mario Cuomo）成立了一個州委員會，要決定DNA可否在司法制度裡被可靠的使用，謝克和紐費爾德也被任命為委員會成員。冷泉港實驗室（Cold Spring Harbor Laboratory）的生物化學家楊・維特科夫斯基（Jan Witkowski）博士也獲得任命。維特科夫斯基明白委員會的工作具有歷史意義，他在冷泉港組織了一次會議，邀請具有領導地位的法律學者、遺傳學家、分子生物學家和統計學者參加。關鍵的是他還邀請了國際人類基因組計畫（International Human Genome Project）的共同主席埃里克・蘭德（Eric Lander）博士，該計畫是在探索人類完整的基因藍圖，那是歷史上最驚人的科學成就之一。

紐費爾德和謝克把他們準備在弗萊聽審上質疑的DNA證據帶到冷泉港會議。他們把法醫學的報告拿給蘭德看，蘭德立刻發現證據存在嚴重的問題；蘭德後來說那根本就是「胡說八道」。（原注2）他開始教導紐費爾德和謝克有關DNA的知識，以及將這類為醫療目的開發的技術用在刑事案件所面臨的挑戰。隨著兩位律師不斷向蘭德送去有關卡斯特羅案的訊息，蘭德也慢慢從老師轉變成專家證人，並且不太情願地同意在聽審中作證。在弗萊聽審進行到一半的時候，蘭德走向檢方專家，以科學家對科學家之姿，討論了他們之間爭論不休的證據。令人難以置信的是，經過三個月的證言之後，檢方專家終於同意蘭德的觀點：DNA證據太過混亂。雙方的專家決定發表一篇聯合聲明，聲明「相符」在科學上根本站不住腳，總體遺傳學也不可靠。法院也決定將該證據排除在審判之外，這項決定被大肆報導。

卡斯特羅案引發了所謂的「DNA戰爭」：不論是在法庭、國會聽證，或是在DNA可靠性的法醫學相關文獻中，都進行了一場惡鬥。有些法院遵照卡斯特羅案的決定，也有些法院未經審查就採納了DNA證據。為了讓問題能夠更加客觀和清晰，FBI資助美國國家科學院對該技術進行調查。美國國家科學院在一九九二年公布的調查結果，對DNA「相符」的可靠性提出警告，因此讓這種強大的鑑定新工具的有用性受到威脅。（原注3）雖然初期的「相符」統計結果有缺陷，但是即使是在早期的發展階段，DNA還是可能用於為冤罪平反，因為它可以明確排除某人是某個生物學證據的來源。不過DNA並不是窮人的科學。它的用途遠遠超出司法制度，因此這項被美國國家科學院指出缺失或不足的研究，還是有繼續下去的動力。四年後，美國國家科學院發表了一份後續報告，總結說其附加研究是可靠的，DNA證據也成為今日司法科學的黃金標準。（原注4）

謝克和紐費爾德成功挑戰了幾乎沒有人懂的技術，因此成為全國性的DNA證據頂尖律師，這也讓他們進入辛普森（O. J. Simpson）的辯護團隊，以及讓他們在一九九二年於班傑明·卡多佐法學院創立了無辜計畫，做為開創法律診所的第一步。

一年後，謝克登上《菲爾・多納休秀》，並邀請受刑人寫信給無辜計畫尋求協助，用DNA檢驗證明他們是清白的。之後如雪片般飛來的信件便沒有停止過。

在接下來的十五年間，用DNA平反的冤案證明許多最受信賴的證據形式其實都誤導了陪審團，使得無辜者被判有罪。審判時讓人堅信不移的證據，在定罪後重新用DNA這種訴說真相的技術加以檢測時，卻變得不堪一擊。有些因多位證人指認被告而做出的有罪判決遭到推翻。依據被告多次的詳細「自白」而做出的有罪判決被證明是錯的。奠基於司法科學做出的有罪判決則被證明只是源自垃圾科學。

我於二〇〇六年開始在南布朗克斯的「布朗克斯區辯護人」（Bronx Defenders）組織擔任公設辯護人，當時無辜計畫掀起的DNA革命已經改變了美國刑事司法制度的光景。懷疑的火苗已經被點燃。錯誤定罪帶來的威脅已經不再是理論上的。我這一代的辯護律師正在抗拒引進對我們的當事人不利又不可靠的證據。我們幾乎總是輸。像是基思・哈沃德和史蒂夫・錢尼這樣無辜的囚犯——他們後來都成為我的當事人——持續在被垃圾科學定罪。儘管確實存在錯誤定罪，但是大多數法院還是拒絕認真看待司法科學並不可靠這個觀點。

不過就在我到布朗克斯展開工作的同一年，美國國家科學院開啟了另一項更為全面的司法科學研究，這次的重點是窮人科學的許多形式。

第二章

美國國家科學院的聽證會

華盛頓特區國家廣場東北角，憲法大道二一〇一號，就在愛因斯坦雕像旁邊，矗立著一棟大理石建築，裡面就是美國最負盛名的科學機構——「科學的聖殿」美國國家科學院。美國國家科學院是亞伯拉罕・林肯在南北戰爭期間成立的，其宗旨是為聯邦政府提供獨立的科學建議，並曾受託研究從氣候變遷到生化武器等各種事物。國會在二〇〇六年秋天委託該單位對美國的司法科學現況提出研究和報告。

這個計畫的名稱是「確定司法科學社群之需求」（Identifying the Needs of the Forensic Science Community），召集了由明星科學家組成的小組進行研究。他們招募了來自各個學科的鑑識專家、驗屍官和犯罪實驗室負責人，容納廣泛的觀點，不過美國國家科學院對「相關科學社群」的定義與法院長期以來的定義並不相同，即使是在道伯案之後。該委員會的成員不限於那些對特定司法科學技術有既得利益的人，亦即司法科學相關協會和執法實務專家；還包括其他領域的科學家、幾位學者、一名聯邦檢察官，甚至還有一位作風激烈的紐約市辯護律師。由美國哥倫比亞特區上訴法院的前首席法官／重量級法律學者哈里・托馬斯・愛德華茲（Harry T. Edwards）和布朗大學的生物統計學教授康斯坦丁・加森尼斯（Constantine Gatsonis）博士共同主持該委員會。

美國刑事司法制度中最常用到的所有司法科學都將受到審視。在司法界將近一個世紀幾乎無異議的相信之後，二〇〇六年秋天，美國國家科學院終於要開始強迫所有領域的鑑識專家做好道伯案理應在一九九三年就可以完成的事：向我們展示科學。

咬痕

二〇〇七年四月二十三日，在這個科學聖殿的胡桃木演講廳內，一位蓄著白鬍、來自聖安東尼奧（San Antonio）的牙醫師開始播放他的投影片。這位牙科手術醫師／美國法醫牙科學會的專科醫師大衛・森恩（David Senn）在此進行由咬痕專家發表的第一場演講。牙醫師帶著他們的創造力走了很遠的路，從利用牙科紀錄辨識個人身分，到來到甘迺迪和歐巴馬總統都發表過演講的地方展現咬痕證據的「科學性」。但是牙醫師們也很憂心，的確曾經發生過錯誤定罪，還讓大衛・韋恩・斯賓塞被處死。牙醫師的觀點從來沒有受到認真的科學審查，他們也不是科學家。他們在大多數情況下只能夠算是這個技術的愛好者，對科學方法並不熟悉。森恩是極少數的例外之一。

這位德州人溫文儒雅，也善於使用科學術語，他是能夠為美國法醫牙科學會的論點辯護的不二人選。六十五歲的森恩正處於二十年法醫執業生涯的顛峰，他實現了美國法醫牙科學會創始人最狂野的夢想。他是比爾郡（Bexar）聖安東尼奧驗屍官辦公室的主任法醫牙科專家、美國鑑識科學學會的會員，與其他人合編了幾本厚厚的法醫牙科學教科書，還是德州大學聖安東尼奧分校的全職臨床教授。森恩還指導了美國唯一一個法醫牙科學的獎學金計畫，德州大學一年一度的西南法醫牙科學研討會（Southwest Symposium on Forensic Dentistry）也是由他主持。他的履歷多達二十二頁。

森恩這場座談的與會者當中，有一位受人尊敬的科學家凱倫·卡法達（Karen Kafadar）博士。卡法達是維吉尼亞大學統計學院的主任，並且曾經為美國國家航空暨太空總署和國防部工作，她和大部分美國國家科學院的同僚不同，這並不是她第一次被要求審視這些法院向來採用的科學依據，正是這些科學支撐起不可靠的司法科學技術。她所屬的美國國家科學院小組在二〇〇四年就發表過一份推翻彈頭比對分析（CBLA）的科學性報告。

幾十年來，FBI一直宣稱彈頭的比對分析證據能夠將犯罪現場找到的子彈以配對的方式找到它來自哪一批子彈（或是「同鑄模的那一批」）。這通常是用在不適用傳統彈道「比對」的時候，據說比對彈頭分析的配對是根據某顆子彈的「化學特徵」。更具體來說，是用電漿體原子發射光譜法，測量子彈的鉛合金中七種元素的濃度，建立其「化學特徵」，並將該子彈與一盒有相同「特徵」的子彈互相「配對」。這有點像是把犯罪現場發現的一個煎蛋與嫌疑人冰箱裡的一盒雞蛋進行比對。這個煞有介事的技術讓陪審團印象深刻，但是它其實沒有任何意義，因為有上萬發子彈都有共同的

「特徵」。

彈頭分析比對的證據遭到推翻，讓卡法達和其他主流科學家知道，僅僅因為ＦＢＩ實驗室開發了某項技術而且被法院接受，並不意味著該科學是可靠的。外部審查還是必要的。這段（近期的）歷史就對這名德州人要辯護的咬痕證據形成了挑戰。該專業的基礎就在於法院接受它。除了判例法，牙醫師的可信賴性主要是基於「訓練和經驗」，以及能夠透過有限的牙科紀錄識別人類遺骸。不過，大衛·森恩的座談成員也知道如果方法本身無效，那麼一個人受過該方法的多少訓練和擁有多少經驗，都無關緊要。詳細描述這些方法的教科書也不會讓與會者留下過多印象。他們明白這些大部頭的本質只是未經檢驗的想法，因此只能用案例研究（而不是數據）加以裝飾。在科學的聖殿內，不可能將牙科紀錄所做的人別辨識與咬痕混為一談。

森恩必須小心應對。（原注1）

他先是主張：「優秀」且「技巧嫻熟」的牙醫足夠「了解科學方法……可以根據咬合模式製作出咬人者的側寫」。法醫牙科專家「了解……啃咬的動態機制」，這個「重要資訊可以幫助法官和陪審團了解咬痕的情況」。美國法醫牙科學會頒布的指導方針也有助於取得可靠的咬痕分析。

這就是這項科學的基礎。其餘的呢？「藝術。」

它是科學也是藝術。來自美國國家科學院的與會者當然對科學更感興趣，也詢問了這個領域的研究是在哪裡進行的。

森恩繼續說道：「法醫牙科學的研究是由個別牙醫師、全球各地的機構和大學的牙科專家所進行。」他用好幾張投影片詳細列了一份享有盛譽的學術機構名單，其中包括紐約州立大學水牛城分校，該校正在進行第一場嚴謹的研究，檢驗森恩的所有大膽主張。那項研究將在兩年後削弱森恩的主張；不過在那個時候還沒有任何成果發表。根本沒有基礎研究。

卡法達和愛德華茲法官一直很有耐心。還是得回到最原始的問題：科學基礎何在？

這位牙醫師回答：「法醫牙科學和其他司法鑑定形式一樣，要根據從業者的教育、能力和經驗。」他夠精明，知道需要做出一些讓步才能夠取得可信度。他承認咬痕還有一些「重要的問題」：牙齒沒有被證實是獨一無二的，沒有測驗可以檢視從業者是否有「能力」將咬痕和牙齒互相配對，皮膚不是記錄咬痕的可靠媒介，對傷口的詮釋充其量只是一種意見。

座談會要求森恩列舉一些研究問題，一些他對於自己的領域想知道的事情。有一些問題浮現在腦中：**牙齒是獨一無二的嗎？咬痕能保留在皮膚上嗎？我們如何分辨好的咬痕（有「證據價值」的咬痕）與壞咬痕的差別**？

這些都是重要的問題。尤其是如果它們的答案會造成影響。

雖然森恩承認還有「重要的問題」和知識缺口，但是他忽略了其實已經出現最一槍斃命的事實：錯誤率和錯誤定罪。就在他這場發表的幾個月前，前美國法醫牙科學會的牙醫師邁克爾・鮑爾斯（Michael Bowers）才發表過一篇令人震驚的文章，文中記錄了許多已知的錯誤定罪，而且都要歸因於咬痕證據，再加上對牙醫師的能力測試，顯示他們的錯誤率（將錯誤的牙齒與咬痕「配對」的機率）為百分之六十三，比不發生錯誤的機率更高。（原注2）就在鮑爾斯發表文章的幾週後，距離森恩的演講也不過幾個月前，羅伊・布朗（Roy Brown）在經歷十五年的謀殺冤獄後走出了監獄，當初他幾乎只因咬痕就被判有罪。

這場最後讓布朗重獲自由的法律戰，最初是從多年前的監獄圖書館開始的。紐約州北部有一座有著百年歷史的老監獄，關在裡面的布朗獨自在永無止盡的鏗鏘聲響中，嘗試解開他自己的冤案線索。他學習了有關DNA的知識，也學習法律，並且全心研究他自己的案件。他利用《資訊自由法》（*Freedom of Information laws*）成功拿到自己的法庭檔案。他花十二年的時間仔細閱讀數千頁法律術語和經過重重編輯的文件後，終於找到他正在找的東西：有證據指向另一名犯案者貝瑞・班奇（Barry Bench）。還有證據沒有被交給辯方。彼得・紐費爾德和無辜計畫的先驅妮娜・莫里

森（Nina Morrison）律師接手了他的案子。布朗深信DNA最終會為他平反，他坐下來，用監獄的打字機敲出了這封信，寄給他素未謀面的班奇：

> 證人可能會作偽證，法官可能會被愚弄，陪審團也可能犯錯。但是DNA檢驗不會有錯。DNA是上帝創造的，上帝不會出錯。（原注3）

布朗是對的。隨後在四十九歲的社工薩比娜·庫拉科夫斯基（Sabina Kulakowski）的謀殺案現場發現了班奇的DNA。布朗從來沒有見過庫拉科夫斯基，而班奇倒是認識庫拉科夫斯基。在布朗寫信給班奇時，他正因為謀殺庫拉科夫斯基而服二十五年的長期徒刑。班奇和庫拉科夫斯基很熟。她曾經和他的兄弟交往，而庫拉科夫斯基被謀殺時，也是住在班奇一家位於紐約州中部小鎮奧勒里烏斯（Aurelius）的農舍裡。這對情侶分手之後，班奇叫庫拉科夫斯基搬離他家，但是她不肯離開，她住的房子在一九九一年五月二十三日被燒毀，當時她還住在那裡。這場大火沒有奪走任何一條人命，但是在火勢被控制之後，離房子大約三百英尺的一條泥土路上發現了庫拉科夫斯基赤裸的屍體。她遭到毆打、被刺傷，最後則是被勒死的。

班奇是一名義消，他是第一批前往救火的人之一，但是他沒有被列為這起謀殺案的嫌疑犯。布朗之所以受到懷疑，是因為他不久前才因威脅庫拉科夫斯基的同事而入獄，那名同事也是社工，他下令要把布朗的十七歲女兒帶離家裡。那就是對布朗不利的證據了，除此之外，還有來自監獄線民的密告。（原注4）接下來就是打電話給牙醫師。先是洛威爾．萊文接到了電話，然後是當地一名由美國法醫牙科學會認證的專科醫師愛德華．莫夫森（Edward Mofson）。在庫拉科夫斯基的屍體上，很快就發現一個據說是咬痕的傷口。審判時，只有莫夫森出庭為檢方作證。他拿著投影筆站在陪審團面前，自信地說在「牙醫學上有合理程度的確認」（原注5）該「咬痕」與布朗互相「吻合」。曾經對史蒂夫．錢尼做出不利證詞的專家荷馬．坎貝爾從阿爾伯克基（Albuquerque）飛來為布朗作證，但是事實證明他這個辯方證人的說服力比較弱。陪審團在經過不到六小時的審議後，就錯誤地宣告了布朗有罪。

這宗謀殺案審判在紐約轟動一時，因此選擇莫夫森當專家證人並不尋常。莫夫森在他家鄉的法醫資歷與萊文相比，根本是相形見絀，萊文的執業主要在奧爾巴尼（Albany）附近。萊文對陪審團的表演可謂為傳奇，不讓他上場沒有道理。直到布朗平反之後，箇中道理才變得顯而易見。其實莫夫森並不是檢察官的首選。地區檢察官保羅．卡博納羅（Paul Carbonaro）決定要用當地牙醫的理由，只是因為萊文在審前的審查就排除了布朗。（原注6）所以卡博納羅才找莫夫森出席審判。地區檢察官和萊文都把萊文的分析保密了十五年。就連在發現DNA之後，法官還是堅持莫夫森的咬痕證詞而拒絕釋放布朗，牙醫和檢察官也繼續保持沉默。

當然，萊文的推測就和坎貝爾的推測一樣，也和莫夫森的推測一樣，或許也和你我的推測都一樣。但是如果說萊文和卡博納羅都相信萊文的意見是有效的科學證據，他們對於掩藏這個證據也許會感到一絲愧疚。

在接到布朗從牢裡寄來的指控之後，貝瑞．班奇跑去撞火車自盡。

森恩在美國國家科學院的演講也像萊文和卡博納羅一樣，忽略了羅伊．布朗的存在，還有許多其他出現在他面前的羅伊．布朗，或是更多還在監獄裡的羅伊．布朗。森恩反而在總結時舊調重彈，一再堅持他的結論：「咬痕分析對於調查某些罪行和定罪而言十分重要，而且具有價值，不容漠視或被忽略。」

愛德華茲法官在幾年後接受採訪時，說森恩的證詞讓他「大吃一驚」。他說「咬痕分析沒有任何關於驗證和可靠性結果的研究，即使我不是科學家，也知道他的說法充其量就是不可靠」。（原注7）不過牙醫師並不孤單。正如他指出的，其他「身分識別形式」也是依賴「訓練和經驗」，而不是實證數據，其他重要鑑定專家也要前往憲法大道二一〇一號，為他們的學科爭取一席之地。

毛髮顯微鏡比對

讓前FBI實驗室的分析專家馬克斯．胡克（Max Houck）到美國國家科學院的委員會作證，是一個合乎邏輯的選擇。胡克和排在他前面的德州牙科專家一樣，被認為是該領域的進步人士。他願意接受科學界的批評，但是不打算要「因噎廢食」──這是窮人科學支持者喜歡的論點。胡克在FBI實驗室的時候，從他的指導者那裡學到的是在顯微鏡下將人類毛髮互相「比對」的科學；此外，還有藝術的培訓，說服陪審團相信這樣的「比對」是證明頭髮來自被告的強大科學證據。（原注8）

不過，胡克有一點不一樣。在清一色寬鬆的工裝褲和高爾夫球衫的FBI世界裡，他總是穿著格子西裝外套、胸前放了口袋巾。他對於在實驗室學到的某些離譜的證明方式十分節制，他從未使用「黑人」做為人類毛髮的「科學」分類，而且他堅決擁抱實證精神。他對FBI特別探員能夠將兩根毛髮成功「比對相符」的比例到底有多高感興趣。有了DNA能夠測試這類配對在實際案件中的正確率之後，胡克就去做了，結果並不如他的預期。全球最負盛名的犯罪實驗室專家在當時有超過百分之十的錯誤率，但是他們經常作證說「錯誤率為零」。更糟糕的是，他們還在各州培訓了數百名執行者，像是喬伊斯．吉爾克里斯特，正是他的虛假證詞讓柯蒂斯．麥卡蒂

被關進奧克拉荷馬州的死牢，而這也讓FBI的民間傳說得以在全美各地的法院不斷上演。（原注9）

雖然胡克在作證時已經離開FBI實驗室，但是他對數據的忠誠，讓他在被問到自己的研究時並沒有一點支支吾吾。他認為毛髮「配對」的差錯其實並不是「錯誤」，而是反映科學的侷限性。胡克聲稱「後來的DNA檢驗並非代表原本的檢測是錯的，只是後來出現了更精確的測試」。為了說明這一點，他把這件事類比為藝術（還能有其他的嗎？）。胡克將此類比為一名藝術品專家在檢查三幅油畫。這位專家認為三幅畫都符合十九世紀荷蘭大師梵谷的風格。不過接下來對這些畫進行了化學測試，確定其中兩幅「名畫」是在梵古死後才畫的。胡克解釋說：藝術專家並沒有錯，它們的風格的確呈現一致。（原注10）

這樣的說法並沒有說服愛德華茲法官。他表示：「我認為你的類比根本站不住腳。」他指出過去兩年間他們並不是聚在美國國家科學院討論藝術史。他們在說的是生命和自由。如果專家證人在刑事審判中把不相符的說成相符，當然就是真正的錯誤。參與美國國家科學院座談的史丹佛大學化學工程教授錢寧・羅伯遜（Channing Robertson）博士則提供了另一個與胡克不相容的假設，他將胡克定位在垃圾科學消費者的角色，而不是藝術品的鑑定人。

羅伯遜要胡克設想一下：假設是他的孩子被指控了一樁犯罪，而且可能失去自由。審判中有一名毛髮比對專家站上證人席，指稱胡克的孩子與在犯罪現場找到的毛髮配對「相符」，這番證詞將造成最後的重罪判決。羅伯遜問胡克是否會對正義被伸張了感到滿意？《紐約客》的一篇報導提到，胡克回答說：他會要求在他所愛的人被關起來之前必須檢驗DNA，然而他在回答之前有一陣「尷尬的停頓」。（胡克後來跟我說，他有此尷尬的停頓是因為他沒有孩子。）

縱火

二〇〇七年的那一天，演講廳中還有一名來自佛羅里達州大松礁（Big Pine Key）的資深火災調查員，坐在胡克後面等待被唱名上台，他名叫約翰・倫蒂尼（John Lentini）。倫蒂尼是一個大個子，他同時擁有化學家的學術權威和消防員的昂首闊步，他到那裡並不是為了捍衛那一行的專家智慧。他希望把它們燒個精光。他最初也和胡克一樣，接受了他那個領域的邏輯，也就是名聲顯赫的專家們傳授給他們的、「經過時間檢驗」的行業智慧，這些智慧就和大多數垃圾科學一樣，直覺上都很吸引人。例如透過放血來「淨化」身體的各種疾病，這種作法有足夠的直觀吸引力得以延續兩千年。在今天還有一個價值數十億美元的產業，是透過各種飲食和寶石來「淨

化」我們體內的「毒素」，這類想法和放血療法獲得的實證支持度大致相同。（原注11）

DNA證據揭露了咬痕和毛髮顯微鏡比對的行業技術只是垃圾科學。但是在縱火案中，因為高溫會破壞生物證據，因此無法取得DNA證據。反而是一連串備受矚目的縱火謀殺案起訴使得縱火科學遭到推翻，其中大部分有倫蒂尼的參與，而這些案件各自的起訴理論被放到控制下的科學實驗中檢驗之後，卻發現起訴理由均不成立。而其開端是九〇年代初在佛羅里達州的傑克遜維爾（Jacksonville），一個差點就要來不及挽回的死刑起訴案件。

佛羅里達州傑克遜維爾，萊姆街（Lime Street）五二七號

一九九〇年十月十五日接近午夜的時候，消防員獲知在傑克遜維爾東邊九十五號州際公路旁邊一個名為「貝梅多斯」（Baymeadows）的街區，有一棟兩層樓的木造房屋著火了。消防車停在萊姆街五二七號時，傑拉德．路易斯（Gerald Lewis）抱著三歲的兒子杰拉米亞站在燃燒的房子外面，尖叫著說還有很多人被困在裡面。消防員全力奔向火場，把水龍帶對準在熊熊大火中燃燒的地獄，但是為時已晚。火勢已經蔓延到房子四周高聳的橡樹上，吞沒了二樓。（原注12）

二十二歲的新手消防員蘭迪．懷斯（Randy Wyse）從房子的後方破門而入時，客廳已經燒得焦黑。他在通往臥室的樓梯殘骸上發現一具孕婦的焦屍。懷斯在樓上看到的地獄景象在他往後的職業生涯中始終揮之不去：三個死去的孩子屍體都嚴重燒傷，他們的手腳都燒成灰了。三個孩子中年紀最長的拉金德拉．馬什（Lakindra Marsh）在臥室中被發現時，以祈禱的姿勢跪在床前，與其說是床，其實只剩下燒得

焦黑的鋼材彈簧。

路易斯家有六個人在這場火災中喪生：他懷孕的二十九歲妻子卡洛琳・路易斯（Carolyn Lewis），卡洛琳的二十三歲弟媳維多利亞・馬什（Victoria Marsh），還有馬什的四個孩子十二歲的拉金德拉，五歲的克里斯，三歲的傑基和兩歲的丹妮爾。罹難者被裝在橘色的屍袋中，一個接一個從還在冒煙的廢墟裡被抬出來時，新聞攝影機也開始運轉。在打了馬賽克的畫面裡，可以看到路易斯在房子前面來回踱步，瘋狂地比手畫腳，像是在和誰爭吵，這些行為都成為日後對死因的推測與修正的原因。

當黎明降臨，調查也隨之開始。傑克遜維爾警長辦公室、消防部門和州檢察官辦公室的人都來了。火勢的強度感覺不太對，那不像是一場意外。房屋在幾分鐘內就全燒毀了，速度似乎快得異常。大家的注意力很快就集中到唯一的成年倖存者身上。調查人員開始仔細檢視路易斯那麼激動是不是裝出來的，還有他對於大火發生前的描述是否可信。

路易斯告訴警察的火災故事互相矛盾，而且似乎暗示他的婚姻出了問題，這引發對他的進一步懷疑。他承認他和太太在那天晚上吵架了，而且就在災難發生之前。因為他又酗酒了，所以卡洛琳把他趕出家門。但是他哪兒也沒去，他就坐在停在萊姆街五二七號前面的那輛綠色馬自達老爺車裡，一邊喝著啤酒，覺得熱得發昏。他不知道什麼時候睡著了，但是根據路易斯的說法，他在二十分鐘後突然醒來。黑暗的客廳窗戶那時候已經開始冒出橘色的火焰，於是他向房子飛奔而去。

他先是在前院試著用一根細小的花園水管澆熄不斷擴大的火勢，但是很快就放棄了，接著他跑進屋裡。他在客廳裡碰到驚慌失措的馬什。高溫似乎從四面八方擴散過來，就像一顆定時炸彈。這位四個孩子的母親正瘋狂地用幾罐水試圖滅火。她遞給路易斯一個鍋子，要他把正在噴出濃煙的沙發潑濕，沙發燃燒讓一樓充滿有毒氣體。卡洛琳出現在這吵成一團的混亂中，她從路易斯身邊跑上樓梯，去找熟睡的孩子們。馬什跟在她後面。路易斯也轉身準備上樓，但是剛好看到他的兒子杰拉米亞跟在他後面。他一把抓住男孩往外跑。就在路易斯從房子裡跑出來的時候，他聽到「嘶嘶」的聲音，火苗頓時變成大火，所有人都被困在裡面，而且在幾分鐘內就被奪走了生命。

警察對路易斯的說法存疑。他說他跳到一輛駛來的汽車前面，拜託年輕的女性司機打電話報警，但是緊急調度中心說他們沒有接到女性打來的報案電話。路易斯說他跑到鄰居家敲門求救，但是其實他沒有鄰居。隔壁的房子已經空了一段時間。疑點重重。調查人員質疑為什麼只有路易斯的兒子活下來？為什麼不是其他任何一個孩子？為什麼不是在火災前把他趕出家門的懷孕的妻子？

警察搜查了停在房子前面的那輛綠色馬自達。一堆飄出惡臭的垃圾顯示路易斯就住在車裡。警察還在地板上發現了一個高樂氏（Clorox）塑膠瓶，瓶裡裝著半滿的液體，但不是漂白劑，是汽油。火災調查人員的初步報告接著就出來了，屋內布滿了縱火的「明顯跡象」。一樓記錄到多個起火點。燒焦痕跡的態樣顯示有人用液體助燃劑來助長火焰。「鱷紋」狀的燒焦痕跡從走廊經過樓梯、一直到前門，再向外延伸到前廊，第一批救援人員到達時，路易斯就是站在那裡看著大火燃燒。

這對夫妻的不穩定婚姻也被進一步調查，結果顯示卡洛琳曾經對路易斯聲請保護令，而且原本要在她去世的當晚生效。路易斯當晚僅是出現在萊姆街的房子裡，就是犯罪了。讓家事法院法官發布禁制令的事由是一場暴力鬥毆，卡洛琳在那場鬥毆中用菜刀刺傷了路易斯，顯然是為了自衛。馬什和她的四個孩子是在火災前一天才搬來的，他們接手了路易斯被迫搬離的空間。路易斯現在則睡在車裡。卡洛琳的屍體在十月十六日被抬出燒毀的屋子。這對夫妻的離婚聽審原訂在十月十八日舉行。警察後來還得知路易斯曾經威脅要燒掉這棟房子。

人看起來就是路易斯殺的了。

杜瓦爾郡（Duval County）地區檢察官決定逮捕他，並指控他犯了六項一級謀殺罪、縱火罪和非預謀殺人罪；最後一項是針對卡洛琳肚子裡未出生的胎兒。州檢察官宣稱要對他求處死刑，路易斯要求派律師給他。刑事司法機器開始轟隆轟隆作響，像一列貨運列車，一邊發出嘎嘎聲、一邊駛向佛羅里達州的電椅。在這個事件裡有死去的孩子，有死去的孕婦，而一個有家暴史的怪物正因為他們的死而受到拘留。傑克遜維爾的選民們也不避諱地表達他們對復仇的渴望。

路易斯的案子被分配給資深公設辯護人帕特・麥吉尼斯（Pat McGuinness）。事後證明，路易斯抽到幸運籤。雖然有明顯證據顯示他的當事人有罪，但麥吉尼斯還是願意相信路易斯的話，而且麥吉尼斯還曾經有替縱火案辯護的經驗。他在幾年前替一名男子辯護過，對方被控燒毀一棟三層樓的出租公寓大樓棕櫚酒店（Palms Hotel），並造成六名居民死亡。（原注13）麥吉尼斯在當時學到他必須快速行動，因為火災現場很快就會被污染。滅火時已經是一團混亂了，事後的清理更是亂成一團。關鍵證據會被移動、改變、丟失和破壞。任何一點小細節，殘骸中的塵垢、燒焦的電線碎片，對於拼湊縱火案的辯詞都很重要；其實在很大程度上看的是調查人員要尋找什麼，以及為什麼要尋找這些。

麥吉尼斯被分配到路易斯案的同一天，他就從坦帕（Tampa）聘了一批火災調查人員來記錄萊姆街的現場，並進行獨立調查。辯方的調查人員沒有讀過路易斯一家人的法庭文件，他們也沒有在尋找「傾倒痕」或「龜裂的玻璃」。他們要尋找的是出現嘶嘶聲之前可能發生過什麼事的其他線索，可以說明路易斯可能是說實話的線索，也許可以阻止火災再奪走一條人命的線索。

第一條線索出現在房子的殘骸外。前廊的一團焦黑中，可以看到燒得熔化的綠色水管已經皺掉的碎片。屋子的客廳裡，在沙發殘骸附近的地板上有一個已經熔化的不鏽鋼鍋。廚房裡還有更多熔化的鍋子。廚房水槽的水龍頭停在「開」的位置。客廳和門廊的木地板樣本分別被拿去做測試。精密的實驗室檢測顯示沒有可燃液體、汽油等物質殘留。

辯方調查人員隨後也追查到關鍵證人凱倫．巴吉特（Karen Budget）。她不情願地承認在火災發生當晚，的確有一名黑人男子抱著一個年幼的孩子，突然跳到她車前，她還差點撞到他。他好像是喊著什麼著火了，並且請她報警，但是她沒有照做。巴吉特顯然沒有看到火災，而且她上班遲到了，她在當地報紙《時代聯盟報》（*Times-Union*）工作。她離開那名站在愛迪生街和萊姆街口的男子時，差不多午夜剛過。

對證據的不同解讀開始成為焦點，隨著對貧困生活的理解所建構的解釋。沒錯，路易斯是因為禁制令才一直睡在車子裡。沒錯，這對夫妻正在離婚。沒錯，他們有肢體衝突，但他們也不是隨時劍拔弩張。他們還是家人，只要路易斯沒有喝酒，卡洛琳會讓他進到屋子裡使用家裡的一些東西和陪伴杰拉米亞。為了讓卡洛琳願意繼續這麼做，路易斯偶爾會幫忙整理院子，不然他也會試著讓自己發揮點功用。他放在車裡的汽油是給割草機用的，在火災發生那天，他還有修剪草坪。有證據可以證明這件事。坦帕團隊的紀錄顯示，還有一堆剛割下來的草立在後院裡。而且辯方調查人員不禁要問：為什麼一個縱火犯只用了半瓶汽油？

從這樣的角度來看，情況證據似乎就與路易斯的陳述一致了，坦帕的調查團隊收集來的物證也是如此。留在門廊的水管殘骸、熔化的鍋子、停在「開」位置的水龍頭、實驗室的陰性測試結果，以及凱倫．巴吉特的陳述。這些新事實證明了路易斯所說的：他努力要滅火，而不是如同起訴書對路易斯的指控一般，他想要讓火勢擴散。

起訴這個案子的工作被分配給州助理檢察官法蘭克．阿什頓（Frank Ashton）。事實證明他也是一個上上籤。他願意傾聽麥吉尼斯的理論。就算有越來越多輿論壓力要求快速且確實的懲罰殺害六名婦孺的凶手，阿什頓還是對調查人員的結論提出了質疑。

不過，雖然路易斯的案子的確發生動搖，但是也不算被徹底推翻。路易斯的衣服對汽油痕跡的確呈陽性反應，在他的車子裡也確實有汽油，禁制令也的確存在，這對夫妻也正在離婚，路易斯還威脅過要縱火。而且國家實驗室對地板的檢測結果和辯方的報告相反，對汽油呈陽性反應。最後便是應該將火災科學置於何地？要怎麼解釋這種縱火的「典型故事」？麥吉尼斯對這些並沒有解答，阿什頓的火災調查員則仍然堅持他們的分析：是有人故意縱火的。最重要的是，阿什頓也依然相信這一點，而他的意見是唯一重要的事。但是這個案子還需要一些支持，還需要更多證據支持國家在審判中的舉證責任。

阿什頓和他的副手喬治・巴特（George Bateh）決定聘請另一位專家。因此，約翰・倫蒂尼就被請來了，他的任務是挑戰辯方的理論，他們主張萊姆街火災只是一場意外。檢察官在一開始的確從新專家那裡得到他們期望的結論，大部分都是與原本相同的說法。倫蒂尼確認了該州專家的結論，因為他也受過同一套民間傳說的栽培。不過倫蒂尼和該領域的大多數人不同，他還有化學學位。在仔細檢查了州實驗室的報告之後，他開始有點懷疑，並且把報告轉發給其他十位化學家，所有人都同意報告存在嚴重的缺陷。路易斯的衣服又被送去進行了第二次測試，這一次的結果是陰性的。這個不確定的案子好像快要被推翻了。縱火留下的「直接」證據只剩下房屋的牆壁和地板上的燒焦圖案，但是這些和辯方調查人員發現的無罪證據互相矛盾，也無法消解倫蒂尼日益增加的疑慮。

一個世紀以來的公認智慧，有可能是錯的嗎？

在起訴並主張死刑的幾個月後，「佛羅里達州訴傑拉德・韋恩・路易斯案」（*State of Florida v. Gerald Wayne Lewis*）走到了十字路口。其中一條路指向對大屠殺凶手的正義起訴，另一條則指向這是致命的誤判，而阿什頓必須選擇一條前進的道路。倫

蒂尼和另外一名頂尖的縱火專家約翰・德哈恩（John DeHaan）心裡生出一個昂貴的想法，這樣的想法在刑事案件中通常會被判出局。州專家希望阿什頓支持他們做一個實驗來檢驗辯方的理論——意外火災是否也有可能像路易斯主張的那樣迅速「閃燃」（發出嘶嘶聲）呢？不是因為液體助燃劑而發生的火災也會留下「鱷紋」狀的燒焦痕跡嗎？意外火災會像蓄意的縱火那樣熾熱燃燒嗎？

阿什頓願意一試。他們後來做的實驗是火災科學中第一次「在控制下進行的燃燒」。

萊姆街的廢墟隔壁那棟廢棄房屋是進行這個實驗的理想房屋。它幾乎和燒掉之前的房屋沒有什麼差異，兩間房屋有相同的平面圖，由同一家建設公司在相同的時期、使用相同的材料建造而成。阿什頓投入（一九九〇年幣值下的）兩萬美元重建這棟廢棄房屋的內部，盡可能忠實呈現原本房屋的裝潢。他們找到一個和卡洛琳租用的沙發一模一樣的沙發，放在客廳的同一個位置，還準備了一樣的電視和咖啡桌，並且把窗戶換掉，重新打造成同樣的通風條件，樓下的房間用了同樣是八分之三英寸的石膏板鋪設牆面，也鋪了類似的地毯、壁紙和窗簾。

當一切準備就緒，倫蒂尼和德哈恩打開錄影機，並且點燃了沙發。這棟模擬的房屋在四分鐘內就完全陷入火海。發生閃燃的時間和路易斯說他在車子裡第一次看到火焰到發出嘶嘶聲之間的時間差不多。這場「意外」火災產生的熱度和助燃劑引發的火場溫度幾乎相同。地板上有明顯的「傾倒痕」，在只有一個起火點的火災中，也觀察到「多個起火點」，天花板的燒焦痕跡也符合地板上的燃燒痕跡。通常專家觀察到這個痕跡的話，就會認為是有人縱火了。

這場測試火災得到控制之後，現場的麥克風傳來一名走過火場殘骸的消防員的聲音。他說：「我們剛才似乎證明了辯方的理論。」在現場做實驗的阿什頓對火勢蔓延得如此迅速感到「震驚」。倫蒂尼在第二天就表示他不會為檢方作證，州消防部門也在兩天後撤回了意見。只剩下動機了。這台貨運列車在十字路口踩了剎車，阿什頓撤回所有指控，路易斯在拘留三個月後獲得釋放。

路易斯頹喪地走出監獄，他身無分文，也無法主張對杰拉米亞的監護權。有人推測是這個走都走不穩的小孩在玩火柴，才點火燒到了沙發，但是在傑克遜維爾，還是有許多人覺得正義沒有獲得伸張，州檢察官放過了一名大屠殺的凶手，讓他得以逍遙法外。公設辯護人辦公室發起募款，湊了足夠的錢讓路易斯搭第一班灰狗巴士返回家鄉路易斯安那州的什里夫波特（Shreveport）。他後來也無法重新拿回杰拉米亞的監護權。他的兒子由阿姨瑪麗·蘇·卡里（Mary Sue Cary）撫養。她和許多人一樣，一直認為路易斯有罪，是他蓄意殺害了她的六名家人。縱火調查界的許多人也有同樣的

想法。

對倫蒂尼而言，萊姆街火災是一次典範轉移，這次覺醒足以激發他未來的職涯。他原本預訂火災實驗的隔天，做出對路易斯不利的初步證詞。他再也不會做出這樣的證詞了。倫蒂尼和阿什頓都知道他們原本只差一步，就要讓一個無辜的人被判死刑了。

這名檢察官在接受傑克遜維爾的《Folio》週報採訪時，破例承認了刑事審判的現實：在陪審團宣誓就職的那一刻起，被告就有「雙重打擊等著他」。要證明案件能夠「排除合理懷疑」聽起來是一個很高的門檻，但是陪審團會傾向於相信檢察官告訴他們的事，尤其是如果案件中有年幼的孩子死亡。阿什頓知道這一點。如果他把這個案子提交給法庭審判，路易斯幾乎確定會被判有罪。在控制下的火災結果雖足以構成答辯，但是對動機的疑慮無法消除。審判中勢必會有許多消防專家熱切地挑戰這個實驗結果，又會成為另一個「專家之爭」。被告通常是這類戰役中的輸家。

路易斯坐上灰狗巴士回到路易斯安那州之後，又過了幾個月，阿什頓辭去檢察官轉任律師，並一路執業至今。倫蒂尼後來成為美國最著名的縱火案調查員，他一直在推動使用更科學的方法調查可疑的火災事故，用更多的實驗室測試來確認是否有助燃劑存在。倫蒂尼也反對靠助燃劑嗅探犬來「警示」有汽油存在，這是火災調查中常見的作法。他認為應該要用更具有實證性的實驗室測試。

萊姆街火災案鞏固了倫蒂尼的全國聲譽，使他受到美國國家科學院的邀請，但是他也和所有表達異議的科學家一樣，成為捍衛現狀者的攻擊目標。然而，對於反對將百年教條自動視為科學證據的律師而言，他則是證人首選。他有廣大的事業，也有許多敵人。光只是在一九九四年，倫蒂尼就在二十場審判中作證，(原注14)他也因為在「喬治亞州訴卡爾案」(*Georgia v. Carr*)中擔任辯方專家而聲名大噪，這起縱火謀殺案發生在一九九七年，它是檢察官暨有線電視台的新聞評論員南希．格雷斯(Nancy Grace)在轉戰電視圈之前的最後一次陪審團審判。

喬治亞州桑迪斯普林斯（Sandy Springs）

郵購種子界的巨擘韋爾登・卡爾（Weldon Carr）碰到了一個使他蒙羞的問題——他三十二歲的妻子派翠西亞與他們的鄰居桑迪斯普林斯社區協會的主席布魯斯・布羅德赫斯特（Bruce Broadhurst）有染。（原注15）卡爾的脾氣暴躁、會妄想、控制慾強，他一直在偷錄出軌的配偶與情人的通話，包括他們夫妻的豪宅突然起火前幾小時的電話錄音，那場火災讓派翠西亞葬身火窟。

這起火災發生的時間點可能讓人覺得事有蹊蹺，但是它看起來的確像是一場悲劇性的意外，尤其是因為它差點讓卡爾也喪命。年近六十的卡爾是因為從二樓高的臥室窗戶跳下去才保住一命。跳樓使他的背部摔傷，但是他設法拖著身子走到鄰居家，大力的敲門，甚至把木頭都敲碎了。鄰居打電話報警，把卡爾緊張又慌亂告訴她的事都告訴電話那一頭的人：派翠西亞還困在起火的房子裡。消防員幾分鐘後就趕到了，他們發現派翠西亞還待在卡爾逃出去的那個臥室，但是只剩下一絲氣息。她後來再也沒有恢復意識。

通常故事到這裡就結束了。在像是桑迪斯普林斯這樣綠樹成蔭的市郊，被視為意外的死亡事故通常就真的是意外。但是隨後有一位匿名線人投下了一枚震撼彈，為卡爾和南希．格雷斯檢察官埋下了衝突的火種。來電者懷疑這是一起謀殺案，他堅持警方應該朝縱火方向調查這起火災。於是縱火調查人員被派到現場，這起悲劇也出現新的視角。

調查人員在一樓走廊上發現燒焦報紙的痕跡，這個痕跡一路從客廳的地板延伸到「早餐室」，而火似乎是從那裡燒起來的。還在廚房發現了一個四盎司的 Neat-Lac 空罐，那是一種易燃的皮革保養液。該州的消防專家威廉．多德（William G. Dodd）確定走廊的地板上有燃燒痕跡，他斷定這是由於——你猜對了——液體助燃劑造成的。多德的推論是有人故意點燃 Neat-Lac，再用報紙做為火芯，讓火延燒到整棟房子。助燃劑嗅探犬 **Blaze** 也對早餐室的十二個不同地方發出「警示」，證實了多德的理論。

當卡爾在醫院的病床上養病時，警察開始收集事證。在這場致命火災的幾天前，卡爾出現一些難以理解的行為。刑警得知卡爾在一週前從家裡拿走了一些貴重物品。他把派翠西亞的珠寶和一些有紀念意義的東西都放到保險箱裡，包括他的高中畢業紀念冊；他打電話給已經成年的兒子，叫他把「所有覺得重要的東西」都從家裡拿走；他把二十六件禮服襯衫送去乾洗，他以前從來沒有做過這種事。不知為了什麼原因，卡爾還在火災前和保險經紀人做了核對。而且在火災發生那晚，他不是把車停在車庫裡，而是停在車道盡頭，車庫裡很容易被火燒到。

接著還有錄音的事。雖然卡爾之前沒有家暴紀錄，但是他會對派翠西亞的電話錄音，顯示他性格中較陰暗的一面。最具殺傷力的是派翠西亞最後一通被錄到的電話內容：她和布羅德赫斯特商量要與卡爾離婚，讓兩人可以在一起。

這些對南希．格雷斯來說就很夠了。這件充滿莎士比亞戲劇主題的理想案件來得恰如其時，她也準備開始消除戲劇與法律、藝術和科學之間的界限。她獲得單方搜查令（*ex parte* search warrant）可以搜索卡爾家，但是與其說是為了搜查，倒不如說是她想拍攝一些審理前的片段供電視節目《奇異恩典》（*Amazing Grace*）播放——這集節目是有關這位積極、嬌小、「從未敗訴」的檢察官。前有線電視新聞網CNN的記者阿特．哈里斯（Art Harris）就在臥室裡採訪了格雷斯。不過才數週前，派翠西亞就是在這裡受到重傷。接下來，攝製組拍攝了多德在房屋裡進行的煙霧「實驗」，重現所謂的犯罪行為。與其說這是為了證據，倒不如說是為了讓新聞娛樂化，取得戲劇效果。

格雷斯拼湊出她後來在審判中陳述的故事：妒火中燒的卡爾決定不讓派翠西亞在離婚後拿走他的任何一分財產，因此他花了幾週的時間策劃用縱火方式謀殺派翠西亞。他在火災發生的前幾天從家裡拿走值錢的東西，就足以證明這件事。格雷斯主張在那個要命的夜晚，卡爾在他們的臥室裡用鈍器「重擊」派翠西亞的頭部，讓她動彈不了。然後他走下樓，鋪開報紙，噴上 Neat-Lac 之後放火，接著他跑回樓上，從窗戶跳出去，把派翠西亞單獨留在那個卡爾「逃出去」的二樓臥室裡送死。最後是派翠西亞最好的朋友賈尼絲·懷特（Janice White）和派翠西亞的情人布羅德赫斯特願意作證說她是一個「飽受折磨的女人」，她擔心如果離開了卡爾，他不知道會對她做什麼。

不過，有一個相反的事實讓格雷斯對這件事的說法面臨威脅。喬治亞州調查局對早餐室殘跡的檢驗結果為陰性，也就是沒有發現可燃性液體。這個結果不是那種具有不同證據詮釋可能的不確定結果，而是清楚明白的沒有助燃劑。檢驗沒有問題，也沒有主觀詮釋的空間，就是真的沒有。如果沒有 Neat-Lac，當然就沒有謀殺，沒有縱火，《奇異恩典》也沒得錄了。但是就像她在審判後的一次研討會上告訴一群喬治亞州火災調查人員的那樣：「陪審團總是會先相信狗，勝過於相信人。」（原注16）這也是她在結辯中主張的，她嘲笑卡爾註定得以科學做辯護：「看看他們花了多少時間和精力想贏過那隻狗。告訴你吧，我用那隻狗就可以贏過所有人。」（原注17）

約翰·倫蒂尼也以辯護團隊的身分從頭到尾看了那場表演。嗅探犬的神奇偵測能力當然無法說服他，但是卡爾的律師並沒有讓倫蒂尼進行他在萊姆街進行的那場實驗。審判法官裁定辯方所有實驗都必須移交給格雷斯，然而不存在互惠義務。（這是違憲的；憲法第五修正案保護被告可以不使自己受到牽連，這項權利不只限於單純的保持沉默，還包括禁止強制披露辯方提出的不利證據。）雖然倫蒂尼對檢方的縱火理論深表懷疑，但是他當然無法保證實驗結果，辯方不能夠冒任何風險，提供證據讓檢察官用來對付他們的當事人。

格雷斯和法蘭克・阿什頓不同，除了戲劇化的現場重演，她對其他事情都不感興趣。她精心設計了這個故事，故事的結尾就和她的所有故事一樣，都是要讓她代替手無寸鐵、最好還是上鏡的（通常是白人）受害者做出正義的復仇。影片都拍好了，就是按照這個劇本。可以說格雷斯把一切都押在有罪判決上了。她甚至還私底下自費從馬里蘭州聘來一名縱火專家，聲稱他的地位絕對獨立，因為這名專家既不是為州政府也不是為辯方工作。格雷斯的私人調查員盯著早餐室的「傾倒痕」看，然後確認了他甚至在走進房子前就相信的事實：火災是因為某人縱火而引起的。他作證說：「這很容易分辨。」

格雷斯在陪審團（以及全國的有線電視觀眾）面前進行了最後一次戲劇性的現場重演，她用一個女性人體模型代替派翠西亞，把它放在陪審團面前的法庭地板上。她在結辯時把人體模型從地板上撿起來、抱在她的懷裡，然後帶著它離開火場到達安全的地方。（原注18）這是要生動的展示：如果卡爾當真想救他的妻子，那是多麼容易。相反的——她緩慢而嚴肅地說——他卻殺了她。格雷斯拿起那個人偶，把它重重地摔在陪審席前面的地板上。

這根本是一齣精彩絕倫的表演。卡爾的謀殺罪成立，而且被判處終身監禁。格雷斯在CNN拿到了一個節目，並且搬到紐約市。

大多數刑事被告的故事，例如像傑拉德．路易斯這樣的被告，大概就是到這裡結束了。謀殺罪的有罪判決會終結卡爾再次踏出監獄的任何機會，所有人聽到這位桑迪斯普林斯種子商的最後幾句話，大概就是他在宣判時轉向陪審團說：「這場火災是個意外。我愛派翠西亞，我盡了我的全力救她，但是那天晚上黑煙瀰漫，我根本找不到她。我有著受人尊敬的生活，我也很努力工作。我今年五十八歲，我是無辜的。我是無辜的。」（原注19）

幾個月後，卡爾坐在他的牢房裡，看著南希．格雷斯在他以前的住家臥室裡，透過《*CNN Presents*》向全國放送節目內容。大部分被判刑的謀殺犯大概這時候都已經沒轍了，但是卡爾和大部分刑事被告不一樣。他是一個有錢的白人，僱得起一支凱迪拉克級的辯護團隊繼續戰鬥；他留得住最頂級的上訴律師，也可以聘請專家進行定罪後的實驗；他可以繼續調查事實，包括格雷斯一些明目張膽的不正行為。

被判有罪之後，即使進行倫蒂尼在審判前建議的實驗，也幾乎沒什麼好損失的了。倫蒂尼進行了一連串控制下的燃燒實驗檢驗格雷斯的理論。他試著用Neat-Lac點燃火焰，但是在不到兩分鐘內就自行熄滅了，即使是四盎司的一整罐也沒有足夠的強度引燃地板，無法讓房屋的其餘部分陷入火海。這些測試結果符合卡爾的說法，他堅稱他太太在火災發生當晚一直在用皮革保養液擦她的涼鞋。實驗證明，燒報紙會在早餐室地板上留下燒焦的痕跡，但是在火災過後就絲毫不留了。從客廳延伸到早餐室的報紙痕跡很可能是拉動消防水帶時讓堆放在客廳裡的報紙散落到地板上。「傾倒痕」則可能是火災的碎片從天花板掉落並延燒地板所造成的。州調查人員大概沒有觀察到天花板的碎片，因為它們已經被消防員鏟除，只留下燒焦的痕跡。

正如辯方專家在審判時提出的推測：火災可能是因浴室和早餐室之間那道牆的線路問題所引起的。電路問題造成火苗竄出，並引起爆炸，炸毀了牆壁。火焰蔓延到廚房，濃濃的黑煙沿著樓梯間上升，讓樓上幾乎什麼都看不見，這也與卡爾告訴警察的狀況一致：派翠西亞在火場中驚慌失措，卡爾在臥室的一片濃煙中也找不到她，最後他只好從窗戶跳出去。

在定罪後還出現了一些其他事實，被格雷斯隱瞞的事實。明顯助長檢方猛烈攻勢的CNN試播一事，辯方團隊一無所知。由於是單方搜查令，因此辯方律師並沒有被告知CNN要在他們的當事人家裡拍攝一些片段，他們也不知道會在卡爾夫妻的臥室裡進行採訪，遑論多德進行的煙霧實驗。卡爾的律師也不知道那位聲稱「很容易分辨」的專家是格雷斯自掏腰包請來的，她甚至向陪審團主張他具有獨立性。這種檢察官的熱情可能不單只是因為格雷斯希望看到正義獲得伸張，而這些事本該讓她失去審理此案的資格。

辯方也終於發現為什麼檢察官格雷斯那麼依賴 Blaze 那隻狗。在審判前還對火災殘跡進行過兩次測試，兩次結果都呈現陰性。這兩次都使用了質譜法（mass spectrometry），那是一種更為精密且經過驗證的測試方法，兩次的結果都遭到州的隱瞞。派出嗅探犬就足以讓在氣頭上的陪審團做出有罪判決了，這是格雷斯的看家本領。她的故事主軸是將卡爾描繪成一個愛罵人、控制慾強的丈夫，而派翠西亞則是一個飽受委屈的女人。她要讓陪審團相信卡爾是《與敵人共枕》（*Sleeping with the Enemy*）裡的那種怪物丈夫，而不是普通的討厭鬼。被錄音的對話派上了用場，但是其中並沒有實際證據顯示卡爾會打老婆，卡爾的兩個成年子女自始至終都支持他，他們堅稱他從未有過身體上的虐待行為。

格雷斯完全是靠傳聞把卡爾塑造成一個怪物丈夫；最具殺傷力的是來自派翠西亞的情人布羅德赫斯特和她親密好友懷特的說法。布羅德赫斯特和懷特在審判中表現得像是完全沒有關係，只是因為兩人都對派翠西亞之死感到悲痛才會湊在一起。辯護律師從未被告知、陪審團也從來不知道，這兩個人在火災後成了情侶。我們並不清楚這段戀情是什麼時候開始的，但是在審判時他們已經深陷在這段關係帶來的痛苦中了。從這個角度來看，他們的證詞應該經過串謀，而且可能是為了私利所做的強辯。

卡爾的上訴律師有如山的新證據向喬治亞州最高法院提起。格雷斯公開表達她對上訴的擔憂，她也的確有理由擔心。喬治亞州最高法院在撤銷卡爾的有罪判決時寫道：「我們認為本案檢察官的行為顯示她漠視正當程序和公平的概念，而且不值得原諒。公訴人（檢察官）的責任與一般律師不同；他們的職責是尋求正義，而不僅僅是追求有罪判決。」（原注20）不過，法院在形式上還是不願以格雷斯的不正行為為由撤銷有罪判決，他們發表的意見等同於只是公開輕輕打了一下。他們反倒是轉而責怪狗：說**Blaze**的「證詞」言過其實了。七年後，在（貧窮的）卡麥隆・托德・威靈漢被處決的四個月後，對卡爾的指控才終於被放棄。

在萊姆街的火災發生之後不久（但是離卡爾的有罪判決被撤銷還很久），美國消防協會就更改了指導方針。美國消防協會內部的進步派領導人想要推動新標準以反映科學進步。此次發表的結果被稱為**NFPA 921**，內容摒棄了許多民間說法，尤其是拒絕用犬隻警示取代對火災殘跡的實驗室測試。不過還是繼續出現幾乎相同的垃圾科學做出的有罪判決，它們不僅使卡爾受到錯誤監禁，還讓卡麥隆・托德・威靈漢失去了生命，其實在威靈漢被處死之前，科學界對於在他的審判中所用的「證據」就已經有定論了。

在死刑執行前夕，受人尊敬的劍橋大學化學家／火場科學家傑拉德・赫斯特（**Gerald Hurst**）博士寫了一份宣誓書給當時的德州州長瑞克・裴利（**Rick Perry**）。該有罪判決的可靠性引發了重大質疑，他寫道：「當代的火災起源和原因分析專家大概會想知道為什麼有人在解釋證據時，會犯這麼多嚴重的錯誤。」（原注21）赫斯特指出，「整個案件都是根據最純粹的垃圾科學形式，根本沒有證據表明有人縱火。」（原注22）裴利不為所動，還是執行了死刑，沒有喊停。裴利的新聞祕書在威靈漢死後告訴《沃思堡星報》（*Fort Worth Star-Telegram*）：「後見之明當然看得清楚，這不是第一次有人對某個死刑的適當性提出質疑。這些總會有點令人不安，但是他所做的決定是基於他眼前的證據。」（原注23）

法院也不比瑞克・裴利開明。他們繼續不分青紅皂白地接受任何檢方「專家」的意見。NFPA 921的出版對他們沒有造成太大限制。法官和陪審團繼續接受以「訓練和經驗」做為有效性的科學，直接導致數百年來有無辜的男人和女人、父親和母親遭到監禁。許多像威靈漢一樣的人都經歷過多重悲劇帶來的痛苦：家庭成員突然死於非命，他們自己又被誤判為謀殺犯。已知的縱火罪冤案直到二〇二〇年已經達到三十五起，包括一名叫做歐內斯特・威利斯（Ernest Willis）的男子，他在九死一生之際才逃過與威靈漢相同的命運。（原注24）

威靈漢和威利斯的案例幾乎如出一轍。（原注25）兩者都是小鎮縱火的兇殺案，也都根據相同的垃圾科學被起訴。這兩個人在監獄的放風場地認識彼此，他們會談論各自的案件。赫斯特在定罪後對這兩起火災做了調查，不過威利斯比較幸運，他獲救是因為有一間大型律師事務所，瑞生國際律師事務所（Latham & Watkins），為他提供義務辯護。瑞生事務所相信他是無辜的，因此花了五百多萬美元努力推翻他的有罪判決。就在威靈漢被處死的幾個月後，同樣在死牢裡忍受了十七年折磨的威利斯獲得平反。

威靈漢、威利斯、卡爾、路易斯，他們都是無辜的，不過總是有人懷疑，總是有修正主義理論，尤其是在缺乏DNA的情況下，用DNA平反通常不會引起爭議。遭到誤判的人可以明確證明他們的清白，有時候甚至可以找出真正的凶手。許多用垃圾科學判決有罪的案件卻非如此。只是破解了用來定罪的「科學」，通常不足以證明當事人是無罪的。沒有做是很難證明的，這助長了司法科學社群的否認主義。

倫蒂尼在美國國家科學院演講的兩個月前，美國菸酒槍炮及爆裂物管理局的專員拉爾夫・多倫斯（Ralph Dolence）在接受俄亥俄州一家報紙的採訪時，說NFPA 921根本是「一派胡言」（原注26）。多倫斯是參與過三百多起縱火案調查的資深人員，他指名倫蒂尼從事的是「垃圾科學」，垃圾科學無法「將一切因素考慮在內」，使得好的調查也和它「混為一談」了。多倫斯主張縱火案調查是一種「藝術形式……不過是扎根於」科學。多倫斯發表這番言論的幾天後，倫蒂尼就提出激烈的反駁，他尖銳說道：「讓我們祈禱如果你發生了火災，指派給你的調查人員是科學家，而不是『藝術家』。」（原注27）

倫蒂尼厭倦了這樣的爭戰，轉而改述物理學家馬克斯．普朗克（Max Planck）對科學進展的創新觀察：「科學是退休一波，才進展一次。★」正是倫蒂尼，敦促美國國家科學院在對人們長期接受的鑑定技術展開科學基礎的調查時，納入了他自己的領域。

★譯按：馬克斯．普朗克的原句是「科學是一場喪禮，才進步一次」（Science advances one funeral at a time），大意是新的科學見解往往難以說服抱持舊見解的科學家，唯有等到前一代自然消亡（喪禮），新一代見解才可能成為顯學。倫蒂尼是以 retirement 取代原本的 funeral。

華盛頓特區美國國家科學院演講廳

二〇〇七年，在美國國家科學院的聽證會中，倫蒂尼以他一貫毫不留情的措辭，用發人深省的數字開始他的演講，他向聽眾展示根除垃圾科學的急迫性。美國每年有「五十萬起建築物火災」（原注28），其中有百分之十被認定為「縱火，或疑似縱火」。也就是說，每年有五萬次嚴重犯錯的機會。就算錯誤率只有百分之五，每年還是會發生兩千五百次錯誤歸類。由於縱火調查人員並沒有完全接受NFPA 921，因此倫蒂尼認為「百分之五的錯誤率」還是「過於樂觀」了。

下一張投影片是一隻狗坐在證人席上。那是Blaze，以「專家證詞」送卡爾入獄的那隻K-9嗅探犬。倫蒂尼回顧在萊姆街火災發生後的十五年間，有無數神話遭到破解，但它們還是繼續造成錯誤的有罪判決；他用一個詞總結了鑑識學會對數據的反應：「令人嘆息」。他點開最後一張投影片，出現了《芝加哥論壇報》（*Chicago Tribune*）那令人熟悉的哥德字體。演講廳的牆上投影出一個頭版故事，那是普立茲獎得主調查記者莫里斯・波斯利（Maurice Possley）和史蒂夫・米爾斯（Steve Mills）的報導，倫蒂尼曾協助將兩位記者的研究化作理論。標題用粗體的大寫字母寫著：德州男子因無效科學而遭執行死刑。

偏見

還有最後幾位科學家在美國國家科學院的聽證會上作證，其中一位是艾提爾・卓爾（Itiel Dror）博士，他是認知偏誤（cognitive bias）專家，這個研究領域一直受到司法科學的忽視。但是垃圾科學之所以使無辜的人被判有罪，並不只是因為它缺乏科學研究，同時是出自人類認知的本質，有一股無法察覺的心流在推動決策，有時候就會推向錯誤的道路。

也許你聽過「百事挑戰」的廣告活動。這個活動是讓美國消費者蒙上眼睛，試喝兩種品牌的汽水，目的是讓他們對自己真正的口味進行所謂公平的測試，而不是再次確認他們以為自己比較喜歡的飲料。影片拍攝到可口可樂的忠實顧客在發現自己選到百事可樂時，不可置信得下巴都快掉下來的表情。這個實驗的說服力在於它是一個不帶偏見的測試。受測者的反應沒有受到溫暖回憶的影響——為世界買罐可樂，教它以完美的和聲唱歌★。（雖然作家麥爾坎・葛拉威爾〔Malcolm Gladwell〕認為百事可樂有一個不公平的優勢。他在《決斷兩秒間》〔*Blink: The Power of Thinking Without Thinking*〕一書中指出：百事可樂比可口可樂更甜，所以它會立刻讓味道在口中散開，這會讓它在測試中表現較好，不過這個優勢在喝下整罐可樂時就未必存在。葛拉威爾對可樂之戰的貢獻是強調任何實驗都要在各種條件下重複多次，而且必須由與結果沒有利害關係的調查人員進行。）（原注29）

如果人類是依照「捷思法」或是像品牌忠誠度那樣的心理捷徑，而非依循有根據的預測信息，做出通常是非理性的決定，這就被稱作「認知偏誤」。這個神經科學領域直到一九七〇年代才成為公認的科學研究，且主要是因為兩名以色列社會科學家——阿摩司・特沃斯基（Amos Tversky）和丹尼爾・康納曼（Daniel Kahneman）的研究成果獲得諾貝爾獎。這個領域建立以來，其研究顯示我們用來做決定的心理捷徑，從選拔職業運動員到投資股市，往往是被突然想到的直覺和不相關的訊息所誤導。

舉例而言，康納曼和特沃斯基早期的一項實驗就安排受測者先看輪盤賭球是落在哪一個號碼，然後要求他們估計非洲國家在聯合國中占的百分比（正確答案約百分之二十八）。這個隨機的號碼就像是思緒的磁鐵一樣。看到球落在十號的人，會估計是大約百分之二十五；看到球落在六十五號的人，則估計為百分之四十五。就算向受測

★編按：一九七一年可口可樂的經典廣告，集合兩百多位來自世界各地的年輕人，在義大利山坡合唱：I'd Like to Teach the World to Sing In Perfect Harmony。

者出示正確答案，也無助於減少這個完全不相關的輪盤賭球帶來的影響。（原注30）

在今天的主流科學中，人們已經普遍接受偏見是做決定時不可避免的產物。人很容易看到自己期望看到的東西。只要存在主觀性，解釋訊息時就會符合個人期望。由於所有鑑定技術都涉及一定程度的主觀推斷，有些技術又比其他技術更主觀，因此如果專家接觸到的「事實」指向嫌疑人有罪，他們往往就會得出嫌疑人和證據「相符」的結論。有六位牙醫師認為基思·哈沃德和特蕾莎·佩隆大腿上的咬痕「相符」，他們都知道他是一名年齡和種族都符合的水手，而且他也咬過自己的女朋友。這些（不相關的）資訊幾乎遠比他們對咬痕的實際觀察更具有影響力。其中兩名牙醫在哈沃德被列為嫌疑人之前，其實原本將他排除在外，是因為他被逮捕這件事才改變了他們的想法。咬痕本身其實沒有任何改變。

大多數科學領域都會透過盲測和匿名的同儕審查減輕偏見帶來的影響。然而在司法科學領域，這個問題直到二〇〇四年才受到認真討論，因為當年發生了西班牙馬德里的通勤列車爆炸案，錯誤逮捕了一名俄勒岡州的男性。在造成一百九十一人死亡、一千四百多人受傷的恐攻殘磚瓦礫間，發現了一個裝有引爆雷管的塑膠袋。FBI將塑膠袋上採到一枚不完整的指紋和一名溫文儒雅、戴著眼鏡的律師布蘭登·梅菲爾德（Brandon Mayfield）進行比對。雖然梅菲爾德不像是恐怖事件的嫌疑人，不過他與一名埃及籍的女性結婚之後，皈依了伊斯蘭教，並在一起民事案件中擔任所謂的

「波特蘭七人幫」（Portland Seven）其中一人的代理人；「波特蘭七人幫」是一群美國穆斯林，他們在九一一事件之後密謀向塔利班提供物質支持並被判有罪。

ＦＢＩ認為梅菲爾德的指紋相符，然而西班牙的指紋專家並不同意，但是ＦＢＩ不放棄。法院指定了一名專家又進行了一次檢驗，確認了ＦＢＩ的結論。梅菲爾德被單獨監禁了幾個星期，直到西班牙警方找到指紋的真正主人，一名叫做達烏德・烏納內（Daoud Ouhnane）的阿爾及利亞人，ＦＢＩ才承認他們錯了，梅菲爾德也終於獲釋。他後來成功起訴求償了兩百萬美元，還讓ＦＢＩ付出比金錢更難得的東西：公開道歉。而烏納內直到今天還是一名國際通緝犯。

ＦＢＩ沒有認出自己的錯誤可以歸咎為兩個因素。首先是梅菲爾德的背景儘管與案件不相關，卻印證了人們對伊斯蘭恐怖主義者的描述。一名ＦＢＩ的潛在指紋檢測人員後來承認，如果梅菲爾德屬於美泰克（Maytag）洗衣機修理工這類人，專家可能會比較願意重新考慮他們的意見，也會比較快發現錯誤。（原注31）其次是法院委派的專家在進行「獨立」審查之前，就知道ＦＢＩ的專業分析員已經宣告兩者「相符」了，於是他預期自己也會做出相符的結果。

經歷這次莫大的失敗之後，在認知神經科學家卓爾的領導下，對司法科學的認知偏誤進行了一項有史以來最重要的實驗。（原注32）該實驗向六名資格無虞的專家提供了八組指紋讓他們進行分析，但是受測者被隱瞞了一個重要的事實：這些指紋其實是來自他們以前經手過的案件。每一名專家都分析過相同的指紋，也做過結論報告。唯一不同的是，卓爾的實驗省略了案件檔案中不相關的背景資訊，例如嫌疑人已經自白。這些提示會將檢驗者推向特定結論。在這些經驗豐富的專家之中，有三分之二的結論與他們原本的分析不一致。指紋並沒有改變，是他們腦中所想的變了。這些還不是咬痕，它們是指紋。

卓爾繼續對各個學科進行類似研究，也都取得類似的結果，包括DNA混合型的解釋、法醫人類學和病理學。二〇〇七年，卓爾是到美國國家科學院委員會作證的最後幾位科學家之一。他討論了各種有關認知偏誤的文獻，認知偏誤有許多種，例如「確認偏誤」是指我們會傾向尋找並將證據解釋為符合我們先前存在的信念（幾乎每一個議題導向的臉書群組都是這樣）；「定錨偏誤」是指我們會過度評價接收到的第一個訊息，即使它完全無關（可參考輪盤賭球的例子）；「情境偏誤」的廣義定義包括內部和外部的環境、期望、動機和情緒造成的影響（貼在冰箱門上的兒童抽象藝術畫不會被誤認是精緻藝術，但是同樣一幅畫如果被好好掛在客廳牆壁上，可能就有不同的解釋）。

認知偏誤會讓鑑識專家被不相干的案件訊息影響，雖然這並非美國國家科學院的調查重點。主觀決定都會隱約受到偏見影響，尤其是種族偏見，這幾乎影響司法體系的每個面向。法律和心理學教授丹・西門（Dan Simon）在他的《疑點：刑事司法程序心理學》（*In Doubt: The Psychology of the Criminal Justice Process*）一書中，描述了刑事司法判決中巨大的人為因素：

> 刑事司法程序的一個明顯特徵，就是大部分是透過人來運作：證人、刑警、嫌疑人、律師、法官和陪審團。制度的輪子就是靠這些行動者的心理操作運轉的：記憶、識別、評估、推斷、社會影響和決定，這些都與道德判斷、情緒和動機有關。刑事判決不過就是這些參與過程者的心理活動的結果加總在一起。（原注33）

這些影響判決的「道德判斷、情緒和動機」經常會延續和促成對有色人種的大規模監禁，尤其是年輕黑人男性。史丹佛大學教授／麥克阿瑟「天才獎」得主社會心理學家珍妮佛・艾伯哈特（Jennifer Eberhardt）博士提到：「認為美國黑人就是暴力和犯罪者的刻板印象，已經存在於社會心理學家的紀錄中將近六十年了。」（原注34）在科學證據會被送進犯罪實驗室的很久之前，就存在或隱性或顯性的偏見，合起來會將有色人種拖進刑事司法體系，或是使他們死於警察之手。

如果警察在街上遇到黑人，他們相較於白人更可能被視為威脅；相較於殺害黑人受害者的凶手，殺害白人的凶手更可能被判處死刑；黑人被告比白人被告更可能受到死刑宣判；（原注35）相較於「非洲相關特徵」（原注36）比較少的被告，「非洲相關特徵」比較多的被告會被判處比較長的刑期；如果有兩個人做出相同的行為，但是一個人擁有「白人姓名」(原注37)，另一人的姓名則會讓人聯想到非裔美國人的文化，陪審團比較有可能將後者的行為解釋成具有「攻擊性」；法官對黑人被告要求的保釋金比處境類似的白人被告高出百分之二十五。(原注38)

這類偏見在幾乎所有情境中都構成對有色人種的看法，對法律界的一項實驗讓我們看到一個特別明顯的例子。(原注39)這個實驗是讓二十二家律師事務所的六十名合夥人檢視同一份案件摘要：有半數的人被告知摘要是一名非裔美國人所寫的，另外一半則被告知摘要的作者是一名白人。以為是黑人撰寫的摘要被評價為三點二顆星（滿分是五顆星）；以為是白人所寫的摘要則被評為四點一顆星（滿分同樣是五顆星）。再舉一個例子，行為不端的黑人學生比起做出同樣行為的白人學生更有可能被貼上「麻煩製造者」的標籤。(原注40)研究也顯示類似的偏見如何對其他邊緣化的種族社群產生負面影響。(原注41)

顯然黑人和其他有色人種，或隱或顯的，無法獲得無罪推定。這讓人在最基本的層次就對司法體系的正當性表示懷疑：我們到底是為了什麼在懲罰誰？而探究這種嚴峻現實背後的歷史、世代、文化和社會力量，已經超出了本書的範圍。

垃圾科學的解決方案則容易得多了：就是蒙上專家的眼睛，不要讓他們看到那些無關的案件資訊。

然而這也需要人們願意這麼做，而且他們要接受科學。司法科學社群的許多人對於有人說他們會受到偏見影響感到憤憤不平，他們不承認這就是人性的一部分，反而認為這是在指責他們的專業性。艾提爾・卓爾也承認這個障礙。他在二〇〇七年美國國家科學院的演講結尾時，指出對認知偏誤的相關研究並沒有在科學界引發真正的辯論。專家們抗拒科學現實，專家們認為到監獄裡取嫌疑人的牙齒模型沒有偏誤的可能性，事先知道其他專家的結論沒有造成偏誤的可能性，在審判前夕聽到檢察官告訴你案件「事實」也沒有偏誤的可能性。

第三章

史蒂夫·錢尼的前進道路

德州亨茨維爾監獄溫尼監區（Wynne unit）

二〇〇七年二月，四十八歲的史蒂夫．錢尼即將出席又一次的假釋聽審，他知道結果並不樂觀。雖然他在被監禁的二十年間一直是模範囚犯，但是他對於獲釋不抱什麼期望。每隔兩年左右，德州赦免和假釋委員會就會拒絕他的假釋，給他一次「展延」（setoff）並安排在隔年或是後年再展開下一次聽審。這一套程序他都知道了。他會坐在聽審室門外的破舊油地氈走廊上，手裡拿著一個用橡皮筋束起來的文件夾，裡面有他在里學院（Lee College）取得的博雅教育準學士學位，還有一疊證明他已經完成小型發動機維修、柴油引擎維修、微型電腦和床墊製造課程的成績證書。他的聖經學習，一百分。他在紀律方面的表現，一百分。他願意為自己的罪行承擔責任嗎？零分。（原注1）

錢尼一次又一次拒絕「認罪」，假釋委員會也一次又一次拒絕他的假釋。如果他無法接受自己為什麼被關在這裡，那麼他就還沒有改過向善。如果他沒有向被害者、那個因他而破碎的家庭賠罪，他就還沒有改過向善。史蒂夫．錢尼就是不肯為自己的罪行感到懊悔，而這是委員會的門檻問題。再好的表現、再多的自我提升或是對耶穌的奉獻都不重要，承認有罪才能爭取自由的機會，或是他要堅持自己的清白並在監獄中度過餘生，而錢尼選擇了後者。

這並不是說他放棄了，他畢竟是無辜的。在二〇〇一到〇七年間，僅僅在德州，DNA證據就證明了十三名囚犯的清白。(原注2) 二〇〇七年一月一日，第一位當選達拉斯郡地區檢察官的黑人克雷格．沃特金斯（Craig Watkins）就職。四天後，他首開先例地參與了安德魯．戈塞特（Andrew Gossett）的平反，戈塞特是被他的檢察官辦公室錯誤判處性侵罪。沃特金斯現身聽審，一名黑人地區檢察官在弗蘭克．克勞利法院大樓出席一名白人的平反，這是錢尼在同一棟法院接受審判時很少有人能想像得到的事。沃特金斯還不是只有出席，他道歉了。這也是史無前例。

沃特金斯告訴《達拉斯晨報》：「我們在該強硬的時候就會強硬，需要公平的時候就會公平。到那裡去說出『我們很抱歉』，是一件對的事。」(原注3) 接下來他還宣布要在地區檢察官辦公室成立一個「定罪完善小組」（Conviction Integrity Unit），致力於讓無辜的人獲得釋放，這個消息傳遍了監獄內部。這名地區檢察官似乎不會抗拒定罪後的DNA檢驗，不會捏造新的有罪理論，也不會在程序上玩「抓人遊戲」、規避真相。

錢尼對德州不信任，但是達拉斯地區檢察官辦公室內部的情況的確在改變。這個辦公室的負責人現在是一名黑人，而同一個辦公室在一九六三年還出版過一份遴選陪審團的手冊，指示檢察官不要「讓猶太人、黑人、拉丁裔、墨西哥人或任何少數族群的人」(原注4) 擔任陪審員，即使他們很富有或是受過良好教育。（在錢尼受審時，地區檢察官協會更新了手冊，指示檢察官不要「選脖子上掛了好幾條金鍊子的候選陪審員，或是看起來像是『自由思想家』的人」。（原注5）如果克雷格・沃特金斯可以變成這樣一個辦公室的地區檢察官，表示還是有希望的。

錢尼把希望寄託在莎莉・斯威克那破損的粉紅色指甲上勾著的幾縷黑色毛髮。當沃特金斯當選時，錢尼已經設法收集到當初用來使他被錯誤定罪的所有鑑定報告。其中有三份牙醫師的作證報告，對他的PUMA鞋的血液測試、鞋印報告、「帶有欺騙成分的」測謊結果，最重要的是還有完整的驗屍報告，每份報告都有在他受審時被忽略的關鍵細節。

約翰・斯威克的驗屍報告顯示，最初有四名病理學家都同意他手臂上的「咬痕」至少是兩天前造成的，只有詹姆斯・韋納表示變更見解，而且還是在審判前夕簽名，改成說咬傷是「在死亡時或是接近死亡時」造成的。莎莉・斯威克的驗屍報告顯示，或許還有可能進行DNA檢驗。至少在一九八七年六月驗屍時剪下的指甲和從她手中取得的幾縷黑色毛髮都還保存著。

如果能夠找到並檢驗這些證據，或許它們會說出錢尼的陪審團從來沒有機會聽到的一段話，尤其是如果在死去的莎莉手裡取得的毛髮是胡安・岡薩雷斯的黑色硬質頭髮，這場新的審判將是一場公平得多的對抗。有DNA證據指向一名有嫌疑的黑手黨成員，而不是那位固執的鐵工。如果在莎莉的指甲裡找到的DNA指向殺害她的一或兩名凶手，但都不是錢尼，那麼要以機巧的謊言和垃圾科學「坐實」一個案件，當然就困難得多。何況是一個並非在謀殺當時形成的「咬痕」毀了這個州管轄的案件。如果出現這種新事實，克雷格．沃特金斯這樣的地區檢察官肯定會願意考慮，是否殺害莎莉和約翰．斯威克的凶手其實尚未被繩之以法。

有很多「如果」。如果它們能夠殺出一條路，錢尼就可以主張自己的無罪並爭取自由了。這與假釋聽審不同，他可以脫下手銬腳鐐，走出弗蘭克．克勞利法院大樓的前門。

美國的窮人做每一件事都要排很長的隊。接受重症醫療需要排很長的隊；進庇護所需要排很長的隊；得到食物需要排很長的隊；正義更需要排很長的隊。如果窮人抱怨他們需要排很長的隊，他們還會被送到隊伍的最後面。史蒂夫．錢尼對這件事清楚得很。他寫信給紐約的無辜計畫，他寫信給德州的無辜計畫，他寫信給達拉斯郡公設辯護人的辦公室，他在隊伍中耐心等候。

沃特金斯當選後啟動了達拉斯的定罪後DNA檢驗，錢尼排的隊伍終於開始動起來了。達拉斯郡公設辯護人辦公室的蜜雪兒．摩爾（Michelle Moore）接下他的案子，她同意與「定罪完善小組」合作，取得毛髮進行檢測。二十年的苦難過後，錢尼感受到司法體系那生鏽的齒輪開始吱吱嘎嘎再次轉動了。但是如果沒有DNA，其實他們也走不遠。然而即使是誠心誠意搜尋，DNA也是可遇不可求。每一位資深的無辜計畫律師都遇過他們覺得一定是無罪的當事人，卻苦於證據遺失或是證據毀壞而無法證明。因為沒有可以做的事而把一個無辜當事人的案子結案，就像是切斷了連接救生筏的繩子，眼睜睜看著一個一定會死的朋友漂走。

讓人感到諷刺的命運轉折是：被達拉斯地區檢察官辦公室定罪的人倒是比較不容易出現這種常見的心痛，尤其是在錢尼被判有罪的時代。錢尼在審判中的檢察官是尼爾．帕斯克（Neil Pask），帕斯克是亨利．韋德在三十六年任期尾聲時所聘任的，韋德是達拉斯地區檢察官的「老大」，要求絕對的法律和秩序。韋德當然是德州的傳奇人物，而在六〇年代中期，他又因為讓傑克．魯比（Jack Ruby）因謀殺李．哈維．奧斯華（Lee Harvey Oswald）★被判有罪，而獲得全國的知名度，他也是在「羅伊訴韋德案」（*Roe v. Wade*）中起訴想墮胎婦女的那個韋德。（原注6）帕斯克這樣的新面孔檢察官會在「老大」的手下學會不要選戴著「金鍊子」的「自由思想家」做為他們的陪審團，他們也會接受韋德由上而下傳授和貫徹的「不惜一切代價取勝」的文化——不論是對輕罪或死刑重罪。韋德還有一句名言：「隨便一個檢察官都可以將有

★譯按：奧斯華被認為是暗殺甘迺迪的凶手，在甘迺迪遇刺案及奧斯華被捕的兩天後，奧斯華在警察的嚴密戒備下被傑克．魯比當眾開槍擊斃。

罪的人定罪，但是要將無辜的人定罪，則需要真正的專家。」（原注7）

韋德卸任後的幾年內，至少有二十五件由他領導的有罪判決遭到推翻。（原注8）他的歷史地位遭到推翻，有部分原因是他自己訂下的證據保全政策，該政策要求所有的物證都應保存。韋德發布這項指令，當然不是為了保護無辜者免於受到他那群惡毒的庭審檢察官荼毒，而是為了保留證據，以便將來起訴那些漏網之魚，或是在上訴時推翻了有罪判決的嫌疑人。再加上西南司法科學研究所的保存政策，因此偏偏是達拉斯郡在所有地方中脫穎而出，成了無辜計畫在不懈的宣導保存生物證據以供未來可能的檢測時，一定會提到的典範。

約翰和莎莉·斯威克是在西南司法科學研究所進行屍體解剖。錢尼也是由韋德的辦公室起訴。蜜雪兒·摩爾聯絡了韋德的繼任者克雷格·沃特金斯，要求他的定罪完善小組搜尋證據。他們找到了，毛髮還在，剪下來的指甲也還在。一九八七年從達拉斯的伍德梅多大道一〇八〇〇號第一〇二一號公寓回收的所有殘留生物證據，都在二〇〇九年一月十二日裝箱運往紫蘭生化科學（Orchid Cellmark）——當時世界上最大的私人DNA檢驗實驗室。

錢尼的女朋友暨不在場證人萊諾拉·莫利一直支持著他。這些年間他們結婚了，

她已經是萊諾拉・錢尼，她一直在等待每一次假釋委員會可以不再「展延」，然而每一次都因為她丈夫的堅持而極度失望。她知道他是無辜的。錢尼那天早上下工回家時，她人就在米爾塞普的拖車裡；當錢尼與她的兒子貝瑞在檢視她父親那輛七四年福特的引擎時，她人也在那裡；當汽車在蘭開斯特郊外的二十號州際公路上爆胎時，她也在那裡。二十年後，她還是在那裡。這件事很難，但是萊諾拉知道錢尼是無辜的，現在DNA可以證明這一點了。

這對夫婦等待著紫蘭生化科學的來信，一邊等待，一邊祈禱著。

第四章

鑑識科學的神話破滅

科羅拉多州丹佛市的科羅拉多州會議中心
第六十一屆美國鑑識科學學會科學年會

二〇〇九年二月十九日，美國國家科學院投下了長達三百頁的震撼彈。全世界的頭條新聞都是宣告絕對正確的鑑識神話破滅。這份後來被稱為《NAS報告》的《提升美國司法科學：前進之路》（*Strengthening Forensic Science in the United States: A Path Forward*），讓聚集在丹佛參加美國鑑識科學學會年會的鑑識社群都深受打擊。自從一九六〇年代中期的山姆．謝潑德審判以來，無論是法庭或流行文化都一直認為司法科學是萬無一失的。即使出現了錯誤定罪，也沒有削弱這個被廣泛認同的信念。二〇〇九年美國鑑識科學學會的「科學會議」議程就反映出對這件事不存在絲毫懷疑。在該年的五百三十六篇發表文章中，只有一篇是討論錯誤定罪，發表人是一名加拿大的辯護律師，而該科學的可靠性則完全沒有成為關注議題。（原注1）

《NAS報告》在一夜之間讓會議議程顯得無關緊要，彷彿是上個世代的產物。垃圾科學害得無辜的人被判有罪，這不能再怪是因為「一粒老鼠屎壞了一鍋粥」。美國國家科學院解釋因DNA的平反揭露了「一個令人不安的冤案數量，有些還是死刑案件，並暴露了美國常用的一些鑑定方法的嚴重侷限性」。

即使是在最高法院作成對道伯案的意見之後，窮人科學依然在司法制度中占據主導地位。《NAS報告》回顧了上個世紀如史詩般的侵權責任之爭，它導致了道伯案這個具有里程碑意義的判決。儘管彼得．胡伯的《伽利略的復仇》一書講述像「中了頭獎」的人身傷害訴訟，讓「現在已眾所周知的『垃圾科學』變得普及，並批評司法制度接受不可靠的專家證詞來支持侵權主張」，但《NAS報告》提到的「垃圾科學辯論」幾乎「完全忽略刑事訴訟」。（原注2）

鑑識體制中大部分是善意而不習慣接受批評的公務員，對司法科學界來說，美國國家科學院的批評是對個人的一種極大侮辱。大部分從業人員都是跟隨廣受尊敬的導師學習這一行，但現在幾乎所有鑑識行業公認的智慧都遭到駁斥：「訓練應該從學徒式的實務傳承轉向大學等級的教育，並且要根據科學上的有效原則。」

該報告總結道：「我們需要的是一個新的、強大而且獨立的單位，要切斷與過去的連結，且它要有權威和資源實施新的作法，解決委員會發現、在本報告討論到的許多問題。」

美國鑑識科學學會的議場傳出了鑑識專家們抗議的悲鳴。《鑑識科學期刊》發表過大量經同儕審查的文獻，在過去六十年間，在美國鑑識科學學會的科學會議上也發表了上萬篇經評審的演講和「學術研討會」。全國法院都宣布法醫從業人員是「專家證人」。**現在來了一些統計學家，就想要說我們沒有科學？我們不知道自己在做什麼？問問那些教授，他們最後一次從屍體上採下帶血的指紋是什麼時候！**

前FBI實驗室分析人員馬克斯．胡克回憶道：「每個人都快氣瘋了。」（原注3）

很少人能斷然放棄長期以來的信念，無論反面的事實多麼令人信服。這就是人性，司法科學也絕對不是第一個抗拒新事實的科學領域。一九八〇年代中期的醫學就是這樣，歷經了漫長而緩慢的轉變過程，才從「根據大師怎麼說」（依照該領域的領導者傳下來的智慧），轉向實證的治療方法（依據精心設計的研究做出醫學決定）。以「萬物的隱藏面」為主題的公共廣播節目《*Freakonomics*》做了一個〈劣藥〉（Bad Medicine）的四集報導，其中便呈現出司法科學社群對《NAS報告》的反應，也顯示出它和醫學界對「考科藍協作組織」（Cochrane Collaboration）的反應有著令人驚異的相似之處——考科藍組織所做的事便是對幾世紀以來的醫學文獻進行前所未見的系統性檢視。這份一千五百頁、分成兩冊的報告於八〇年代末在該領域造成轟動。如同廣播主持人史蒂芬．都伯納（Stephen Dubner）表示：「考科藍協作組織是第一個將既有醫學問題加以真正系統化、彙編和評估其最佳證據的組織。你會認為這應該得到普世的讚揚，但是就和任何行業中根深柢固的智慧（即使是很不智的智慧）一旦受到挑戰一樣，醫學界並沒有為此感到振奮。」（原注4）

考科藍協作組織的共同創辦人伊恩．查爾默斯（Iain Chalmers）爵士描述，當一群局外人告訴醫生應該如何治療病人時得到了什麼反應：「我必須說，醫學界其實對此有很大的敵意。我記得有一次，我同事要出席英國醫學會在當地的一場會議，英國醫學會基本上是叫他去說明實證醫學（evidence-based medicine）是什麼，以及這群統計學家和其他又不是醫生的人，到底跑來這個他們不該亂搞的領域胡鬧什麼。他開車出發前問我：『我應該告訴他們什麼呢？』我說：『如果是病人抱怨實證醫學的目的，我們應該認真對待這些批評。在那之前，就當這主要是既得利益者在尋找出路。』」

實證醫學成為規範作法的主要原因之一，是患者（客戶）提出了要求，最終會迫使醫學界默默地站在數據這一邊，而不是繼續服從該領域的大師。然而垃圾科學在美國刑事司法體系中的主要客戶是檢察官，他們大部分都對現狀感到滿意。

對法醫牙科專家來說，美國國家科學院發表的報告（還針對咬痕證據做特別嚴厲的批評），只是再度確認越來越多錯誤定罪被發現的事實。直到二〇〇九年，該領域的重要人物，包括羅伯特・巴斯利（Robert Barsley）、迪克・蘇維龍和洛威爾・萊文，都是美國法醫牙科學會認證的專科醫師，在他們長長的履歷中可以列出五位數的案件數量，但他們也都曾經將無辜的人定罪。

引來最多檢討的首推巴斯利在牙醫學院的老室友邁克爾・韋斯特。韋斯特曾經擔任《菲爾・多納休秀》的來賓，並以勝利之姿蒞臨一九九一年的美國鑑識科學學會會議，其後幾年間，他又將「開國元勛們」的獨創作法帶到少有人可以想像的方向。他不光彩的混合了黃色護目鏡、紫外線光、藍光雷射和他的大膽妄為，調製出「韋斯特跡象」，在即使是肉眼看不到或是沒有記錄到的地方，也可以「發現」傷口，並將這些傷口配對到幾乎是任何東西，他在某個案件中的配對對象甚至是一塊下落不明的火腿三明治。如果問到他的錯誤率，他的回答是：「還不及我的救世主耶穌基督。」（原注5）調查記者揭露了一段影片，是韋斯特在蘭金郡的停屍間裡抽菸，腐爛的屍體像積木一樣堆在他身邊，驗屍的鋸子發出嘎嘎聲，夾雜著搖滾樂團的歌聲，這位手指粗大的牙醫興高采烈地戴著黃色護目鏡，在屍體上尋找咬痕。（原注6）

自從韋斯特法醫的聲名大噪以來，這類使人尷尬的傳聞和一連串的醜聞已經削弱了他在牙科部門的地位。記者拉德利・巴爾科（Radley Balko）對韋斯特特別感興趣，開始報導他這派獨特的垃圾科學。他先是發布了一段影片，影片是拍攝韋斯特說吉米・克里斯・鄧肯（Jimmie "Chris" Duncan）與咬痕互相吻合，但是那個咬痕其實是牙醫自己用鄧肯的牙齒模型在屍體上做出來的。接下來，巴爾科又在《理性》（*Reason*）發表了〈江湖術士法醫被當場識破〉（A Forensics Charlatan Gets Caught in the Act），報導重點是一段影片，韋斯特自信滿滿的將牙齒「配對」到一個其實不可能的咬痕。

最為人詬病的是韋斯特造成的冤案，尤其是里馮・布魯克斯（Levon Brooks）和肯尼迪・布魯爾（Kennedy Brewer）的冤案；兩人都在日後獲得明確平反。這兩個人被判的罪名都是父母心目中最害怕的夢魘：性侵和謀殺小女孩，半夜把她們從床上擄走，在暗夜的諾克蘇比郡（Noxubee County）郊外將她們凌虐至死，還把她們的屍體丟到沼澤池中。布魯爾因為性侵和謀殺女友的三歲女兒克里斯汀・傑克遜（Christine Jackson）而被判處死刑。布魯克斯則是因為綁架、性侵和謀殺前女友的三歲女兒考特妮・史密斯（Courtney Smith）而被判處終身監禁。韋斯特在布魯爾的審判中作證說被害人身上找到十九個咬痕，全部與布魯爾相吻合。他在布魯克斯的審判中則作證說，「除了里馮・布魯克斯，不可能是別人咬了那個女孩的手臂。」（原注7）但是其實根本沒有咬痕，克里斯汀・傑克遜身上沒有，考特妮・史密斯的身上也沒有。這兩起犯罪都是一名叫做賈斯汀・艾伯特・約翰遜（Justin Albert Johnson）的當地居民犯下的。他後來向警方娓娓道出那些令人毛骨悚然的供詞，描述每一個駭人聽聞的細節：綁架、性侵、謀殺、在他腦海中的聲音、把小小的屍體丟進密西西比沼澤。約翰遜對這一切供認不諱，只有否認咬過他的受害者。

儘管對藍袍牙醫的標準並不高，但是韋斯特還是太過分了。火腿三明治、令人不寒而慄的屍體解剖影片、具煽動性的小聰明——「你有摘過嬰兒的內臟嗎？」（原注8）有一次韋斯特的專業受人質疑時，他是這麼回嘴的。這些都太過分了。雖然還是有許多人將「韋斯特跡象」的元素加入他們的案件，雖然韋斯特在整個東南部的法院還是享有良好聲譽，但是他在美國鑑識科學學會的會議上已經不受歡迎。（這並不是說他已經完全失去作用，他還是其他牙醫有事時會想到的替罪羔羊，他們會把自己與他區別開來，在垃圾科學的歷史中，可能沒有比他更好推責諉過的「老鼠屎」了。）

不過，二〇〇九年的《NAS報告》完全忽略了韋斯特，只有兩名牙醫被點名：最堅定支持咬痕的大衛．森恩，以及最大聲的詆毀者、美國法醫牙科學會的叛徒邁克爾．鮑爾斯。這兩人被點名是因為類似的論點：鮑爾斯指出了百分之六十三的可恥錯誤率；而同意該領域普遍缺乏科學、點出有「重要問題」的森恩，則剛當選美國法醫牙科學會主席。

王冠上承載的東西令人不安。

更糟的是，二〇〇九年牙科部門的報告是以紐約州立大學水牛城分校的屍體研究為主，而森恩曾經在他那篇災難性的美國國家科學院演講中不經意加以引用。彼得．布希（Peter Bush）和瑪麗．布希（Mary Bush）提出三篇新論文（不是案例研究），回答了新任美國法醫牙科學會主席在他證詞中提出的研究問題：不，皮膚無法準確地記錄齒印。《NAS報告》的結論說齒痕不存在科學，這已經夠糟了；布希的研究則表明它絕對不是科學，不啻雪上加霜。

儘管《NAS報告》對美國法醫牙科學會的牙醫師造成嚴重打擊，但是其實也不只有他們。所有型態比對的技術或是「微物跡證」，也就是把犯罪現場的東西與嫌疑人的東西互相配對，都被同代人過份誇大了。在一九九〇年代終結「DNA戰爭」與檢視微物跡證的問題上，美國國家科學院都扮演了類似角色。早期的DNA和微物跡證的問題在本質上是相同的：所謂的「相符」到底是什麼意思？聲稱兩個指紋、毛髮、咬痕、鞋印、子彈或輪胎胎面相符，到底是什麼意思？是在一百億人裡面只找得到一個人吻合嗎？或是接近十分之一就可以了？沒有人可以回答這些問題。

早期的DNA太快被貿然地推上法庭，造成無辜的人被判有罪，使得科學家在美國國家科學院的敦促下回到實驗室進行必要的研究，驗證新的技術。由於這樣的研究，今日的DNA分析人員才可以提供有意義的統計數據、說明吻合的意義。法醫學DNA的發展為微物跡證展示了「前進的道路」：那是一段透過嚴格的科學方法重拾科學外衣的旅程。與此同時，美國國家科學院清楚指出所謂的「相符」並不是：

在現存的法醫學方法中，只有真核DNA（nuclear DNA）分析經過嚴格的證明，確認其能以一貫的高度確信，證明證據樣本與特定個人或來源之間的關聯。（原注9）

美國國家科學院審查了十三個鑑定學科，針對每一個學科都說了很多，而這段話是基本的重點。這段話挑戰了一個世紀以來的判決先例。有上萬人因為專家的證詞被判有罪，因為專家說被告（而且只有被告）的指紋、毛髮、咬痕等能夠「相符」。對許多人來說，問題馬上變成該拿那樣的定罪怎麼辦。對其他人來說，問題則是要如何維護司法體系的完善。

說到指紋，你可能像大多數人（包括我自己）一樣，在某種程度上相信指紋具有獨特性。一個多世紀以來，指紋一直被成功的用作人別辨識，這就證明了它是獨一無二的。這並不是一個經過科學驗證的事實，但它也不是真正的問題所在。司法科學中更重要的問題是，我們不知道兩個指紋究竟可以多類似。這個不確定性在刑事調查中是很重要的，調查人員看到的不會是仔細掃描進電腦裡的指紋，他們看到的是不完整的部分指紋、犯罪現場留下來的污跡。那就是問題所在。

其他型態比對技術尤其也是胡說八道。例如專家的「工具痕跡」證詞會說在引爆的管狀炸彈上觀察到的刮痕，只有某支仿製的鉗子能夠製造得出來。難以置信嗎？陪審團幾乎僅憑這個證據就將無辜計畫的當事人吉米．根里奇（Jimmy Genrich）定罪了。他的案件中沒有留下可檢驗的DNA，所以DNA救不了他，只能夠靠統計法則。在我寫作這段內容時，根里奇還在科羅拉多監獄裡服無期徒刑。

第五章

大量監禁時代的終局性原則

從一九八九年第一個平反的蓋瑞．道森（Gary Dotson）案，到美國國家科學院在二〇〇九年發表的報告，這二十年間DNA證據讓兩百二十七名無辜的男男女女走出監獄。不過，在同一個時代還有一股比DNA革命更強大的力量：大量監禁。從一九七〇年代中期到二〇〇〇年代中期，看守所和監獄的人數成長為五倍，二〇〇九年達到高峰兩百二十三萬人，美國無疑是全世界監禁率最高的國家。（原注1）相對於監禁數百萬人的司法體系，兩百二十七起錯誤判決顯然只是冰山的一角。

著名的紐約大學法律學教授暨平等正義倡議（Equal Justice Initiative）的發起人布萊恩．史蒂文森（Bryan Stevenson）在二〇〇六年指出：「大量監禁從根本上改變了美國的刑事司法實務，有越來越多證據顯示被送進監獄的人數急劇增加，導致誤判的數量大幅增加……」（原注2）尤其是建立監獄國家時，並沒有相應的增加支出、資助足夠的窮人扶助體系。案件數量大爆炸。負荷過重的公設辯護人成了檢傷分類的外科醫生，他們只能夠救病情最危殆的病人。

我於二〇〇六年在布朗克斯執業，我在第一個陪訊輪班時間，一個晚上就代理了三十多個人；和我一起工作的還有其他三名公設辯護人，他們每一個人手上的當事人都比我多，許多當事人真的沒有做他們被指控的那些輕罪。在其後的無數次陪訊輪班時間，我遇過當事人對他們沒有犯過的罪行認罪，通常是為了能夠走出監獄，因為他們都無法保釋。（原注3）當我要離開布朗克斯辯護人的工作時，已經隨時都有超過一百個案件在手上，其中大部分是嚴重的重罪指控，而我的案件量甚至令全州的辯護人羨慕不已，更不用說美國的其他地方。像這樣的案件量造成的結果，是大規模侵犯了憲法賦予的權利——由律師提供有效的辯護是憲法上保障的權利，這原本是防止錯誤定罪的最後一道防線。

司法制度關押了數量驚人的美國人，然而挑戰這些有罪判決的可能性卻同時被立法機關和法院給掐斷了。甚至連解決嚴重侵犯憲法權利的上訴途徑也被切斷。就像是史蒂文森教授所說的：「立法者以及州和聯邦法院試圖廢除附帶上訴機制，阻礙了對違反憲法的行為採取實質性的補救措施，也限制了對聯邦人身保護令的聲請所做之審查。」這些措施的正當性主要是根據所謂「終局性原則」的法律原則。「終局性原則」的意思是，只要陪審團做出有罪判決，就不會再回頭了，絕不再糾正錯誤。永遠不會矯正不公平的問題，也絕不重驗證據。這當然與科學背道而馳。科學是一個反覆的過程，總是要往前進，總是在重新檢驗以過往信念為基礎的證據。

終局性原則往往是法官和檢察官駁回冤罪主張的主要理由，是一種技術性的作法。舉例而言，內布拉斯加州要求囚犯在發現新證據之日起三百六十五天內提供無罪的新證據。在第三百六十六天之後，無論新證據多麼有說服力，都根本不會被考慮。其結果就是一個重視終局性更勝於正義、重視便宜行事更勝於正當程序的制度；這個制度經常忽視顯然依據種族主義的起訴，也常忽視檢察官的不正行為、無效的律師辯護和真正的清白。

史蒂文森教授在討論錯誤定罪時（他也指出垃圾科學在無辜者定罪時的角色），他把錯誤定罪放在更大的脈絡下來看，也就是討論司法體系在大量監禁時代的意義。他認為錯誤定罪只是不同形式的吉姆・克勞法（Jim Crow）★。錯誤定罪和垃圾科學其實是大量監禁這個疾病的症狀，這種病以失衡的比例折磨著黑人和其他邊緣社群。黑人入獄的比率是白人的五倍。（原注4）根據美國全國有色人種協進會（NAACP）的說法，如果「非裔和西班牙裔美國人的入獄比例與白人相同，那麼看守所和監獄的人數會減少將近百分之四十」。（原注5）在我擔任公設辯護人的十多年間，（原注6）我的當事人中大概有百分之五到十是白人。（原注7）

學者和倡議者在檢驗這個時代的監獄國家時，開始把目光放到監禁率之外，對現代司法制度的正當性展開批評。他們指出在刑事上被定罪，包括輕罪，具有毀人一生的「附帶後果」。例如會失去工作、公營住宅、福利、移民身分等等。重罪褫奪公權（剝奪公民投票權）的法令更進一步削弱了邊緣化族群的政治權力。蜜雪兒・亞歷山大（Michelle Alexander）在她具開創性的著作《新吉姆・克勞：色盲時代的大量監禁》（*The New Jim Crow: Mass Incarceration in the Age of Colorblindness*）中，明確畫出一道從奴隸制到吉姆・克勞法、再到大量監禁的弧形，而那就是對美國黑人進行社會控制的主要手段。（原注8）

★編按：一八七六至一九六五年間美國南部各州及邊境各州對有色人種實行種族隔離制度的法律。

捍衛現狀的人回應說正義沒有偏見，人們會被關進監獄只是因為他們犯了罪。事實就是這樣。監獄的人數統計只是反映出犯罪人口的數量。這是事實。但是長期以來，美國人一直表現出他們願意容忍（其實根本是擁抱）根據種族主義的司法制度，也包括死刑。換句話說，種族正義的論點並沒有讓大多數美國白人相信司法體系已經從根本上崩壞，即使是在喬治・弗洛伊德（George Floyd）被殺、全球掀起抗議聲浪之後。

然而，真正的冤案還是會對司法制度的正當性形成特殊的挑戰。史蒂文森教授將錯誤定罪視為大量監禁的必然結果，我認為這反映了他知道冤獄故事會帶來推動改變的力量。大多數白人沒有辦法想像有色人種的世界是什麼樣子，但是大多數人可以想像因為沒有犯過的罪而入獄絕對是一場噩夢。一次平反就可以招來人們對司法體系做一定程度的審查，可是即使數百萬有色人種因為不合理和不公正的適用法律而被定罪，也不會招來任何檢討。難以否認有數以萬計的無辜囚犯，就算是最反動的現狀捍衛者也難以反駁。要捍衛這個體系的唯一方法，就是否認這個狀況存在。否認無辜計畫當事人的存在，因為他們證明了一個更大的問題存在。

第六章

拒絕承認他們是無辜的

終局性原則的假設是，法官和陪審團都會做出正確的判斷。科學都是正確的，律師的辯護也都夠好，正義得以伸張，沒有種族偏見。這種想法認為美國刑事司法制度和所有程序保障，包括無罪推定、要求提交出罪證據的權利、聘僱律師的權利以及保持緘默的權利，會讓錯誤定罪的可能性極小化，即使出現錯誤判決，也只是在近乎完美的制度中難免發生的、令人遺憾的代價。DNA革命並沒有讓許多人重新思考終局性原則的公平性。(原注1)出乎人意料的是，對於持這種觀點的人來說，案件的平反反而證明了制度確實有用。

最高法院大法官安東寧・史卡利亞（Antonin Scalia）在「堪薩斯州訴馬什案」（*Kansas v. Marsh*）中就闡述了這種觀點，並在二〇〇六年支持堪薩斯州維持死刑制度。他寫道：「用上訴或人身保護令撤銷錯誤的有罪判決，或是用行政權的赦免使一個遭定罪的無辜者免除刑罰，並非顯示該制度的失敗，而是它的成功。這些設計是執行死刑前的多重保障的一部分或是其中之一。」(原注2)史卡利亞認為可以靠著具奮鬥精神的律師來拯救司法制度中極少數的受害者，讓這個司法制度繼續受到文明世界的欣羨。無論過程有多麼痛苦，美國的司法制度終究可以回到正軌，死刑案件尤其如此。

史卡利亞也知道冤獄故事具有推動改革的力量，因而他想要削弱後來所謂的「無辜運動」。史卡利亞在馬什案引用了俄勒岡州一位名不見經傳的檢察官的話，說刑事有罪判決的錯誤率為百分之0.027，「或是用另一種方法來說，就是成功率為百分之99.973。」他也指出司法科學是一種確保正確性的手段，這位已故的法官主張：「用來確定有罪的科學手段現在在運作和效果上都十分驚人，甚至還成為不只一部熱門電視劇的主題。」

史卡利亞用司法體系與平反件數的相對比例把錯誤定罪的可能件數極小化，主張無辜計畫的當事人不是冰山的一角，而是冰山本身。他的數字是根據當時已知的DNA平反件數，那當真就只是所有有罪判決中極小的一部分，而且幾乎都是性侵案和謀殺案。史卡利亞直接把用DNA平反的案件數除以所有重罪的有罪判決總數，從毒品、開車掃射到逃稅。

然而，絕大多數刑事訴訟都無法獲得DNA證據。強盜、槍擊、夜盜、縱火、竊盜，甚至大部分傷害都不是具有親密身體接觸的犯罪。這些常見犯罪的現場不一定會有體液的交換，或是可以採集到體液，因此其實在史卡利亞引用的大量案例中，都無法獲得生物證據。接受他的論點，等於是同意極少數無辜者律師已經成功推翻了幾乎所有錯誤的有罪判決。這顯然不合理，尤其是考慮到重新檢查這些有罪判決時被設置的障礙。

還有許多其他因素阻礙了無辜者獲得釋放。首先是新的無罪證據要交由那些最不可能同意救濟的人考慮，也就是應該為原本的誤判負責的同樣一批法官和檢察官（假設他們都還在工作崗位上）。檢察官為了替有罪判決辯護，在定罪後都變得非常有創造力。他們會用牽強附會的犯罪理論來解釋無罪證據，以挽救有罪判決；審判法官也總是會相信新的犯罪理論，但是任何有理性的陪審員應該都不會相信。令人難以置信的是，檢察官不需要與他們在審理時提出的有罪理論保持前後一致。他們可以創造出陪審團沒聽過，或是以後也不會再聽到的全新劇本。

新的DNA證據經常出現千奇百怪的解釋理由，冤案救援律師把它們稱作「沒被起訴的共同射精者」理論（原注3）。有五名青少年說他們在芝加哥性侵和謀殺了一名十四歲的女孩，在DNA檢驗證明這是虛偽自白之後，前庫克郡（Cook County）的州檢察官阿妮塔．阿爾瓦雷斯（Anita Alvarez）提出了這類理論中一個最惡名昭彰的說法。該DNA證據確認其實是單獨犯案，凶手是一名連續性侵犯。阿爾瓦雷斯卻不為所動，她解釋說DNA證據可能是來自戀屍癖行為（原注4），也就是那幾名青少年先謀殺了那個女孩，然後這個連續性侵犯剛好發現她的屍體，並與屍體發生性關係……

確認偏誤和選舉政治也會妨礙對有罪判決進行有意義的審查。幾乎所有犯罪，尤其是暴力犯罪，都是由州法院起訴。不同於聯邦法院，大多數的州地區檢察官和法官都是民選官員，他們當然要依法而治，但是他們也要對選民負責，將無辜者定罪不利政治形象。這會讓他們的職涯、聲譽、行政責任和職業尊嚴都面臨危機。出錯或是不正的行為可能因此奪走一個人幾十年的自由，甚至剝奪他的生命。這些可以說是強大的遏制因素，讓他們甚至不會考慮有錯誤定罪的可能性。

聯邦法院是最後的一線希望。「依憲法第三條任命的法官」有終身任期，而且與原審的有罪判決沒有什麼利害關係，應該可以清醒的充當安全網。這類法院應該不會做出什麼異想天開的事。但是聯邦法官審查錯誤有罪判決的權力因為一九九六年的《反恐怖主義和有效死刑法案》（*Antiterrorism and Effective Death Penalty Act*）而被削弱了，該法案是在奧克拉荷馬市發生爆炸事件之後，由比爾・柯林頓（Bill Clinton）總統簽署生效；當時有八成的美國人贊成死刑。新法律導致州對死刑判決的撤銷率下降了百分之四十，而且實質上不再對州法院的有罪判決進行審查，等於是大力促成了大量監禁。（原注5）

史卡利亞大法官是學術界的死刑代言人，也是最高法院有史以來最有力的死刑擁護者。（原注6）不過他的論點也開始失去根據。雖然他宣稱美國的死刑機制幾乎萬無一失，不過民眾對死刑的支持度已經從奧克拉荷馬市爆炸案之後的高峰開始下降。（原注7）儘管仍是少數見解，但社會大眾對死刑的支持度正不斷被削弱，一定程度是因為人們越來越認知到，錯誤執行無辜者的威脅確實可能存在。

例如在馬什案判決的前三年，伊利諾州州長喬治．萊恩（George Ryan）就宣布暫停執行死刑。他宣布要清空死囚牢，將一百六十七條死刑犯改為無期徒刑，萊恩在宣布的前幾天做了一場演講，在演講中，萊恩說在他「從死刑的堅定支持者走向改革者的旅程」中，種族偏見和錯誤的有罪判決扮演了重要的角色。死牢中有三分之二的囚犯是黑人，這件事讓人無法接受，這位共和黨州長還指出安東尼．波特（Anthony Porter）差一點被處死，是促使他採取行動的力量。波特是一名黑人，他在死牢待了十七年，而且萊恩說他「只差四十八小時就要被推進行刑室了，國家會在那裡殺了他」。「這一切都是如此淡然，我們大部分人甚至都不會停下來，但是安東尼．波特被判處死刑的兩條謀殺罪，其實是無辜的。」(原注8)

史卡利亞在馬什案中對無辜運動的攻擊其實是因為約翰．保羅．史蒂文斯（John Paul Stevens）大法官對該案的不同意見所引發的，史蒂文斯運用像是波特經歷的DNA平反事件來反對死刑。他的不同意見把對錯誤死刑判決的恐懼帶進高等法院的死刑辯論。四名法官提到，「從一九八九年開始，一直有死刑犯的冤案平反，其數量在發展出DNA檢驗之前根本無從想像。」提出不同意見的人指出，光是在伊利諾州，就有十七名無辜的死刑犯獲釋，他們以此做為廢死運動的有力支持。史蒂文斯總結道：「我們的時代有嶄新的實證論述告訴我們『死刑不一樣』……一旦那個致命瞬間過了，這些錯誤的判決就無法糾正了。」

「嶄新的實證論述」是挑釁的說法。維護現狀的人本來只需要強調安東尼．波特只是司法體系中少數的少數，是正常運作下令人遺憾的代價之一。但當真的有無辜公民遭到死刑執行時，就算只有一人，也很難為此辯護，因為這可不是多數美國人在正常運作時願意付出的代價。史卡利亞也了解這一點，這就是為什麼他在意見的「一開頭」就指出：「不同意見沒有討論哪一個案件，連一個都沒有，指出明確有誰因為他沒有犯過的罪行而被處死。如果在最近幾年發生過這類事件，我們根本不必去搜尋；主張廢死運動的人一定會站在屋頂上，大聲喊出這位無辜者的名字。」他繼續補充說：「在美國判決百分之0.027的錯誤率中，沒有一個案件涉及死刑被告被錯誤的執行死刑。」（原注9）史卡利亞聲稱廢死運動者正在尋找「聖杯：由試管裡找出已經有無辜者被處死的證據」。

史卡利亞的觀點在過去和現在都獲得司法體系內外許多人的認同：他認為錯誤是可以糾正的，也總是得到了糾正。即使在一九九六年通過了《反恐怖主義和有效死刑法案》，還是有無辜的人被從死囚牢裡釋放出來。安東尼．波特就在伊利諾州的死牢裡活了將近二十年，最後因為DNA獲得釋放。更多證據顯示該體系是可行的。

但是死刑真的不一樣，把無辜者處死，絕對有損司法體系的道德權威，在史卡利亞宣告百分之99.973成功率的三年之後，《NAS報告》嘲笑了這個統計數據。事實證明，法官誤信了「熱門電視劇」裡描繪的司法科學。CSI只是個虛構小說。

廢死運動者長期以來都認為死刑威脅著無辜的生命，他們手中的證據是，的確可能發生過致命的錯誤。他們開始研究美國國家科學院所揚棄的鑑定技術曾經造成的死刑。其中首推卡麥隆·托德·威靈漢的執行。不過他並非首例。尤其是在德州。

第七章

處死無辜的人

一旦死刑只用於對付社會中被遺棄、易被遺忘的成員，立法者就會滿足於維持現狀，因為一旦改變，就會引起人們對問題的關注，並可能感到擔憂。無知無所不在，冷漠也會很快與之相伴，造成我們今天的處境。正如同美國人對於有誰、為什麼會被處死所知甚少，他們也不知道處死一個無辜的人有什麼潛在危險。我們在刑事案件中會要求「無合理懷疑」的舉證責任，這是為了保護無辜的人，但是我們也知道這並非萬無一失。(原注1)

——最高法院大法官瑟古德・馬紹爾（Thurgood Marshall）

湯米・李・沃克（Tommy Lee Walker）
一九五六年五月十二日執行死刑

達拉斯地區檢察官亨利・韋德在上個世紀將近四十年的任期，可以做為一個個案研究，讓我們看到美國的司法體系如何進一步成為對付黑人的武器，從透過刑事司法制度實施奴隸制，到以《吉姆・克勞法》做為主要的社會控制手段。種族恐怖主義從在街角動用私刑變成法庭上的私刑，還被淡淡的妝點成司法程序。在一九五〇年代中期就發生了一次，讓一名幾乎可以肯定是無辜的黑人男子因為性侵和謀殺白人女性的

罪名而被送上死刑台。(原注2)

一九五三年夏天，達拉斯的白人全都在關注被他們稱為「黑人遊蕩者」的一群人，或就只是一個人。恐慌始於幾個白人女性說有黑人男性會在暗夜出現在她們的臥室窗外，還暴露他們的性器官。幾世紀以來的種族主義說法都認為黑人男性的性慾亢進，這種想法使得恐懼和厭惡像疾病一樣蔓延開來。(原注3)一直有人說看到裸體的黑人男性，但是從來沒有人真的被逮捕，也幾乎沒有黑人男性侵犯白人女性的證據，一直都只有情緒越來越激動的白人說法。

警察花了幾個月的時間追查這些黑影，但是始終找不到證據，無法證明有一個無恥的偷窺狂存在，讓吉姆・克勞制下的達拉斯感到不安。目擊事件還是繼續出現。每出現一次，就增加了警察要抓到這個（這群）難以捉摸的遊蕩者的壓力。丈夫和父親們開始在深夜裡輪流值夜，保護他們的妻女不要受到潛伏在黑暗中的黑人性侵犯的毒手。手持霰彈槍的巡邏隊員走上街頭，湧入據說曾經發現遊蕩者的地區。全副武裝的白人幫派份子會以致命的武力開火，還曾經有兩次不小心朝對方開槍。當地最大的新聞台 **WBAB-TV** 描述達拉斯「因為不斷出現的遊蕩著傳聞，實際上已經成了一個武裝陣地」。(原注4)

在達拉斯的妄想情況達到高峰時，一名年輕的白人店員威尼斯・帕克（**Venice Parker**）在拉夫・菲爾德（**Love Field**）機場附近被人發現手腳並用在地上爬行，鮮血從她喉嚨上的傷口流出。那是晚上八點剛過，一名航空公司票務人員在黑暗中開車經過，看到她在雙線車道的中間。帕克設法從附近的溪谷裡爬出來，但是她已經身受重傷。航空公司員工將她抱上車，然後跑回機場尋求協助。這名垂死的女人喘著氣說自己被人刺傷了，然後在後座開始抽搐，一邊踢著後車窗。

警察和醫護人員被緊急呼叫到機場，但是帕克的頸靜脈被深深劃傷，很快就沒了命。證人說在等待救護車到達時，帕克已經動也不動躺在汽車後座流著血。雖然割開的傷口可能讓她無法連貫地說話，但是現場一名警官加拉赫（J.W. Gallaher）說他聽到帕克臨終前說的話：「一個黑人把我帶到橋下，割斷了我的喉嚨。」

當地媒體第二天報導了這位年輕母親在被謀殺前遭到性侵，這個火花點燃了達拉斯臨界燃燒的種族仇恨。「黑人遊蕩者」的故事在一夕之間就與帕克遭到性侵和謀殺合為一個故事。WBAB新聞直接說兩者之間有相關：這個當地電視台報導說帕克的謀殺案「是一連串裸體遊蕩者的案件高峰，它讓北達拉斯成為一個緊張不安、市民持槍的地區」。（原注5）當地報紙也口徑一致。（原注6）警察在接下來的一週收到四百多通有關「黑人遊蕩者」的通報，但是除了加拉赫警官聲稱那起凶殺案是由一名黑人男子所為之外，沒有什麼可以繼續辦下去的線索。

緊鑼密鼓追捕殺害帕克的凶手同時，當地媒體還播送了帕克葬禮的畫面。（原注7）WBAB報導了「自發組成的武裝巡邏隊員在協助達拉斯執法人員搜尋對二十九歲的帕克太太痛下殺手的幽靈性侵犯時，帕克太太的葬禮同時在嘉德殯儀館舉行」。《達拉斯時報先驅報》（*Dallas Times Herald*）和《達拉斯新聞》（*Dallas News*）還出錢懸賞能夠協助逮捕凶手的情報。（原注8）

凶殺案發生兩個月後，「黑人遊蕩者」的故事還是占據著頭條新聞，但是警方並沒有離破案更近。總該做點什麼。最後警察只好篩選出幾個「可疑」的黑人男子，他們不分青紅皂白逮捕了五十多名「嫌疑人」。就在一九五四年一月下旬，十九歲的湯米·李·沃克也成為這張搜索網鎖定的對象之一，他最終也落入亨利·韋德的殺人機器。在沃克被捕當晚，韋德就指望達拉斯警察局的凶殺案組長威爾·弗里茨（Will Fritz）可以從沃克嘴裡問到結果。

弗里茨是德州一位功勳彪炳的執法人員。幾十年來，他與亨利·韋德一直合作無間。弗里茨最著名的事件便是逮捕和審訊李·哈維·奧斯華；傑克·魯比開槍打死奧斯華時，弗里茨就站在他旁邊。（原注9）不過弗里茨的名聲主要還是建立在百分之九十八的凶殺案破案率上，其中包括威尼斯·帕克的凶殺案。（今日的達拉斯警局約六成的謀殺案可以逮捕到嫌疑犯。）（原注10）對百分之百的定罪率感到自豪的韋德，稱弗里茨「可能是我合作過最會辦案的人」（原注11）。《休士頓紀事報》（*Houston Chronicle*）的一篇文章中說，弗里茨的「強項向來都是能夠取得自白」（原注12），這呼應了其他幾十個有關弗里茨如何從嫌疑人身上擠出真相的故事。UPI在一九六三年的人物報導中提供了一個觀點，讓我們看到湯米・李・沃克被弗里茨拉出牢房時面臨到什麼：

威爾・弗里茨是一名頭髮花白的警察，強悍超乎想像……他的身材矮壯，眼皮下垂。他會隨意把帽子戴在額頭上。他手下的十八名刑警稱呼他「隊長」。但是他的外表會騙人，許多罪犯最後都會後悔地發現這一點。弗里茨會擊發他的自動機槍，毫不畏懼走進凶手藏身之處。不過他在達拉斯的名聲是因為他審問罪犯的能力。他會以堅定但平靜的方式丟出一連串又快又猛的問題。慢慢地，嫌疑人就會開始崩潰。這些問題起初看起來都不是很特定，直到謊言之網慢慢收起、絆倒他的對手，隊長就開始大開殺戒了。通常他的對手都會簽下承認罪行的陳述書。(原注13)

被逮捕二十四小時後的深夜，弗里茨將湯米・李・沃克從牢房裡帶出來，慢慢走過另一間牢房，那間牢房裡有兩名警官在公然毆打另一名黑人男子。這名少年被逮捕的藉口是涉嫌強盜，他曾經工作過的一間加油站遭人打劫，警方只是根據一份前員工的名單就逮捕了他。那份名單上的所有黑人都是可能的嫌疑人，但不是強盜案的嫌疑人，而是涉嫌性侵和謀殺威尼斯・帕克。沃克的名字就在名單上。

在樓下那間沒有窗戶的審訊室裡，沃克顯然不是被叫去交代強盜案的，他完全沒有被問到那件事，也沒有人指控他強盜。弗里茨「堅定但平靜」地開始問他有關帕克被性侵和謀殺的事。根據UPI報導：「問完幾個簡單的問題（原注14）、年齡、住址之後，弗里茨看著沃克的眼睛說：『你在橋下把那個女人殺了，還性侵了她。現在老實招來吧。』兩小時後，他就簽了自白書。」

沃克簽署的那份「自白」具備了所有虛偽自白的特徵，今日我們知道虛偽自白是導致錯誤定罪的第三大原因。我們也知道為什麼無辜的人會被迫自白，甚至是面臨可以判死刑的罪：年齡、智力、種族和對權威的恐懼等個人性格特徵都會影響；身體和心理上的強制性審訊策略也會造成這個結果。年輕、社會歷練不多、害怕、被孤立的嫌疑人，特別容易屈服於強制訊問。那天晚上被弗里茨拉出牢房的沃克就屬於這類：十九歲，沒有受過什麼教育，沒有律師陪同，和一個有種族主義的條子（弗里茨是三K黨成員）（原注15）關在同一個房間裡，又被指控犯下大罪。當時是一九五三年，吉姆．克勞法之下的德州正在對凶殘的「黑人遊蕩者」進行大規模搜捕。官員們假裝他們會依法行事，但是我們大概很難想得到比這更具威脅性的環境了。除了與相同處境的所有黑人都與生俱來的致命傷之外，沃克還只有五呎三吋高（譯按：約一六〇公分），體重只有一百二十磅（譯按：約五十四公斤）左右。

雖然沃克的確是特別脆弱，但是像他所承受的那種具有心理脅迫效果的審訊，即

使對於比他更強悍的嫌疑人仍然有效。謊言、威脅和更巧妙地做些手腳，再加上物理上的孤立，即使是在沒有任何肢體脅迫的情況下，也可以瓦解所有人的心防——即所謂的「逼供」。這需要時間，還需要切中要害。弗里茨隊長用威脅和謊言展開審訊，也以威脅和謊言結束他的審訊。潛在的暴力威脅從沃克看到警察在樓上進行毆打就很明顯了；弗里茨說的謊是為了達到所謂的「虛假證據策略」，捏造謊言，騙沃克說有證據指向他涉案。事實證明，如果在審訊過程中以虛假證據相威脅，對獲得虛假自白極為有效。如果讀者熟悉所謂的紐約市「中央公園慢跑者案」，一定會記得涉案青少年是如何被虛假證據的策略操控。有四名青少年在漫長的審訊後做出了虛假自白，因為他們在審訊中被告知所謂的同謀已經承認他們毆打和性侵了「中央公園慢跑者」特里莎·梅莉（Trisha Meili）。

審訊者以虛假的證據提出指控，例如說有「同謀」指控他，或是有不存在的目擊證人，如此一來會讓嫌疑人對繼續否認犯罪感到壓力。一個無辜的嫌疑人沒有辦法解釋為什麼會有其他人指控他犯罪，為什麼會在犯罪現場找到他的DNA，為什麼他沒有通過測謊。他會被逼到牆角，每一項新指控都加劇了他繼續堅持無罪的焦慮。同時，「自白」的焦慮則減輕了。換句話說，一定要有壓力讓人不要說實話。有壓力讓人停止否認犯罪。

弗里茨隊長指控沃克性侵和謀殺威尼斯·帕克的時候，聲稱警方得到了一條線報說他就是凶手，但是其實並沒有那條線報。他聲稱有目擊者看到沃克在現場。其實也沒有。至少還沒有出現。沃克那時候一定也知道他遭遇了多大的麻煩。他一定知道弗里茨絕對不會相信他，絕對不會相信他的否認，如果他不簽署自白書，絕對走不出這間審訊室，即使是沒有任何目擊者看到他在現場的情況下。

根據警察編的故事自白，內容中通常會包括一些不合情理或是片面的陳述，矛盾的是，這些陳述在審判中卻可能見效。檢察官會說被告不會承認全部事實，他們會想為自己的罪行開脫，將責任歸咎給被害人。陪審員可以接受這樣的說法，但是他們無法想像有人會承認一個自己沒有犯下的罪行，這件事幾乎沒有人可以理解。事實上，自白當真十分有說服力，甚至曾有在審判中提出無罪DNA證據的無辜被告仍被陪審團定罪，因為虛假自白比無罪的科學證據更為可信。檢察官還可以用不合情理的故事來反駁有人說他們脅迫。例如他們會抗辯說，如果刑警要編故事，當然會編得更好一點。

我無法確切知道弗里茨用了哪些策略來讓沃克「自白」，但是在他最後簽署的陳述中，聲稱其實他並沒有刺傷帕克。相反的，是帕克撞上了他的刀子。這當然很可疑，尤其是看到那道劃過她喉嚨的刀傷。但是我們幾乎可以聽到弗里茨建議沃克用這種說法來減輕罪責。那只是一起單純的強盜案出了差錯。他本來只是要拿走她的錢包，但是帕克卻驚慌失措跑向他，一頭撞上他伸出來的刀。就算沒有什麼人對這個故事買單，那也無關緊要。只要不是亨利．韋德親自挑選的十二名陪審員就好了；這位地區檢察官指示他的檢察官不要「讓猶太人、黑人、拉丁裔、墨西哥人或任何少數族群擔任陪審員」。沃克在陳述中沒有「承認」性侵一事也無關緊要。他承認持刀強盜就夠了，而弗里茨在隔天就說沃克口頭承認他性侵了帕克。

有關「黑人遊蕩者」製造恐慌的報導在沃克遭到逮捕和以死刑起訴時「達到高潮」，這是早期由媒體審判的案例，或許還是達拉斯的第一個。電視在一九五四年還是一個新興媒體。WBAB的《德州新聞》（*Texas News*）是第一個播送範圍遍及整個西南地區的新聞節目，弗里茨和韋德可以說是早期的犯罪實境秀名人。

在沃克自白的隔天，警方宣布殺害帕克的凶手已經被抓到，他也認罪了。當沃克按壓指紋、被正式起訴時，「自白凶手的獨家影片」傳遍每一家戶客廳的電視螢幕。《德州新聞》的主播播報：「沃克聲稱他原本打算搶劫該名女子，不料她衝向他的刀，致使她意外被刺傷。」沃克被捕時身上有一把摺疊式小刀，弗里茨檢查那把小刀的照片登上當地的所有報紙，各報都說那就是凶器。此外，沃克也「承認他在殺人當晚穿著和找到刀子時同一條褲子」。（但是褲子上沒有發現血跡。）另外一張照片是刑警拿著「在沃克家裡發現的兩把更大的刀」。

「黑人遊蕩者」的報導很快就淡出大家的視線。種族秩序已經恢復，德州的正義將隨之而來。

沃克回到牢房後立刻否認他的說法，但是為時已晚。弗里茨已經決定就是他了，雖然弗里茨為什麼挑上沃克始終是個謎。幾年後，弗里茨聲稱他會懷疑沃克，是因為有人說凶手穿著和沃克一樣的藍色牛仔褲，但是審訊時並沒有找來這名目擊者，審訊中也完全沒有這類描述。弗里茨又說沃克在審訊期間「從來沒問過他被逮捕的理由，而且顯得異常緊張」(原注16)，這進一步引發了他的懷疑。

簽署自白的事實傳開之後，沃克開始向他的獄友徵尋意見。有人告訴他亨利・韋德是唯一能夠幫他的人了。韋德就是達拉斯的法律，而且這位「老大」也急著與沃克見面。他在會面時帶來一個垃圾科學，一個早期的測謊儀。（無法通過測謊是一種常見的虛假證據策略，可以將之稱為垃圾科學策略。）(原注17) 韋德聽到沃克說要撤回自白，也聽取了他的不在場證據。韋德告訴這名青少年他明白了，還保證不會以死刑追究他的責任。兩天後，韋德卻朝向死刑謀殺罪的方向起訴。韋德自己還在大陪審團面前作證，告訴陪審團說沃克否認殺害帕克的說法沒有通過測謊，而且沃克還不只自白一次，他自白了兩次。

韋德在全是白人男性的陪審團面前，花了一天鋪陳這個案件。除了自白證據，他還增加了兩名（白人）證人，這兩個人是在沃克的臉出現在晚間新聞之後出現的。兩名目擊者說他們在謀殺案發生前後曾在機場附近看到沃克。其中一人還作證說他那天晚上在帕克被發現的那條路上開車經過一名黑人，那時他還轉頭跟他太太說：他看起來「很像黑人遊蕩者」（原注18）。

沃克勇敢地為自己作證，有一張黑白的舊新聞照片便是他坐在證人席上。他坐在那裡，就像是法庭中央的靶心。只有他一個黑人，被四周的白人包圍在中央：法官、檢察官、記者、陪審團、法庭職員全部都是白人。包圍沃克的白人又被法庭周圍站著的黑人團團圍住。一共有數百名支持者出席審判。他們在整個訴訟過程中把法庭擠得水洩不通，還有人站在走廊上。

沃克的證詞說他女友在帕克被謀殺幾小時後生下了他的第一個孩子。他一直和她還有其他幾個證人在一起參與她的生產過程。總共有九名不在場證人可以為沃克作證，包括他的女朋友在內。儘管韋德在交互詰問時質問他沒有通過測謊一事，但沃克堅稱是弗里茨威脅他：不在自白書上簽名的話，弗里茨可就不管沃克看到的那兩名在「樓上」打人的警察了。（原注19）

經過不到一小時的評議後，沃克就被判有罪了。

一九五四年三月三十日沃克宣判的那一天，一千多人聚集在法院前面，其中大部分是非裔美國人。（原注20）法庭內的韋德站在十二名陪審員面前，大聲對他們說：「如果不判死刑的話，其他刑罰都只是不痛不癢。」（原注21）然後，他轉過身去，直接站在沃克面前。韋德高高在上俯視著被告席，把身體傾向前，靠近這名年輕人的臉，他把雙手放在桌子上，然後說：「沃克，我會很高興和你走這最後一段路。我也很樂意替你拉下開關。」（原注22）

在沃克被宣判死刑之後，法院大樓外穿著防暴裝備的警察將悲痛的沃克支持者包圍起來。這些人知道沃克是無辜的。他的北達拉斯黑人街坊都可以作證。他們沒有暴動，沒有示威，只有無盡的痛苦和眼淚。沃克被從法院的後門帶離開，「以免讓人群有任何示威的機會」。沃克最後一次離開法庭時，轉頭向《德州新聞》的攝影師說：「我沒有做。」（原注23）

德州亨茨維爾訊，一九五六年五月十二日：達拉斯黑人湯米・李・沃克於今天稍早坐上電椅被處死，其死刑事由是於將近三年前謀殺一名白人女性……沃克於今天凌晨十二點零二分在亨茨維爾被綁上電椅。兩分鐘後打開開關，他在十二點零六分被宣

告死亡。他的最後一句話是：「我是無辜的。」(原注24)

把錯誤執行沃克視為時代的產物，當然是很容易的事。但是不要忘了還有凱文・理查森（Kevin Richardson，十四歲）、雷蒙・山塔納（Raymond Santana，十四歲）、安東・麥克雷（Antron McCray，十五歲）、優素福・薩拉姆（Yusef Salaam，十五歲）和科瑞・懷斯（Korey Wise，十六歲）令人憤慨的故事，他們現在被稱作「平反五人組」，而不是「中央公園五人組」了。生出這個故事的正是讓沃克被執行死刑的同樣那片有毒土壤。白人的歇斯底里，一九五〇年代針對的是「黑人遊蕩者」，一九八〇年代則是針對「野蠻」的黑人與棕色人種青少年。還有訴諸種族的媒體公審。被脅迫的自白。（檢察官伊莉莎白・勒德勒〔Elizabeth Lederer〕說過：「難道你不認為只要刑警強迫他說點什麼，他就會說出真正的事實嗎？」(原注25)）還有垃圾科學。五〇年代的測謊儀。八〇年代的毛髮顯微鏡(原注26)。（勒德勒認為，「或許最能夠說明實情的，是在凱文・理查森的衣服上發現的被害者毛髮。」）還有前美國總統唐納・川普，他在八〇年代就要求將「平反五人組」判處死刑，直到今日依然堅持他們有罪。(原注27)

在湯米・李・沃克被處死的時代，幾乎沒有組織對死刑表達反對意見，沒有人認為國家許可殺人可能違反美國憲法第八修正案禁止的「殘忍和不尋常的懲罰」；還要再過幾十年，DNA才會讓美國主流知道司法體系有多麼容易犯錯。在一九七〇年代，華倫大法官主理美國最高法院的年代，最高法院曾經短暫宣布暫停死刑，但是沒幾年之後又迅速恢復。

雖然有許多州再也沒有恢復死刑制度，但是德州的死刑機器倒是立即恢復運轉，而且在「現代」的死刑處罰中可謂獨領風騷；相較於美國的任何州，德州在更短時間內就殺了更多居民。美國的死刑有超過三分之一是在德州執行的。光是在二〇〇〇年就有四十人被處死，創了現代的紀錄。克勞德・「壯漢」・瓊斯（Claude "Butch" Jones）可以算是創了紀錄，他是亨茨維爾在該年最後一個走進死刑室的人。

克勞德・霍華德・瓊斯（Claude Howard Jones）
二〇〇〇年十二月七日執行死刑

德州州長小布希在二〇〇〇年十二月七日的時候其實有點自顧不暇，最主要是因為他想當美國總統，而且他離這個目標非常接近了。幾年來的市政廳會議、獻金者早餐、無休止的辯論、「溫情保守主義」的演講和令人難忘的失言——「很少有人會問這個問題：我們的孩子有在學習嗎？」（Rarely is the question asked: is our children learning?）★——讓佛羅里達州的得票數只差了五百三十七票。艾爾・高爾（Al Gore）提起訴訟要求重新計算全部的一萬四千張選票，使得這整件事達到高潮。這個訴訟來到佛羅里達州最高法院。口頭辯論定在七日上午，那天是星期四，距離本應以全國大選終結這場激烈競爭的日子已經過了三十一天。著名律師大衛・波依斯（David Boies）是高爾的辯護人；波依斯日後因為在同性婚姻方面的工作而受人敬重，但是也因為擔任哈維・溫斯坦（Harvey Weinstein）✝的代理人而受人唾罵。知

★譯按：小布希在這裡出現了語法錯誤，第二個 be 動詞 is 應該用 are。

✝譯按：哈維 溫斯坦是一名美國電影監製和電影製片廠執行董事，曾經創立米拉麥克斯影業（Miramax Films），但是他被指控犯下性騷擾和性侵，最後被判處二十三年徒刑。

名度較低但也是強棒的貝瑞・理查德（Barry Richard）則是布希的辯護人。選舉人團將在十一天後十二月十八日進行投票。佛羅里達州的選票在那天一定要投出去。全世界都在看在塔拉哈西上演的這齣「布希訴高爾案」（*Bush v. Gore*）。

布希在老巢奧斯汀已經扮演起總統當選人的角色了。他站在德州議會大廈的階梯上，警告「恐怖份子」不要想利用這個美國權力交接難產的時機，他還向媒體透露了一些白宮的重要任命，包括國家安全顧問會由康朵麗莎・萊斯（Condoleezza Rice）擔任。（原注28）

在十二月七日早上的中央情報局簡報之後，布希的車隊從州長官邸開往州議會大廈，大約就在「布希訴高爾案」口頭辯論開始的同時抵達。他在州議會大廈的台階上與記者短暫會晤，但是拒絕就此案發表評論。（原注29）布希在州議會大廈裡待了幾個小時，瀏覽「大量有關白宮和政權交接的資料」（原注30），還會見了州代表羅伯特・朱內爾（Robert A. Junell）（布希日後任命朱內爾為聯邦法官），並與一些實習學生合影，然後在中午左右前往德州大學健身運動。

布希在下午回到州長官邸，與他要任命的白宮幕僚長安德魯・卡德（Andrew Card）討論「邁向布希政權的可能過渡」。當被問到在塔拉哈西進行的辯論時，布希說他「完全沒有看」，因為他「一直在開會」，不過他的法律團隊負責人詹姆斯・貝克三世（James A Baker III）事後會向他簡報。當被問到他認為律師的表現如何時，布

希說：「讓我們拭目以待。」（原注31）

那天在布希州長的辦公桌上還有另一件事。那是州長辦公室的助理總法律顧問克勞迪婭・納迪格（Claudia Nadig）傳來的備忘錄。這份五頁的「機密備忘錄」標題是「克勞德・霍華德・瓊斯預定處決案件#980，二〇〇〇年十二月七日下午六時」。「執行摘要」的全文如下：

克勞德・霍華德・瓊斯因謀殺和強盜四十四歲的艾倫・愛德華・希爾岑達格（Allen Edward Hilzendager）而被判處死刑；希爾岑達格是德州波因特布蘭克（Point Blank）一家酒類專賣店的老闆。同案的共同被告克里・丹尼爾・迪克森（Kerry Daniel Dixon）因加重強盜罪而被判處六十年徒刑。另一名共同被告蒂莫西・馬克・喬丹（Timothy Mark Jordan）因加重偽證罪而被判處十年徒刑，並於一九九四年十一月十七日獲得假釋。

瓊斯已用盡所有州和聯邦的上訴。

瓊斯沒有向赦免和假釋委員會提出赦免請求。此時唯一要決定的是，是否給予三十天的暫緩執行。

我不建議批准暫緩執行，也不覺得在執行死刑前暫緩執行是合適的建議。

這份執行摘要之後就是備忘錄的第二頁，頁首只寫了一行字：「州長的赦免決定。」（原注32）這行字的下面就是兩個勾選框，「拒絕」或是「批准」，後面則是州長的簽名欄。這些就是第二頁的全部內容了。在二〇〇〇年十二月七日的某個時刻，想必是在下午六點之前，布希勾選了「拒絕」，並簽下他的名字。六十歲的克勞德．霍華德．瓊斯就在幾小時後被執行死刑了。

簽名頁之後還有三頁，大概描述了案件事實、瓊斯的個人史，最後則是建議執行死刑。我們不可能知道布希到底有沒有細讀這些內容。我猜是沒有。那時候發生了很多事情。即使他有讀，這份備忘錄的設計也像是為了不要引起他的注意。它只是又一次的例行執行死刑。沒有什麼特別需要看的。要不然怎麼會把簽名欄放在事實的闡述之前呢？畢竟，大概很少人會在虛線簽名之後，還會繼續閱讀契約內容。

即使布希繼續閱讀了那份備忘錄，他也不會知道最重要的事。他不會知道為什麼瓊斯要求三十天的「暫緩執行」：DNA檢驗（有兩個法院都以程序為由拒絕了鑑定）和終局性原則。如果布希當真有讀備忘錄的最後三頁，他反而會以為有「科學」證據支持納迪格的死刑建議：顯微鏡毛髮比對的結果「吻合」，這確認了瓊斯人在謀殺案現場。此外，該證據也排除了有其他嫌疑人是毛髮來源的可能性。

但是完全沒有任何內容提到DNA的檢驗請求，否則事情可能會有所不同。布希之前曾經暫停死刑的執行，以進行這類檢驗。無辜計畫的貝瑞・謝克在幾年後告訴《德州觀察家》（*Texas Observer*）：竟然沒有人告訴布希說當事人要求做DNA檢驗，這讓他「嚇到了」，他把這視為「刑事司法體系的嚴重失靈」（原注33）。不過布希簽署那份備忘錄也完全是預期中的司法體系運作結果，有效率、符合常規、具終局性，一旦勾選之後就沒有回頭路了。

七年來，除了與該案件有關的人，沒有人真正注意到瓊斯被執行了。這個案子會引起媒體的關注，僅僅是因為它打破了單年執行死刑的紀錄。還有它剛好是很常執行死刑的布希任內最後一次執行死刑；布希上任的第一天就以「連兩場」死刑做為開場白，他在一天之內執行了兩名男性。直到美國最高法院對「布希訴高爾案」做出裁決為止，他已經簽署了一百五十二名男性的死刑令（其中包括大衛・韋恩・斯賓塞）和一名女性。（原注34）

無辜計畫把克勞德・瓊斯的死刑看作是可能的錯誤執行並展開調查，差不多在同時，無辜計畫也向德州司法科學委員會要求檢查卡麥隆・托德・威靈漢被處以死刑的證據。如同史卡利亞大法官在同年稍早於馬什案中的預測，死刑的反對者正在尋找聖杯，也就是有無辜者被處死的明確證據。在德州這些用垃圾科學定罪的死刑判決裡，大概是最容易找到的地方了，這裡是問題案件的大倉庫，最早可以追溯到一九五六年被處死的湯米・李・沃克。

大概沒有人會挑選克勞德・瓊斯做為廢除死刑的指標性案例。（原注35）他在德州的波因特布蘭克被判謀殺罪之前，曾經犯下數量驚人的罪行，包括在堪薩斯監獄裡殺害一名獄友。但是我們有理由質疑他是否真的是這起強盜殺人案的劫匪，甚至在一九八九年十一月十四日下午，他人是否當真在澤爾（Zell）的酒類專賣店。有兩名目擊者看到一輛淺藍色貨卡在下午六點三十分左右停在那家店的前面。其中一名男子走進商店，另一個人則留在沒有熄火的卡車內。那兩名目擊者是一對父女，他們聽到三聲槍響。持槍的歹徒走出商店、爬上等待他的貨卡，然後兩個人加速逃離。艾倫・希爾珍德格（Allen Hilzendager）躺在收銀機後面，背部中了三槍，已經死亡。

所有人都同意謀殺案使用的槍枝不是克勞德・瓊斯的。它的主人是蒂莫西・喬丹，喬丹被認為和瓊斯與克里・迪克森一起策畫了這起強盜案。警方根據喬丹的女友在當地一家沃爾瑪（Walmart）購買這把凶器的線索，以涉嫌謀殺逮捕了喬丹和迪克森。兩個人都有一長串犯罪紀錄，也都認識被害者。迪克森也曾經因為殺人而被判罪，而且他名下的一輛卡車和證人在澤爾店外看到的貨卡很類似。喬丹和迪克森是老朋友，不過他們最近才認識瓊斯，警察訊問這兩個朋友時，他們開始把矛頭指向瓊斯。

這三個人最後都被控以一級謀殺罪。

死亡的威脅是被告願意討好檢察官的強大誘因，如果是有多數被告的死刑訴訟，檢察官可以決定誰生誰死，願意合作的人通常可以免於一死，而「注射毒針」的恐懼在德州可不只是個抽象概念。喬丹受到死刑的威脅之後，便同意認罪並出庭作證指控瓊斯。事件過後很久，而且也太遲了，喬丹才承認他「因為害怕所以接受了交易，按照他們希望我說的話出庭作證」。檢察官希望喬丹說克勞德・瓊斯已經承認犯下謀殺案，喬丹在作證時也的確這麼說了。他的交易是讓他用加重偽證罪做為辯護，因為他對大陪審團講了一個故事，只不過在瓊斯的審判中講的又是另一個故事。喬丹被判處十年徒刑。迪克森則被判處六十年徒刑，逃過了死刑，因為他的朋友喬丹在作證時說開槍的人是瓊斯，不是他。只有克勞德・瓊斯堅持自己是無辜的，因此要出庭受審。

德州和大多數州一樣，不允許只根據同案被告的證詞就定罪。還必須有更多確鑿的證據，但是本案並沒有什麼不利於瓊斯的其他證據。在空收銀機附近採到的指紋已經排除是瓊斯所有（也不是迪克森的），兩名目擊者也無法指認。這就要進入垃圾科學的領域了。犯罪現場技術人員在收銀機附近的櫃檯上採集到一根毛髮。一名州法醫學專家認為毛髮與瓊斯「配對相符」，重要的是還可以排除迪克森、喬丹和希爾珍德格是毛髮的可能來源，以及在當天稍早曾經去過該店的十二名顧客。對於陪審團來說，這個證據就足夠了。

這對上訴審法院來說也已經夠了。勉強過關。其實在喬治・布希勾選「拒絕」之前，就已經出現許多對本案缺乏證據感到憂慮的聲音。有兩名高等法院法官公開反對處以死刑（堅持死刑的也只略占多數）。持不同意見的法官指控主要意見的法官是「漫不經心閱讀紀錄或是故意曲解紀錄」（原注36），他們認為憑毛髮證據並不足以證實，然而不是因為它是垃圾科學，而是因為審判中的證人證詞並沒有明確指認瓊斯。這是在《NAS報告》發表的前幾年，主要意見仰賴垃圾科學證據而對瓊斯判處死刑，他們認為他「是唯一能夠拿到那把手槍的人，而且他的毛髮樣本又符合在謀殺案現場找到的毛髮」（原注37）。

瓊斯的律師抓住了不同意見中引人注意的強烈措辭，決定對毛髮聲請定罪後的DNA檢驗，這項技術在該案審判時還無法使用。如果毛髮不是瓊斯的，依法就不能將他執行了。但是依照規定，提出聲請的律師得回到這一切開始的地方，也就是要回事實審法庭，在已經有心證的法官面前提出這個主張。伊麗莎白・科克（Elizabeth Coker）法官以終局性的程序規則為由，拒絕了這個請求，德州刑事上訴法院也是如此，然後就是布希拒絕了三十天的暫緩執行。

———

死刑執行後，在澤爾的酒類專賣店櫃檯上找到的那根毛髮被塞進德州科爾德斯普林（Coldspring）聖哈辛託郡（San Jacinto County）地區法院書記官辦公室的一個案件檔案中，那裡距離休士頓約有六十五英里。躺在那裡的那根毛髮也被人遺忘了，直到二〇〇七年，有幾位具有奮鬥精神的律師前來尋找它。他們突破萬難找到了它。它還躺在案件檔案的一個證物袋裡。聖哈辛託郡的地區檢察官比爾・柏奈特（Bill Burnett）立即要求銷毀那根毛髮，因為保留它違反了他的辦公室政策，該政策要求定罪後就要處分所有證據。柏奈特說國家有權銷毀證據，因為「陪審團的裁決應該就是最終的了」（原注38）。他的努力失敗之後，便改成主張只有（已故的）克勞德・瓊斯才有「資格」要求檢驗DNA，他並無嘲諷之意。

死後檢測毛髮的法律戰爭又耗費了三年時間。直到這個案件被指派給一名新法官，才終於有了突破。

德州的共和黨人會認為保羅・克拉倫斯・墨菲三世（Paul Clarence Murphy III）

法官是一個絕對的進步派。他是休士頓上訴法院的兩名共和黨法官之一，上訴法院在二〇〇〇年裁決有一百年歷史的德州性悖軌法（sodomy law）違憲，該法只會起訴同性戀者，因此違反了平等保護條款。他的觀點激怒了他的共和黨同志，他們要求對他進行各種懲戒，從彈劾到剝奪資格不等。（原注39）墨菲都挺住了，他還是堅持坐在法官席上，也是他，在瓊斯的訴訟中勇敢發布命令，要求檢測那根毛髮：真實比終局性更重要，檢測在五個月後完成了。

那根毛髮不是克勞德．瓊斯的。（原注40）

卡麥隆・托德・威靈漢
二〇〇四年二月十七日執行死刑

像瓊斯這樣的案件背後都有一個不會明說的理由：有誰會在乎呢？

像克勞德・瓊斯這樣的「職業罪犯」的正當程序權利沒有人會在乎，他們的生命不值錢，這完全體現在小布希簽署那份要他勾選的備忘錄。事後證明澤爾櫃檯上的那根毛髮是被害者艾倫・希爾珍德格的。因此，沒有任何東西可以證實蒂莫西・喬丹那番（顯然是捏造的）審判證詞，他說瓊斯已經承認殺人了。如果在執行死刑前進行檢測，瓊斯的死刑判決就不會執行了。雖然新的DNA證據證明了法律上沒有足夠的證據將瓊斯處死，但是這並未重新形成對死刑的辯論。這是技術細節，如果DNA證據證明那是克里・迪克森的頭髮，這說明他當時人在店裡，因此很可能是開槍的人，有可能會改變一些人的想法，激起一些辯論。但是許多美國人大概還是只會聳聳肩。對許多人來說，克勞德・瓊斯是罪有應得，即使他是因為自己沒做過的事而得到這個結果。

因為縱火謀殺三個年幼女兒而被處死的卡麥隆．托德．威靈漢的情況就有點不同了。威靈漢不是「職業罪犯」，過去沒有任何跡象顯示他有能力進行大規模屠殺，尤其是謀殺自己的三個女兒。沒有其他可能的嫌疑犯，也沒有其他說得通的犯罪理論。可能就真的是一樁殺了三個人的謀殺案，也可能就是一場意外火警造成的痛苦悲劇，然後又因為錯誤執行造成更大的悲劇。可能是有效的科學，也可能是垃圾科學。如果是有效的科學，威靈漢就有罪成立。如果不是有效的科學，那就是一場意外火警，而且威靈漢是無辜的。

在威靈漢案中支撐判決的爭議性科學已經完全獲得釐清。在二〇〇九年，雖然還是有明顯的反對勢力，不過約翰．倫蒂尼等人推動的新準則 NFPA 921 已經成為廣泛接受的標準，而且縱火調查和大部分鑑識技術不同，它不只是窮人的科學，不足採信的舊火災調查方法已經跨進民事領域，影響到數千件保險索賠，之後也回不去了。就像是道伯案在美國法律體系中的差別適用告訴我們的：如果事涉公司的錢，就比較可能讓法院把科學導向正確的方向。

歐內斯特．威利斯的平反對威靈漢的爭議可謂火上加油；威利斯案是德州另一起非常相似的死亡案件。兩人的命運簡直天差地別。相似的垃圾科學導致兩案的有罪判決，然而兩人都沒有具說服力的謀殺動機。威利斯被說成是一個「撒旦惡魔」般的殺手，他把被害人的家燒掉，只是為了滿足他的殺戮慾望。檢察官又說威靈漢謀殺他的女兒是因為她們妨礙了他喝啤酒、擲飛鏢的生活方式。然而就在威利斯回家的同一年，威靈漢卻去了死刑執行室。

威利斯的平反和《芝加哥論壇報》對威靈漢執行案的調查，在二〇〇九年引爆了一場激烈的爭論，倫蒂尼在他的美國國家科學院演講中有特別舉出《芝加哥論壇報》的報導。在二月份發表的《NAS報告》贊成倫蒂尼的批評意見，因而引來新的關注，該年還有兩份爆炸性的出版計畫在稍晚發布：秋天發布在《紐約客》的一萬六千字調查報導，差不多在同時還有德州司法科學委員會的一份備受期待的報告。關注這項議題的記者不可能將後者視為假新聞而忽略。司法科學委員會是德州的一個政府機構，州議會責令其負責確保德州使用的司法科學具有完善性，而將威靈漢定罪的「科學」完全屬於其職責範圍。

所有目光都集中在德州，簽署威靈漢死刑令的德州州長瑞克．裴利正等著看後見之明。在《NAS報告》發布的幾個月後，德州司法科學委員會就計畫對威靈漢案舉辦公開聽證。無辜計畫也鼓吹揭露真相，全國新聞媒體都在報導這個爭議，還有一個紀錄片導演計畫把它拍成電影。幾十年前在科西卡納的一個迅速而悄無聲息的死刑判決，在二〇〇九年初又重新現身，而且已經準備好要破壞死刑的合法性、打擊裴利的野心。裴利也和他上一任的小布希州長一樣，將他的政治生涯建築在嚴厲打擊犯罪政策和絕不留情的死刑制度上。

幾乎就在備受矚目的威靈漢調查即將在奧斯汀舉行公開聽證時，一名被遺忘的德州人史蒂夫・錢尼被「繫上鐵鍊」，與其他囚犯銬在一起，二十年來第一次從亨茨維爾監獄被載回達拉斯郡看守所。他還年輕時，就是在這個看守所裡，由法醫牙科專家吉姆・黑爾斯為他製作了牙齒模型。

第八章

史蒂夫・錢尼被繫上鐵鍊

德州達拉斯的達拉斯郡看守所

監獄與看守所不同，監獄就是最後終點了：它是讓人長期服刑的陰森倉庫，由既有的次文化、惱人的千篇一律和非人化的制服所管理和定義。它是一個殘酷又老套的地獄。看守所則擁擠、讓人摸不清楚方向、有時候很危險、大部分是窮人，每個人都急著離開。看守所裡的面孔一直在變，裡面的人都走向不同去處，一波波來，又一波波走。不論是好是壞，看守所裡的情況都是暫時的。有些人在接受攸關生命的審判，有些人則是在服短期徒刑。大多數人則是剛被逮捕，還穿著便服，他們才剛剛陷入司法體系、承受被監禁的事實、失去作決定的自主權、要籌錢提出保釋、等待與他們的公設辯護人會面、想知道他們的孩子在哪兒，還要擔心他們是否會因被捕而失去住房、工作或是被驅逐出境。一個流動而充滿不可預測的地獄。

然而對少數幸運兒來說，到看守所就代表希望，表示他們的陳年舊案要發生新的變化。錢尼是少數幸運兒之一，看守所為他帶來希望，讓他感覺到離自由更近了一步，而不是越來越遠。新當選的地區檢察官克雷格．沃特金斯同意對他的案件進行DNA檢驗，沃特金斯在「定罪完善小組」成立之後也對其他數百個案件做過同樣的事。

當證據檢驗開始之後，錢尼被帶回達拉斯等待案件中任何可能的進展。他離噩夢開始的地方弗蘭克．克勞利法院大樓只有幾步之遙；兩者靠著一條囚犯走的天橋相連接。上次錢尼走過那條天橋時，因為謊言和垃圾科學而被判謀殺罪，而且被判處無期徒刑。從相反的方向走回去，意味著再度回到從前，回到法庭請求新的審判，有機會因為科學的進步而揭開謊言，也有機會讓錢尼從法院大樓的前門走出去，回復自由身。

留在莎莉．斯威克手上的證據，破損的粉紅色指甲和三根黑色的毛髮，為新審判帶來了機會。手無寸鐵的凶殺案受害者在死前是赤手空拳對抗凶手，因此通常會刮破或抓傷凶手。從被害者指甲中採集到的遺傳物質常常可提供行凶者的DNA。一九八七年從公寓中收集到的證據幾乎都不在了，不完整的指紋或是血跡證據都沒有了，但是從莎莉手中採到的物質還是保留了下來，而且已經送交檢驗。

幾個月過去了，錢尼等待著。月曆又翻到二〇〇九年，錢尼還在等。三月時，檢驗終於完成了。紫蘭生化科學的報告在二〇〇九年三月三十一日放到達拉斯公設辯護人蜜雪兒．摩爾的辦公桌上。在紫蘭生化科學那份沒什麼有趣內容的十頁報告中，浮現出一幅一九八七年犯罪現場的新圖像：在莎莉倒向廚房的地板前，她拚命抵抗的那個人並不是史蒂夫．錢尼。莎莉的指甲中混合了三種男性的DNA基因檔案，但是沒有一種屬於錢尼。對莎莉手中抓的毛髮進行檢驗後，也排除了錢尼的可能性。

自從威斯特華倫刑警在達拉斯警察局扣押了錢尼的PUMA鞋，並指控他犯下謀殺罪之後，錢尼和他的妻子萊諾拉第一次有了一絲希望；希望這個新證據足夠開啟新審判。他一方面也明白如果地區檢察官辦公室反對，光憑這樣可能還不夠推翻有罪判決；推翻陪審團的裁決這樣有爭議的請求，肯定是一場艱苦的戰鬥。但是如果地區檢察官沃特金斯同意新的無罪證據足夠充分，而且願意加入辯方請求一場新的審判，那就足以讓法院推翻他的有罪判決。

如果要進行新的審判，錢尼必須證明在審判時只要出現這項「新發現的」證據，就一定會改變陪審團的判決。在一九八七年還沒有DNA證據，現在可以用DNA證據表明是另外一個人割斷了莎莉．斯威克的喉嚨，這對陪審團而言意義不同。咬痕被推翻也會帶來不同；咬痕是審判中最重要的證據，而它才剛被美國國家科學院視為垃圾科學而明確拒絕。畢竟確實有一名陪審員告訴法官，咬痕證據對她「產生影響」，她的決定的確是根據咬痕證據。錢尼也提供了許多無罪的證據：從他在拉斯科利納斯的工地打卡，到傑克．拉斯尼奇從他朋友的廚房窗戶往裡面看到斯威克夫妻的屍體雙雙倒臥為止，有九名不在場證人可以說明他人在哪裡。

然而這些都還不夠。

史蒂夫．錢尼並不是因為殺害莎莉而被定罪，他的罪名只有殺害她的丈夫約翰。新的DNA證據也只是確認了檢察官尼爾．帕斯克在審判時就知道的事：其中有一個人逃走了。從來沒有人爭執過有兩名凶手。莎莉也沒辦法從墳墓裡走出來指認殺她

的凶手。從她的手裡採集到的毛髮沒有髮根，這意味著即使透過DNA檢驗，也只能將錢尼排除在毛髮的來源之外。這類檢測稱作「粒腺體檢測」，它無法確定毛髮的實際主人。保存在莎莉指甲中的極少量DNA也不足以發展出完整的基因檔案，這表示最終只能夠將錢尼排除在樣本之外。

破案通常是平反的必要先決條件，但是沒有新的嫌疑人可供調查，否則可能有助於破案。很不公平的是像錢尼這樣的無辜罪犯，通常得證明到底是誰犯下了他們被錯判的罪行。僅僅是證明用來定罪的所有證據都不足以採信，遠遠還不夠。畢竟判決就是判決。或是像檢察官常說的，沒有證據並不能夠當作沒有做的證據。換句話說，沒有錢尼的DNA，沒有辦法證明他人不在那裡。而且還是有「科學」證據證明錢尼犯了罪：他那「血跡斑斑」的PUMA鞋底還是與被侵犯的屍體旁的血鞋印相符合；他那「沒有被破壞」的拇指印還是留在廚房的門框上，就在約翰．斯威克沾滿血的赤腳上方。此外，還有「騙人的」測謊結果，而且還是有咬痕證據，其結果認為錢尼在殺機大起時，用牙齒咬了死者的屍體，雖然《NAS報告》對咬痕的科學性提出質疑。

在還有這麼多有罪證據的情況下，現任的德州法官不會下令重啟審判，還想競選連任的新貴地區檢察官也不會同意一場新的審判。達拉斯地區檢察官克雷格．沃特金斯只是在維持現狀這個汪洋大海中，一艘繼續前進的小小救生艇。要保持航行，他新成立的「定罪完善小組」必須要保持完美，然而錢尼這個案子並不完美。它不是一個教科書級的DNA平反案件；完美的案件像是單一作案的性侵犯留下了未受污染的DNA樣本，一插入全國DNA資料庫，「聯合DNA索引系統」（Combined DNA Index System, CODIS），就能夠識別出真正的性侵犯。這是一個棘手的垃圾科學有罪判決，還加上許多懸而未決的問題，著實令人頭痛。

在DNA檢驗完成的一個月前《NAS報告》發表了，但是那些會對錢尼造成影響的少數意見當中，沒有幾個人準備好要接受該報告的調查結果；確實沒人能打開監獄的門了。如果地區檢察官沒有具決定性的DNA證據，大概就沒有機會推翻錢尼的有罪判決。

但是也沒有什麼能再拿去檢驗了，已經沒有什麼還保存下來的東西。

「今晚又得給你繫上鐵鍊了。」警衛對著牢房裡嘟囔著。

那天是二〇〇九年八月，錢尼被送回亨茨維爾的途中。他的案子什麼事都沒發生。沒有開始再審，他連法庭的內部都沒看到。他的腦海中浮現了自殺的念頭。在DNA檢驗完不久之後，蜜雪兒·摩爾在擔任定罪後的冤案救援律師十年後離開了達拉斯郡公設辯護人辦公室，她在許多無辜德州人的平反路上都發揮了作用，但是其中並不包括史蒂夫·錢尼。他的檔案被放回架上，搭載他的那艘救生艇的繩子被切斷了。

德州奧斯汀的德州司法科學委員會

瑞克・裴利在擔任德州州長的十多年間簽准了兩百三十八件死刑執行（原注1），比當代的任何一位美國州長都來得多，也遠遠超過小布希。在同一段時期，至少有五十六名德州人獲得平反，其中有五個人是因為他們未曾犯下的罪行而被判處死刑。也就是說，裴利在德州每簽署四次死刑執行，就幾乎會有一個人獲得平反，因此裴利在二〇一一年的總統辯論中被問到他是否曾為此失眠。裴利回答道：「我從來不曾為此事感到掙扎。」（原注2）這贏得了該黨死忠支持者的猛烈掌聲。

不過我們應該可以推測在這麼多次執行中，裴利的確曾經在二〇〇九年夏天失眠過一次。倒不是因為從中立觀察者的眼中看來，卡麥隆・托德・威靈漢被處死顯然是由國家批准謀殺了一名無辜的人，而是因為那時候正是共和黨的初選開始，而且德州司法科學委員會即將發表的一份報告是要證明死刑正當性的科學。雖然該委員會的大部分成員是由裴利任命，不過他們在那個夏天展現出令人不安的獨立性和對主流科學的忠誠度。舉例而言，他們不像是會忽視《NAS報告》。委員之一的莎拉・凱利根（Sarah Kerrigan），薩姆休士頓州立大學（Sam Houston State University）鑑識科學系的系主任，正計畫舉行一系列圓桌會議，討論德州要如何回應報告中令人震驚的發現。

儘管裴利一定也擔心《NAS報告》會說死刑執行所仰賴的「科學」不可信，但是更迫在眉睫的問題是委員會聘請了巴爾的摩的火災調查員克雷格・貝勒（Craig Beyler）。委員會聘請他重新審查威靈漢案中實際使用的證據，貝勒的調查獨立而且受到廣泛敬重。他預定於秋天在公開的委員會聽證上作證，就在州長的地盤上，而且當時正值初選。

貝勒在作證之前提交了一份書面調查結果，其中有部分內容在八月被外界得知。媒體報導指出，這位獨立專家的結論和傑拉德・赫斯特宣誓書中的結論一致，就是五年前在裴利簽准威靈漢死刑的幾天前被交給裴利的那份宣誓書。貝勒的報告也和其他五位專家（其中包括約翰・倫蒂尼）的報告一致，這五位專家是由無辜計畫聘請來審查證據的，他們撰寫的報告也有向委員會提出。各方都在推測委員會將如何處理新證據、會對該次的死刑執行說些什麼、是否會對威靈漢的故事再投下一枚震撼彈。

這些事實逼近裴利的時機可謂特別糟糕。他正在尋求連任第三任州長，然而在共和黨初選時就遭逢強大的對手，當時的美國參議員凱・貝利・哈奇森（Kay Bailey

Hutchison）。在初選中勝出大概就會決定大選的優勝者了，而裴利極度仰賴他無可挑剔的「法律與秩序」資歷做為賣點，因此他在初選中把自己定位成比哈奇森更右翼。哈奇森參議員宣布參選的時機幾乎與貝勒的調查結果外洩同時發生。接著在幾週後，《紐約客》發表了大衛．格雷恩（David Grann）對威靈漢被執行死刑的調查報導〈火的考驗〉（Trial by Fire），讓這件事成為全國性的醜聞。委員會的聽證被安排在下個月，二〇〇九年十月，也就是共和黨州長初選的五個月前。

裴利不得不採取一些相當極端的立場來鞏固他在德州共和黨右翼的地位。他寫了一本書捍衛各州的權利，書名是《受夠了！我們這場從華盛頓手中拯救美國的戰爭》（*Fed Up! Our Fight to Save America from Washington*），書中宣稱「如果你不支持死刑和公民擁槍，就別來德州」。裴利為了把哈奇森描繪成溫和派，還力挺在那年秋天萌芽的「茶黨」（Tea Party）運動。他表示既然歐巴馬總統決心把美國變成奉行社會主義的保母國家，德州就有權利脫離聯邦（原注3）；他還宣誓要對犯罪更加嚴厲，強化大量監禁政策，讓死牢裡的人都執行死刑。

大概沒有什麼人會懷疑他對競選承諾的真心。死刑之於裴利，就像是希望之於歐巴馬。應該可以想見當裴利穿梭在該州各地展開競選活動時，他最大的賣點就是吹噓他的德州殺人機器之名。相較於裴利在任內執行了兩百三十八人的紀錄，哈奇森已經無法指望在裴利的右翼位置插旗了，不過如果這其中殺死了一個無辜的人，那就不同了。就算是在德州，這也是不利的政治形象。哈奇森緊咬著不斷升級的威靈漢醜聞不放，她未必要說威靈漢是無辜的，她的主張是裴利掩蓋了事實，而且無法有力地回應爭議，因此替自由主義者提供了反對死刑的彈藥。

十月二日的委員會聽證逼近，幾個月來裴利一直處於守勢，不斷閃躲威靈漢的問題，而同時間廢死主義者卻大受鼓舞，哈奇森的批評也受到注意。隨著初選戰事的進行、《紐約客》的報導持續在全國發酵，這位州長也開始進攻。裴利在接受《達拉斯晨報》的採訪時，不僅嘲笑「近來所謂的縱火專家」（他還刻意在空氣中比了一個引號），還加倍強調威靈漢的罪惡。裴利聲稱威靈漢是謀殺自己孩子的「怪物」，並堅稱他是因為有效的證據而被定罪，也被正確執行死刑了。（原注4）接下來，這位州長的政治盟友開始參與委員會會議，針對委員會對定罪後事務的「管轄權」提出質疑，並對它的調查目標表達「擔憂」。委員會主席德州著名律師薩姆・巴塞特（Sam Bassett）開始聽到裴利陣營的人怨聲載道地說：**把他弄走**。

九月三十日，委員會聽證的前兩天，裴利將包括巴塞特在內的三名委員解職，

儘管巴塞特是裴利本人任命的。約翰・布拉德利（John Bradley）取代巴塞特，布拉德利是一名奧斯汀的檢察官，他在無辜者社群中背負罵名，因為他在邁克爾・莫頓（Michael Morton）案中拒絕DNA的檢驗長達六年，而且還嘲笑莫頓想揪出「神祕殺手」的努力是「愚蠢」的，只是想「抓住救命的稻草」。（原注5）檢驗終於完成之後，莫頓也獲得平反，確認馬克・艾倫・諾伍德（Mark Alan Norwood）才是當著莫頓兩歲兒子的面殺害莫頓妻子的人。

「這純粹就是一場週末夜大屠殺。」（原注6）無辜計畫的貝瑞・謝克把裴利安插布拉德利一事比作尼克森為了避免水門案的錄音被翻出來而解僱阿奇伯德・考克斯（Archibald Cox）★。他告訴《休士頓紀事報》：「如果你不喜歡這項證據，就要連法官一起甩掉。」

布拉德利是有罪判決終局性的忠實信徒。他還主張銷毀DNA做為認罪協商的一部分，理由是清白「已被證明贏過大部分事情……更好的方法或許是以書面約定在定罪和判刑之後就可以銷毀所有證據。（原注7）那就沒有什麼可以檢驗或是重新檢驗的了」。

他也沒有讓他的老闆失望。布拉德利呼應裴利的用語，把威靈漢稱作「有罪的怪物」（原注8），並立即取消了十月二日的聽證。無辜計畫的證據不會被公開發表，克雷格・貝勒的證詞不會被採納，報告也不會公布。布拉德利隨後還正式要求當時的德州

★譯按：阿奇伯德・考克斯於水門案任職檢察官，向白宮要求交出錄音帶，尼克森總統拒絕，並下命解雇阿奇伯德。

總檢察長格雷格・阿博特（Greg Abbott）就委員會對二〇〇五年之前的案件是否有審理證據的「管轄權」提出書面意見；該委員會是在二〇〇五年成立的。阿博特的操作的確讓威靈漢的調查被拖到選舉結束之後，讓裴利贏得共和黨的州長提名，成為第一個連任三屆的州長。（原注9）在那之後不久，阿博特就主張委員會對威靈漢案沒有管轄權。阿博特在二〇一五年繼任裴利成為州長和反科學的戰士。

曾經對獨立性引以為豪的德州司法科學委員會就此遭到閹割，陷入政治的泥淖，也迷失了方向，它對威靈漢的調查勢必將引發對死刑的辯論，然而很少當權者願意進行這種辯論。

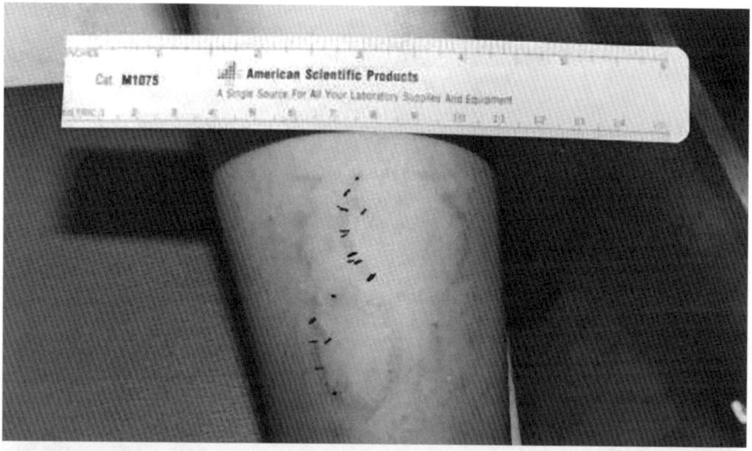

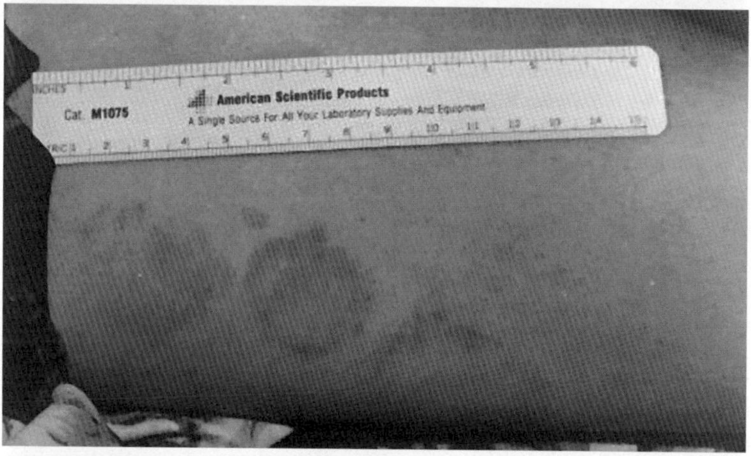

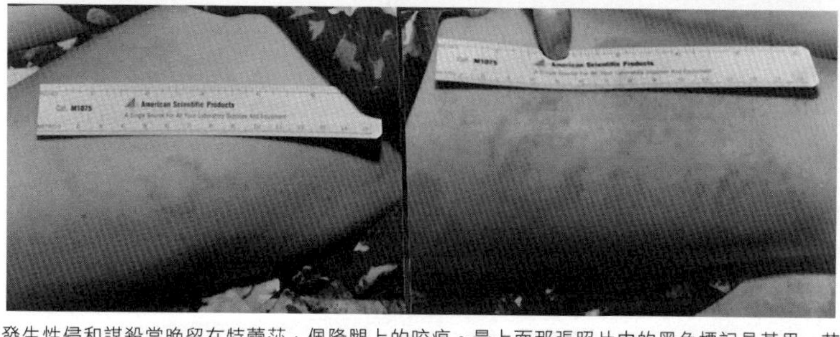

Newport News Police Department

發生性侵和謀殺當晚留在特蕾莎・佩隆腿上的咬痕。最上面那張照片中的黑色標記是基思・艾倫・哈沃德的牙齒與咬痕相「符合」的位置。

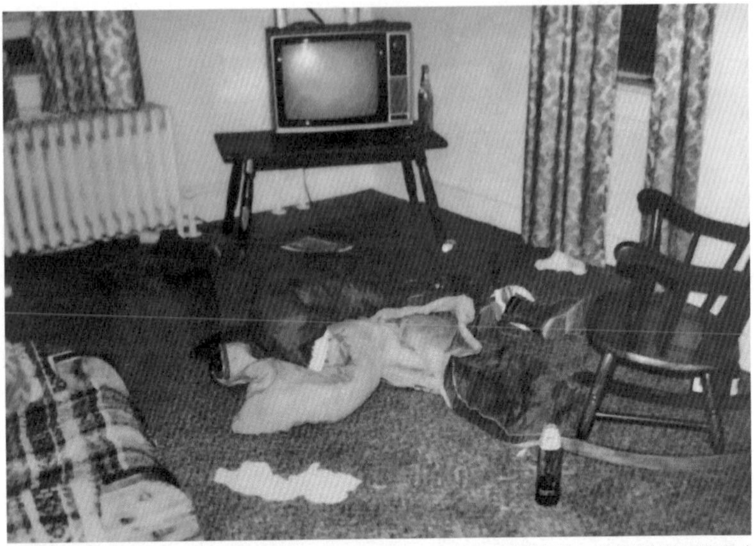

Newport News Police Department

謀殺發生當晚的佩隆家客廳。睡袋是孩子們在那天晚上稍早時睡覺的地方；地板上的可樂瓶是水手在沙發上侵犯特蕾莎之前，把香菸摁熄的地方。

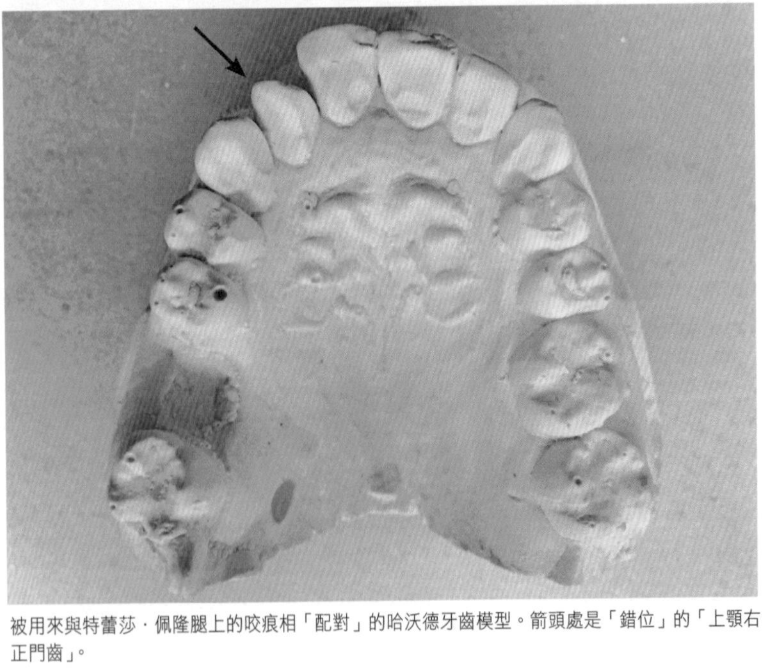

Newport News Police Department

被用來與特蕾莎・佩隆腿上的咬痕相「配對」的哈沃德牙齒模型。箭頭處是「錯位」的「上顎右正門齒」。

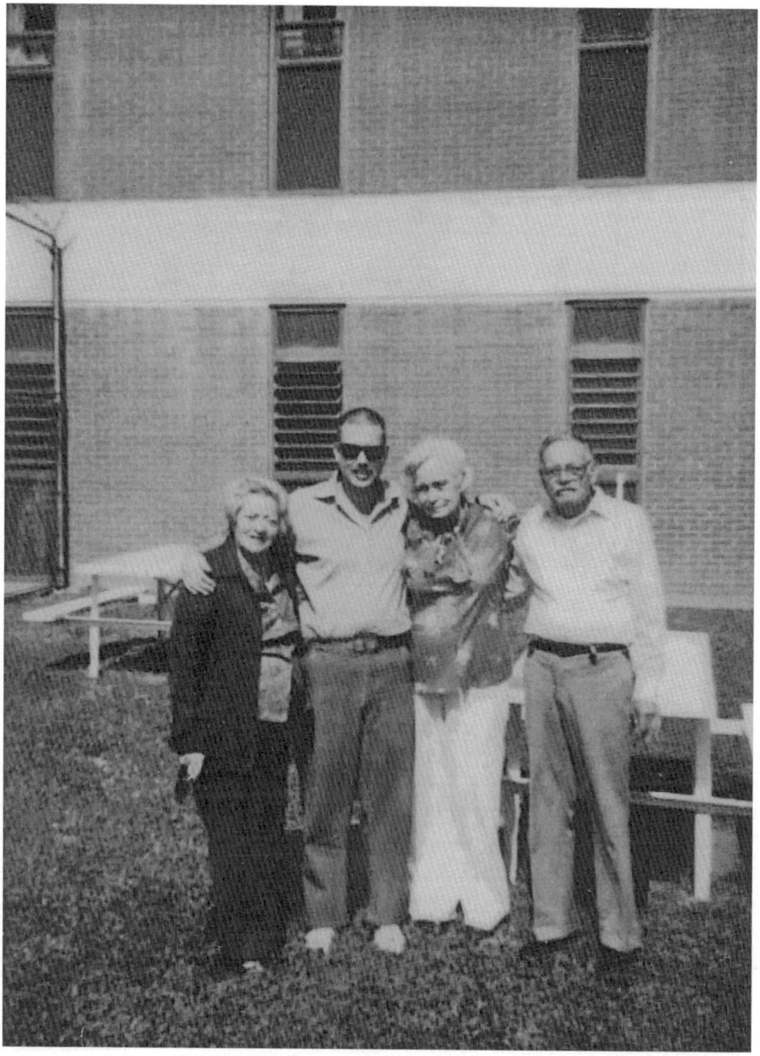

Courtesy of Keith Allen Harward

梅克倫堡矯正中心的放風場地。哈沃德、他的父母和一名家族友人，攝於一九八七年的一個懇親日。

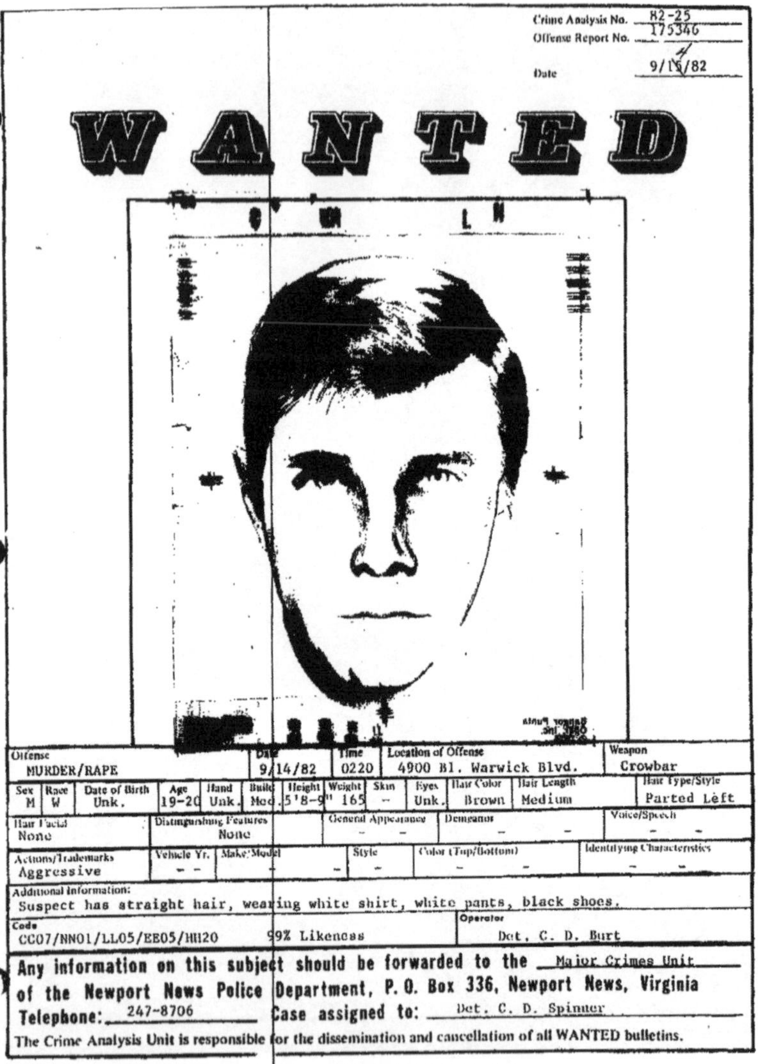

Crime Analysis No. 82-25
Offense Report No. 175346
Date 9/14/82

WANTED

Offense	Date	Time	Location of Offense	Weapon
MURDER/RAPE	9/14/82	0220	4900 Bl. Warwick Blvd.	Crowbar

Sex	Race	Date of Birth	Age	Hand	Build	Height	Weight	Skin	Eyes	Hair Color	Hair Length	Hair Type/Style
M	W	Unk.	19-20	Unk.	Med.	5'8-9"	165	–	Unk.	Brown	Medium	Parted Left

Hair Facial	Distinguishing Features	General Appearance	Demeanor	Voice/Speech
None	None	– –	– –	– –

Actions/Trademarks	Vehicle Yr.	Make/Model	Style	Color (Top/Bottom)	Identifying Characteristics
Aggressive	– –	– –	–	– –	– –

Additional Information:
Suspect has straight hair, wearing white shirt, white pants, black shoes.

Code		Operator
CC07/NN01/LL05/EE05/HH20	99% Likeness	Det. C. D. Burt

Any information on this subject should be forwarded to the Major Crimes Unit of the Newport News Police Department, P. O. Box 336, Newport News, Virginia
Telephone: 247-8706 Case assigned to: Det. C. D. Spinner
The Crime Analysis Unit is responsible for the dissemination and cancellation of all WANTED bulletins.

Newport News Police Department

警方的素描師根據特蕾莎・佩隆對行凶者的描述做成的「通緝」海報。

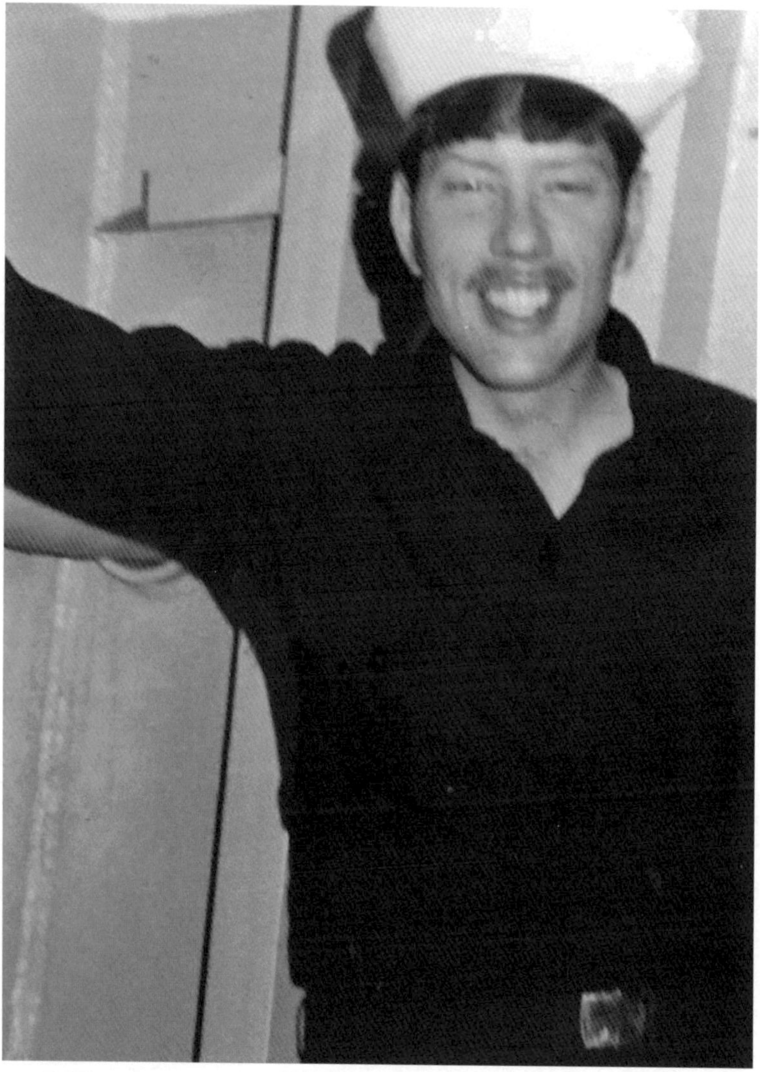

Courtesy of Keith Allen Harward

辯方在審判中出示的基思・艾倫・哈沃德穿著海軍制服的照片，為了證明他在攻擊發生時留著小鬍子。

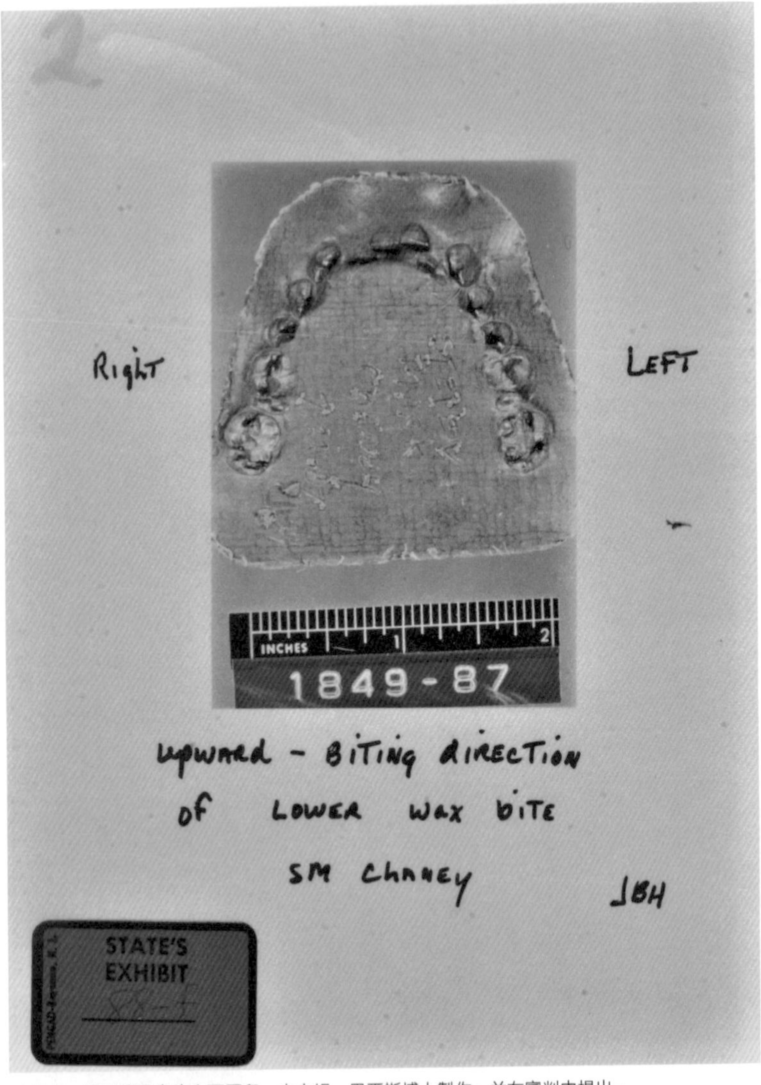

Dallas District Attorney's Office

史蒂夫·錢尼的牙齒咬合面壓印，由吉姆·黑爾斯博士製作，並在審判中提出。

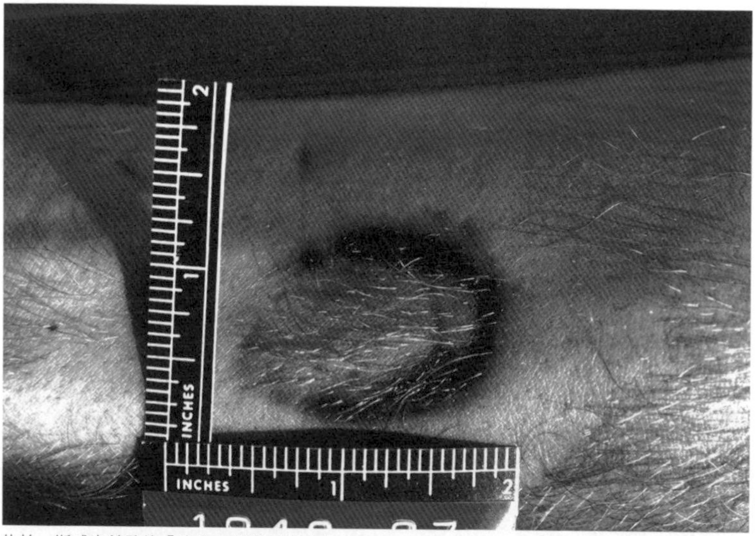

Dallas District Attorney's Office

約翰．斯威克前臂的「咬痕」與錢尼「吻合」。

Dallas District Attorney's Office

血鞋印從廚房的屍體往外延伸，經過吸塵器（傑克．拉斯尼奇在謀殺當天明顯聽到吸塵器的聲音），穿過斯威克家的客廳地板。

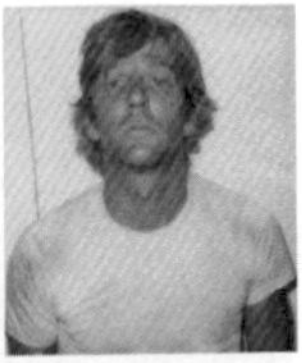

Dallas Police Department

威斯特華倫刑警在德州拉斯科利納斯的建築工地將錢尼逮捕當天拍攝的錢尼照片。

Courtesy of Peter Neufeld

密西西比州哥倫布朗茲郡法院大樓（Lowndes County Courthouse）外的「我們的英雄」（Our Heroes）南方邦聯戰爭紀念碑。

第九章

現狀

《NAS報告》帶來的衝擊在二〇〇九年底已經消退，想要維持現狀的努力則越來越強勢。鑑識人員主張有上千篇經過同儕審查，驗證不同技術的文章遭到忽略，他們還堅稱美國國家科學院的委員會裡沒有鑑識專家，雖然所有證據是指向相反方向。《紐約郵報》（*New York Post*）表示：「辯護律師指出這份該死的新報告質疑司法科學在分析指紋、頭髮、子彈、腳印和其他犯罪現場證據的可靠性，這會帶來一波法律上訴潮，可能會使危險的罪犯從監獄裡被釋放出來。」(原注1)。這篇報導激起的恐懼使人們覺得終局性原則應該優先於科學進步。雖然《紐約郵報》的確可能在哪裡找到了願意提供這種觀點的辯護律師，不過它其實比較像是在描述檢察官是如何看待《NAS報告》。

阿拉巴馬州參議院的司法委員會舉辦聽證討論《NAS報告》時，資深參議員（以及未來的美國總檢察長）傑夫·塞申斯（Jeff Sessions）在會中指出：「我不認為我們應該說那些已經使用了數十年也經過驗證的科學原則，竟然無法盡信。」(原注2)另外一名阿拉巴馬州的檢察官貝瑞·馬特森（Barry Matson）在參議院聽證上指控美國國家科學院「有特定目的，攻擊有充分根據的調查技術」(原注3)，並且抱怨「委員會中沒有檢察官，這對於我們這些每天在法庭陣地打仗的人來說，完全無法理解」。

馬特森描述在《NAS報告》周邊形成的戰線，司法科學的「梅森迪克森線」（Mason-Dixon Line）★：一邊是來自「陣地」（法庭、犯罪現場、停屍間和犯罪

★譯按：美國南北戰爭期間（北方的）自由州和（南方的）蓄奴州之間的界線。

實驗室）的觀點；另一邊則是來自象牙塔（美國國家科學院、常春藤聯盟大學和無辜計畫當事人）的視角。

《NAS報告》在二〇〇九年永遠改變了司法科學的對話，但是正如凱斯西儲大學（Case Western Reserve University）法學院教授保羅・賈內利（Paul Giannelli）當時的觀察：「人們對現狀的投資越多，冥頑不靈的態度就越強烈。」（原注4）卡麥隆・托德・威靈漢在死後沒有獲得平反。史蒂夫・錢尼沒有機會再站上法庭。咬痕在全美五十個州都還是被接受為科學證據。

第三部

「密西西比州訴埃迪・李・霍華德案」與垃圾科學的清算

MISSISSIPPI V. EDDIE LEE HOWARD
& A JUNK SCIENCE RECKONING (OF SORTS)

密西西比州珀爾市（Pearl）蘭金郡停屍間

一九九二年二月上旬一個週日傍晚，密西西比州哥倫布市的一個貧民區，南十九街四〇二號一棟白色老屋發生火災，濃煙不斷從前門竄出。朗茲郡（Lowndes County）消防員接到鄰居的報案電話，在這棟冒煙的房子燒光之前趕到現場，但是他們救不了屋裡唯一的住戶喬治亞・肯普（Georgia Kemp）。這位八十四歲的婦人不是被火燒死的，她是被刀刺死的。消防員發現她臉朝下俯臥在床邊的地板上，只穿了一件泛黃的白色睡袍，鈕扣被扯開，還沾著血跡。肯普的尼龍絲襪已經被褪到腳踝，她的內衣和一把黑柄的菜刀掉落在她的屍體附近。另外還發現轉盤撥號電話的聽筒被拿起來，電話線也從牆壁上被拔下來。

肯普衣衫不整的樣子讓刑警推測她在被刺之前曾遭性侵，凶手是為了掩蓋蹤跡才想要燒掉房子。調查人員收集他們能夠找到的一切，包含刀、被切斷的電話線、肯普的睡衣，但是幾乎沒有任何證據，沒有什麼東西特別指向什麼人。這位年長的女性沒有明顯的仇家，她也沒有錢，屋子裡沒什麼值錢的東西，還套在她手指上的戒指似乎是她唯一可典當的財產。犯罪現場技術員將肯普的屍體裝進袋子裡，刑警則開始搜查附近的區域、尋找目擊者，但是什麼都沒有找到。

肯普的屍體在第二天被送到蘭金郡停屍間，交給病理學家史蒂夫・海恩。海恩在進行屍體解剖之前，先拍了好幾張照片。肯普的遺體看起來像是被隨意扔在一塊塑膠驗屍板上，臉部凝結成痛苦扭曲的表情。除了左胸的兩處刺傷，海恩還在驗屍報告中記錄了他觀察到的各種傷口：鼻子、臉頰和頸部的各種輕微撕裂傷、擦傷和挫傷。肯普的手上、膝蓋和手肘的多個傷疤說明她這一生都過得辛苦。沒有可見的咬痕，驗屍報告中沒有提到，照片中也沒有看到。

完成身體外部檢查之後，海恩開始解剖屍體。他先是取出所有內部臟器並秤重，然後「切開」頸部組織，檢查氣管、喉頭和甲狀軟骨，並沒有發現外傷的證據。肯普應該不是被勒死的。最後，海恩「剝下」她的頭皮，打開顱腔，取出腦並秤重。死因是刺傷，凶器似乎是她自己的菜刀。海恩也發現性侵的證據，但是沒有找到精液。經過一番折騰的遺體在當天稍晚就被重新組合起來並埋葬了。（原注1）

哥倫布警方在沒有線索的情況下開始追查常見的嫌疑人：住在周圍、有犯罪紀錄

的黑人。埃迪・李・霍華德符合這個設定，就像一九五四年達拉斯的湯米・李・沃克。霍華德在二月六日被捕並帶回訊問。警方指控他性侵並謀殺了肯普，霍華德對這些指控只做出含糊的回應，沒有任何根據足以用死刑起訴他。

不過警方相信就是他了，或者哪個人都行。這對密西西比州的執法者來說是一個熟悉的故事。一名黑人男性罪犯殘暴攻擊了一名弱勢的白人女性。朗茲郡警方認為霍華德堅持否認的聲音不夠大聲，與他面臨的嚴重指控不符，而且霍華德的確說了一些有關「發火」的事，這就是何以「這件事發生」的原因了。雖然霍華德也推論應該有多人犯案，甚至多達五、六人，刑警應該繼續調查。

警方無視霍華德的三名不在場證人，也放棄尋找其他可能的嫌疑人，只專注在建構對霍華德不利的案情。他們把最大的希望放在屍體上，希望能夠在肯普的屍體上找到他們要找的東西。刑警在二月六日傍晚抵達密西西比州珀爾市的蘭金郡停屍間，與史蒂夫・海恩會面。但是有一個問題。肯普的屍體解剖已經完成了。她遺體的其餘部分在三天前就埋葬了，等於是在霍華德被逮捕之前就已經腐爛了七十二個小時。

那天晚上在停屍間裡，海恩和調查人員之間發生了一些什麼。也許是一次眨眼，一個點頭，出示一份文件，刪掉一個名字。沒有其他人確實知道他們到底說了什麼，或暗示了什麼。海恩後來作證說雙方只是做成結論：「的確有些問題……可能有牙齒造成的傷口」，因此需要進一步調查。肯普的遺體又被挖了出來，法醫牙科專家邁克爾．韋斯特從哈蒂斯堡北上來到蘭金郡的停屍間。就在同時，埃迪．李．霍華德也被帶去讓當地一名牙醫為他製作牙齒模型。

韋斯特在二月七日晚上七點三十分抵達停屍間，那是謀殺案發生的五天後、屍體解剖的四天後。韋斯特的法醫報告上寫著逮捕霍華德的刑警大衛．特納（David Turner）提供了「霍華德的牙齒研究模型」，還告訴他霍華德是一名「三十八歲的黑人男性」，涉嫌謀殺「一名八十四歲的白人女性」，她的屍體殘餘部分「可能有這樣圖案的傷口」。

已經所剩無幾的受害者屍體被攤在驗屍板上，供韋斯特檢查。他從後車廂裡取出照相機、鏡頭、紫外線燈和黃色護目鏡，然後就開始工作了。從那時候起，海恩就從紀錄裡消失了，顯然只有韋斯特留在停屍間，帶著霍華德的牙齒和他的相機設備。幾小時過去了。凌晨一點三十分，韋斯特已經準備好要發表他的意見。紫外線燈的黑魔法在肯普的遺體上發現三個人類的咬痕，這是海恩在屍體解剖報告中沒有拍攝到，也沒有用其他方式記錄到的傷口。

根據韋斯特的說法，肯普的右乳房有一個咬痕（屍體解剖時，她的右乳房已經取出來過），頸部有一個咬痕（頸部在屍體解剖時也已經切開過），右臂後側也有一個咬痕。韋斯特找到「咬痕」之後，就把霍華德的牙齒模型浸到黑色墨水中，然後「輕輕地按到」殘留的乳房組織上，就像是在「重複咬的動作」。兩者相符，「的確，而且毫無疑問，（咬痕）就是埃迪·李·霍華德造成的。」（原注2）這是韋斯特簽署的結論。

這位密西西比州的牙醫提出了一張九百美元的帳單，收拾好他的設備，在夜色的掩護下又回到哈蒂斯堡。沒有人真正看過他堅持有拍到的「咬痕」照片。那天晚上在停屍間留下的所有證據就是一份兩頁的法醫學報告。在報告的某一張圖中，有一些出自韋斯特的鉛筆標記，指出他是在哪裡「發現」肯普遺體上的那些「咬痕」。

窮人科學的極致。埃迪·李·霍華德在第二天就被控一級謀殺罪了。

密西西比州的司法體系既不公正，也沒有效率。逮捕人很快，卻很緩慢地折磨人。六個月過去了，霍華德才第一次出庭，或是見到法庭指派給他的律師理察·伯丁（Richard Burdine）。伯丁在密西西比州很有名，因為他是極少數不適任的辯護律師之一。密西西比州對不適任辯護律師的容忍度極高，不過就連該州最高法院都發表過意見，指稱伯丁在另一起謀殺審判中的表現完美示範了「辯護律師完全沒有替被告進行任何基本的辯護……」。（原注3）

又過了六個月。霍華德被指派了一名新律師道格拉斯·史東（Douglas Stone）。在接下來的六個月裡，史東的名字都會被附在霍華德的檔案中，但是霍華德在這段時間完全沒有見過他，也沒有機會進到法庭。伯丁和史東皆未提出聲請挑戰韋斯特的意見，也沒有想要檢查一下所謂的證據。兩位律師都沒有與韋斯特會面，也不曾要求提供「據說是咬痕的照片」副本。他們也不曾自行調查，或是籌措資金找辯方的專家證人。相反的，他們還要求延期審理共達兩年半。

霍華德開始感到絕望，他覺得自己好像永遠也得不到審判，他也沒有什麼方法讓自己的聲音被聽到。等到他終於被帶上法庭有機會講話時，他向剛好同姓的法官李・霍華德抱怨他的律師並沒有與他商量過就要求延期審理。已經兩年多了，似乎什麼事也沒有發生。他告訴霍華德法官，他聽說過迅速審判（speedy trial）的憲法權利。法官也準備把他交付迅速審判。

法官向霍華德提出最後通牒，其實這根本是要他在時間和生命之間做選擇。霍華德可以回到監獄裡，等待他的律師繼續推動這件案子，或者他也可以親自進行訴訟程序，使審判加速。也就是他要在有死刑陪審團的審判中為自己辯護。被控性侵和謀殺一名白人年長女性，教育程度不高的黑人霍華德選擇擔任自己的辯護律師。法官問他是否願意在一九九四年五月九日召開審判庭。他回答：「法官大人，總之我希望越快審判越好。」於是當天便開始挑選陪審員了。

許多律師會告訴你，審判的勝負取決於挑選陪審團。十二名陪審員各有自己篩選證據的恐懼、偏見和生活經歷，這些都會形成他們對事實的詮釋，其影響絕對不亞於，甚至更勝於任何律師的論述。辯護律師通常會避免挑選與執法人員有關聯的陪審員，或曾經是犯罪被害者的陪審員，尤其是與該起訴案件類似的犯罪，原因應該顯而易見。但是霍華德的陪審團卻包括一名性侵受害者、一位哥倫布市警察的太太（她曾經和先生討論過這個案子，也承認自己無法公正），還有威廉．科爾曼（William Coleman），他是一名刑警的岳父，正是因為該刑警的調查才導致霍華德被逮捕。陪審團的主席還由科爾曼擔任。（原注4）

選完陪審團之後會有開場陳述。在刑事審判中，這是除了證據總結之外，律師可以向陪審團直接陳述的唯一機會。如果是一個典型的審判，辯護律師會提供與檢察官不同的敘述，也就是他的觀點會與陪審團將要聽取的證據不同。霍華德沒有做出任何為自己辯護的言詞。地區檢察官福雷斯特．奧爾古德（Forrest Allgood）一路向前推進，對待此案與其他任何死刑起訴案件沒有不同。

這場審判很快就變成一齣正當程序的默劇，也是一場結果明顯的可恥鬧劇。霍華德竭盡全力地模仿律師，但是他在辯護人席上只是不斷說出前言不對後語的說法和無關緊要的論述。他在交互詰問時詢問消防員是怎麼僱用的，像是在暗示有一個陰謀論，他還懷疑火災時報警的女孩那時候為什麼不在家裡寫作業。雖然促成這場法庭馬戲團表演的正是霍華德法官，但是他卻當眾批評霍華德「毫無章法」的辯護策略，還批評他隨意「翻閱文件……就把名字在上面的人傳來當證人」。（原注5）

這場超現實的審判繼續跛著腳前進，並在該州的明星證人邁克爾．韋斯特登場時達到高潮，他是奧爾古德必不可少的專家。就在十八個月前，奧爾古德才在韋斯特的幫助下，錯誤地讓里馮・布魯克斯因為性侵和謀殺他女朋友的三歲女兒而被判有罪。韋斯特在主詰問時，流暢提出他的證詞，聲稱喬治亞・肯普屍體上的三處咬痕都與霍華德吻合，而且這些傷口差不多是在死亡當時造成的。

就連交互詰問技巧最老道的人都不會覺得韋斯特是個容易對付的證人。霍華德當然更不是技巧純熟的訴訟律師，但是他不加修飾的方法，反而能夠直指問題的核心就是一場騙局。

問：到底是誰告訴您，他們看到了霍華德留下那些咬痕？韋斯特博士，請您告訴我們到底是誰？

答：不是誰告訴我的，是我告訴他們是他造成的。

問：噢，是您告訴他們的，所以您人在那裡，您看見他咬了她嗎？

答：不是，是我做的比對結果。

問：不，不。我是說您看到被告咬她了嗎？

答：噢，沒有，先生。

問：我談的不是什麼戲法花招，我是在談事實。您看到了嗎？

答：沒有，先生。

霍華德回到辯護人席上坐下。看起來他嚇到奧爾古德了，畢竟那一切都是花招騙術沒錯。檢察官沒有提出任何「咬痕」的照片，或許是因為它們根本不存在，或是太荒謬了，抑或是根本沒有說服力，因此檢察官決定只讓韋斯特做出口頭保證。霍華德也看得出來奧爾古德是要告訴陪審團，既然韋斯特這樣說，就可以判他一級謀殺罪了。那就是檢方最重要的論點，而霍華德這個法庭上最沒有受過正規教育的人，明白揭穿了這一點。

奧爾古德馬上站起來進行覆主詰問，他要把韋斯特拉回來。以下同樣出自法庭紀錄：

問：韋斯特博士，請問聯邦調查局和國家司法研究院是否認為您的科學領域是什麼戲法花招？

答：不，先生，他們不這麼認為。

被告霍華德先生：他們才是最應該這樣想！

問：他們補助您多少錢用於……

被告霍華德先生：那太多了！

奧爾古德繼續發問。韋斯特是一名垃圾科學家，但他也是一名確實受過認證的專家，他是在已經確立的司法科學領域執業的超級明星。奧爾古德知道陪審團不可能認為受到這麼多資金挹注，而且被廣泛接受的技術會是什麼花招或騙局。

問：〔您獲得多少補助金〕投入該領域的研究和調查呢？

答：我們最近獲得一筆超過約兩萬美元的資金，供我們用於完善攝影方面。

問：這幾年來，您從聯邦政府或是其他與執法相關的補助中獲得多少款項，以繼續您在該領域的研究和調查呢？

答：算是很多。我沒有列清單，因此無法準確告訴你。我知道美國法醫牙科學會給了我們一些資助物資，還有地區檢察官協會。我曾經在FBI的寬堤科（Quantico）基地、蘇格蘭場（Scotland Yard）★和中國公安部替他們講課，所以這是一個全球都在致力發展的法醫學領域。

問：美國法醫牙科學會中大概有多少名成員與您從事相同的業務呢？

答：我知道的專科醫師，我想我們現在大約有九十人正在執業，他們都經過認證並且實際執業。（原注6）

★譯按：英國人對首都倫敦警務處總部所在地的稱呼。

奧爾古德的舉證到這裡結束了。陪審團經過三十五分鐘的審議之後，判決霍華德有罪。在量刑階段，也沒有人提出什麼論點試圖挽救他的生命，整個程序歷時一小時，然後他就被判處死刑了。埃迪・李・霍華德從法院被直接送到帕奇曼（Parchman）的密西西比州立監獄，那是位於密西西比三角洲的一個傳說中的地獄，它更為人所知的名字是「帕奇曼農場」。

在美國重建時期（Reconstruction era），密西西比州和許多其他的南方州一樣，開始大量逮捕黑人，有些人的確是違法，不過也有許多人的罪名是捏造的，更多的則是輕罪被誇大，或是違反了「黑人法令」。黑人囚犯隨後被「出租」給有錢的白人承包商，承包商又再將他們轉租給出價最高的人。在南北戰爭前，那裡原本是一個兩萬英畝的大農場，後來變成一個勞動農場，沒有被「租出去」的囚犯就在那裡採摘帕奇曼田地的棉花。一九〇〇年代初期，密西西比州州長詹姆斯・瓦達曼（James K. Vardaman）還公開評論帕奇曼經營得「像是一個有效率的農奴農場」，目的是為了讓年輕黑人擁有「適當的紀律、良好的工作習慣和對白人權威的尊重」。（原注7）

帕奇曼是威廉・福克納（William Faulkner）的小說《豪宅》（*The Mansion*）裡寫

的「厄運終點」。歷史學家戴維・奧申斯基（David Oshinsky）的《比奴隸制更糟：帕奇曼農場與吉姆・克勞法的折磨》（*Worse than Slavery: Parchman Farm and the Ordeal of Jim Crow Justice*）一書中，記錄了該監獄在二十世紀的情況。奧申斯基描述一位聯邦法官在一九七〇年代造訪該監獄：

> 基迪法官在牢籠間隨意地走，與囚犯私下交談。他看到一個一團亂的機構，特徵就是暴力和疏忽。營地裡到處是沒有加蓋的水溝，流淌著未經處理的污水和醫療廢棄物，老鼠在地上亂竄……基迪在一個營地裡發現三個洗臉盆要供八十個人使用，說是洗臉盆，其實也只是切成兩半的油桶。他在所有營地裡都看到骯髒的浴室、腐爛的床墊、污染的水源，還有滿是昆蟲、嚙齒動物和什麼東西爛掉發出惡臭的廚房。（原注8）

帕奇曼直到二十一世紀都沒有發生什麼改變。（原注9）美國公民自由聯盟（ACLU）提出的訴訟中描述埃迪・李・霍華德被送到死牢時，囚犯們「每週七天、每天二十四小時被關在牢房中，牢房的夏季酷熱指數高達華氏一百二十度。廁所沒辦法使用，居住區域總是淹在壞掉的管線流出來的污水中，他們日夜都要忍受有嚴重精神疾病也得不到治療的囚犯發出的狂言亂語」。（原注10）

正如同帕奇曼在上個世紀幾乎沒有什麼改變，密西西比州在讓可憐的黑人送死之前，給予他們的司法品質也幾乎沒有什麼改變。

霍華德被關進死牢的五年後，密西西比州最高法院撤銷了他的有罪判決。表面上看來這是一次進步，但是撤銷其實就是做做樣子。撤銷的原因並不是韋斯特的證詞全無道理，或是缺乏任何實際證據，而是因為霍華德法官竟然允許被告霍華德在死刑案件中代理自己。整起審判實在太過恥辱，說不定會招來全國性的審查，因此該州為了挽回面子，必須重來一次。確實如此，重來一次，但在將近三年後才開始的第二次審判，實質上沒有任何改變。

韋斯特在第二次審判中也是給出基本上相同的證詞。霍華德在這次審判中有了一名辯護律師，他身邊有一個有溫度的身體，不過沒有比他自己辯護來得有效率。新律師沒有進行調查，從來不要求查看韋斯特所謂的「證據」文件，沒有在交互詰問中質問韋斯特那些不存在的證據，也沒有聘請反方專家，或是好好進行辯護。他的確是提出了幾個韋斯特被美國法醫牙科學會停職的問題，還有美國鑑識科學學會對韋斯特的道德指控，但是奧爾古德在證據總結時，激烈地為他的明星證人展開辯護。他不能放棄韋斯特這麼重要的證人，而且奧爾古德也知道要怎麼利用看似不利的事實。

他表示對韋斯特越來越多的批評只是出於同行相嫉，其他人眼紅韋斯特發明了飽受讚譽的韋斯特跡象。奧爾古德表示，如果韋斯特有什麼罪，「罪過在於成為科學和藝術的倡導者，在於成為一名先驅者、一個有遠見的人，他發現了新事物，並且將它推到極限，他的整個行業現在也都接受以此為標準。」奧爾古德繼續說，有遠見的科學家在他們自己的時代總是充滿非議，但是「人類的進步總是要依靠像邁克爾·韋斯特這樣的人在背後支持……教會還威脅要燒死哥白尼呢，因為他膽敢說行星沒有繞著地球轉」。

檢察官隨即坐下來，以電視福音佈道者的確信姿態，端上一碗由胡說八道燉煮成的肉湯。（哥白尼受到眾人嘲笑，其實是因為他提出以太陽而非地球為宇宙中心的理論。為庸醫辯護的人有此失言，倒是也頗符合他的形象。）埃迪·李·霍華德很快再次被判有罪，也很快被二度判處死刑。他在法庭上就被戴上腰鍊和腳銬，從法院坐上巴士被送回一百五十英里外的帕奇曼等待死刑執行。

接下來是上訴。因為這是死刑案件，因此密西西比州必須為霍華德指派律師，代表他提出辯護書狀，如此一來，州政府必須為霍華德提供的正當程序就到做到了。

死刑案件的上訴辯護狀通常長達數百頁，另外還有數百頁的證據附錄。這類訴狀被稱為「廚房水槽」★，它必須把所有可以想得到的問題都提出來，否則剩餘的論點

★編按：kitchen sink 一詞有沉悶生活和沉重壓力的意涵，也用於形容寫實的作品風格，描寫一般人實際生活的各種困境。

將被視為永遠放棄，再也不能要求聯邦法院進行審理。在我擔任上訴律師的那幾年間，我不記得寫過少於三十頁的書狀，即使是最平淡無奇的毒品案件，而且大部分都比三十頁長得多。霍華德的上訴律師提交的書狀卻只有三頁，封面也算的話就是四頁。

直到密西西比州最高法院決定維持霍華德的有罪判決又經過了許多年之後，才有稱職的律師被指派給霍華德。而在那時候，終局性原則已經把霍華德圍困在三十二號牢房裡。但也不是完全沒有新東西可以爭論。在二〇〇〇年霍華德的第二次有罪判決之後，韋斯特的聲譽持續直線下降。他曾經待過的每一個鑑識單位，包括美國法醫牙科學會，都迫於壓力而辭職，因他造成的錯誤定罪也持續累積。依靠韋斯特那毫無根據的意見將一個人判處死刑，原本就是不可思議的主張，霍華德定罪後的幾位律師也都提到這個明顯的問題。幾位律師引用韋斯特的辨案紀錄，指出該牙醫那不光彩的過去正是霍華德被不公平定罪的新證據。

但是這並沒有說服密西西比州最高法院。

又過了幾年，才由無辜計畫的律師彼得・紐費爾德和凡妮莎・波特金（Vanessa Potkin），再加上密西西比大學法學教授暨密西西比無辜計畫主任塔克・卡靈頓（Tucker

Carrington）一起接下霍華德的案子。他們在二〇一〇年聲請對喬治亞・肯普那已經破爛的睡袍、被切斷的電話線以及顯然被用作凶器的廚房菜刀進行DNA檢驗。

波特金是無辜計畫聘請的第一名律師，她已經讓數十名無辜者獲得平反。她和紐費爾德在為里馮・布魯克斯和肯尼迪・布魯爾平反時，就已經對邁克爾・韋斯特十分熟悉了。卡靈頓和拉德利・巴爾科寫了一本有關韋斯特和史蒂夫・海恩的書（海恩是韋斯特的暗黑司法科學搭檔），書名《屍體之王與國家牙醫：美國南部真實的不公正故事》（*The Cadaver King and the Country Dentist: A True Story of Injustice in the American South*）。在加入無辜計畫之前，我從來沒有聽過什麼「國家牙醫」。

第一章

取消垃圾科學

紐約州紐約市沃斯街（Worth Street）四十號，無辜計畫

我從二〇一二年開始在無辜計畫工作，在我參與的第一個重要會議中，其他列席的還有安德魯・韋斯曼（Andrew Weissmann），他是勞勃・穆勒（Robert Mueller）領導下的FBI總法律顧問，後來又成為穆勒特別顧問的調查小組成員，負責調查俄羅斯對二〇一六年美國總統大選的可能干涉；邁克爾・布羅姆維奇（Michael Bromwich），前司法部監察主任；諾曼・雷默（Norman Reimer），全國刑事辯護律師協會的主席；戴夫・科羅普（Dave Koropp），美國大型律師事務所溫斯頓律師事務所（Winston & Strawn，一家重要的國際律師事務所）的合夥人；還有紐費爾德。我受命成立一個新的法律部門，策略性訴訟部門（Strategic Litigation），其任務是對付刑事法庭所使用的垃圾科學。時機也很好。在我們稱之為馬克中心（Mack Center）的無辜計畫主要會議室的桌子上，攤開的正是美國史上最大的鑑識醜聞。

它與大多數醜聞不同，並沒有單一的觸發事件。FBI特別探員使用的頭髮比對證詞正在一點一滴不斷地侵蝕生命。當我們召開那次會議時，毛髮顯微鏡比對已經至少在七十起已知的錯誤定罪中起作用。

《NAS報告》的發表最終讓我們幾個人在那天齊聚一堂，還有之後的三起錯誤定罪。唐納德・蓋茨（Donald Gates）、柯克・奧多姆（Kirk Odom）和桑塔・特里布

爾（Santae Tribble）接二連三在華盛頓特區獲得平反，（原注1）主要歸功於桑德拉・萊維克（Sandra Levick）的辯護，萊維克是華盛頓特區公設辯護人中的傳奇律師。蓋茨是因為性侵和謀殺一名二十一歲的喬治城大學生而被判處二十七年徒刑；奧多姆是因為闖入一名年輕女性的公寓，性侵和強盜她而被判有罪，在獄中服刑二十二年，在獲得平反之前又因為被提報為性犯罪者而另外服刑九年；特里布爾是因為他未曾犯下的持槍強盜和謀殺罪，而在牢裡待了將近三十年。

這三個人都是黑人，都是因為同樣的窮人科學而被定罪，三名被害人則都是白人。所有垃圾科學當然都會損害司法體系的健全，但是在起訴像蓋茨、奧多姆和特里布爾這樣的被告時，毛髮顯微鏡比對尤其讓專家證詞帶有種族主義。FBI在一九五○年代採用的術語——尤其是對「黑人」——是依種族將毛髮分類，其效果是以科學術語為幌子，將種族偏見偷渡到專家證詞中。帶有種族意義的術語其實從未被放棄，只是在黑人被指控性侵白人女性的案子中尤為不利。「專家」證詞認為「配對」結果顯示，在一名白人受害者的生殖器上發現「黑人」的「陰毛」，這其實無異於當年害得湯米・李・沃克被德州執行死刑的舊種族主義想像。（讓我們也回想一下馬克・里德，他在康乃狄克州因為性侵一名白人女性而遭到審判，證詞認為他的「黑人」毛髮與在原告身上發現的一根毛髮「相符」，結果卻證明那根毛髮是受害者的陰毛。）

一件比較近期且充滿種族主義色彩的毛髮比對案例，是喬納森・李・金特里

（Jonathan Lee Gentry）的起訴。金特里是一名黑人，被控性侵和謀殺一名白人女性。這個案件導致華盛頓州在二〇一八年廢止死刑。在金特里案的整個審判過程中，都是白人檢察官在全是白人的陪審團面前不斷發表種族主義的言論，例如質問金特里的非裔美籍辯護律師：「你的道德規範是在哪裡學的，哈林區嗎？」（原注2）檢察官把受害者的世界描繪成純白的，然後強調她的屍體上發現了兩根「黑人」毛髮，在她純白的世界裡，這些毛髮只會是惡質的存在。（原注3）

蓋茨、奧多姆、特里布爾三部曲的個別事實其實都沒有什麼特別之處。如果說他們的錯誤定罪和之前的數十次錯誤定罪有什麼區別，大概就是他們的定罪都是因毛髮證據而造成、證明無罪的時間點，以及媒體的壓力。這些要點讓他們成為關鍵轉折點的故事。

《華盛頓郵報》的斯賓塞．許（Spencer S. Hsu）持續報導這幾個當地人相似的艱難旅程。（原注4）同樣一種不可靠的證據，造成三起帶有種族色彩的錯誤定罪。《ＮＡＳ報告》中的抽象評論在蓋茨、奧多姆和特里布爾案中，具體體現在人類身上了。通常的辯護也無法適用。比對沒有失誤，也沒有「老鼠屎」，因為在審判中作證的是三名不同的專家，他們都來自值得吹噓的ＦＢＩ實驗室。但是三名被告無疑都是無辜的。奧多姆和蓋茨的案件都已經找到真正的凶手。特里布爾則是從法庭獲得一份罕見的「無罪證明」，因為ＤＮＡ檢驗已將他排除，而且其中一根被認定為人類毛髮的其實是……狗毛。（原注5）

到了二〇一二年，再想捍衛「科學」已經過於勉強，司法部也決定停止嘗試。他們之前曾經兩次被迫要審核ＦＢＩ特別探員將主觀推測包裝成「科學」證據設計出來的有罪判決，而為了解決造成的傷害所採取的措施，像是操場上的惡霸被迫道歉，既不甘願也沒有效。第一次審核是在一九九〇年代中期，那次比較不是科學有效性的問題，而是能力不足和欺騙。有一名吹哨者指出，從一九七〇年代後期之後，有三個不同部門的十三名特別探員，包括爆裂物、原材料（微物跡證，包括毛髮和纖維）和化學毒理學部門，慣常提供粗製濫造，有時候還是騙人的專家證詞。（原注6）

這件事被交給ＦＢＩ調查他們自己的不正行為，並找出可能的司法誤判。為了避免「玷污」ＦＢＩ實驗室的聲譽，於是他們悄悄成立了一個專案小組，審查之前由這十三名特別探員涉入的有罪判決。審核表面上是為了找到有哪些審判因為虛假證詞而遭到破壞並通知受刑人，但是ＦＢＩ並沒有真的認真尋找。舉例來說，他們只檢視了一九八五年之後的定罪，（原注7）但是在十三名有污點的探員中，其實有六名在一九八五年之前就已經在實驗室工作。

納入那些較早的案例可能會讓事情有所不同。為桑塔・特里布爾的審判作證的分析人員（把狗毛搞錯的那個人）也是十三人中的一人，但是因為特里布爾是在一九八五年之前定罪的，所以他的案子沒有被重新檢視。又過了八年，特里布爾才獲得平反，不過他的平反與FBI的努力無關。是因為公設辯護人桑德拉・萊維克不放棄尋找佚失的DNA檢體，並經過多年的訴訟，才終於讓他獲釋。

在通知受刑人這件事上，FBI並未比他們先前尋找犯罪者時投入更多。令人不敢相信的是，通知並不是直接送達被告本人。如果發現有錯誤證詞會通知地區檢察官——只有地區檢察官——並由當初審理此案的檢察官決定該做些什麼，如果他們有真的要做什麼的話。基本上，檢察官得要考慮「專家」的證詞是否對審判結果造成影響。這就像是質問在代數考試中作弊被逮到的孩子，如果沒有作弊的話，他們是不是也會通過考試。檢察官幾乎一致得出了不必採取任何措施的結論，因為根據他們的判斷，被定罪的所有被告都是明顯有罪，是否作弊並沒有影響。

起訴唐納德・蓋茨侵入住宅性侵和強盜，並使他被錯誤定罪的檢察官也是得出這個結論。（原注8）該檢察官得知二十年前在蓋茨審判中的「分析不正確，在科學上也不可靠」，但是他只是將專案小組的報告歸檔，讓它在官僚系統下安靜消失。又過了六年，才由DNA檢驗證明那份「科學上不可靠」的證詞的確直接導致蓋茨被錯關了二十七年。

這並不是說這些決定都是出自惡意。檢察官倫理要求他們相信自己起訴的被告都是有罪的，根據我的經驗，他們通常也當真是這個想法的信徒。就算出現了新的DNA證據本應引起懷疑，但是對於定罪深信不疑的信念還是根深柢固。所以他們不會道歉，反而還提出了「沒被起訴的共同射精者」理論。此外，這些定罪還代表努力拚搏換來的「勝利」，這是大部分地區檢察官辦公室衡量檢察官績效的主要標準。確認偏誤也可能會強化所有人在類似狀況下的判斷，尤其是已經被執行的死刑判決——這真的發生過，至少三次。(原注9)

還是有少數案件的檢察官承認的確有錯誤的專家證詞造成了有罪判決，但是專案小組的通知來得太晚了，來不及停止損害。像是要阻止本傑明．博伊爾（**Benjamin Boyle**）被處死就為時已晚了。博伊爾的審判因一名違背原則的特別探員出庭作證而遭到傷害，博伊爾也在一九九七年被德州處以死刑。審核人員終於決定要對證詞複審時，離博伊爾預定的行刑日期還有幾週時間，但是他被處死時甚至還沒有聽到結果。其實原本說不定會有不同的結局。美國司法部的調查認為，博伊爾審判中的專家證詞會「造成誤解」、「不正確」、「前後不一」、「具有誤導性」、「誇大其詞」又「沒有科學根據」。更糟糕的是，「被告的有罪判決是因為檢察官認為實驗室分析和該案證詞至為關鍵」；要不是該證詞，「博伊爾不會被判處死刑，並且被執行死刑。」(原注10)

沒有任何一個有污點的特別探員遭到解僱。(原注11)

ＦＢＩ實驗室的第二次災難在許多方面讓他們自己更難以接受。這次不是老鼠屎的問題了，而是糟糕的科學——**他們的**糟糕科學。彈頭比對分析（CBLA）是由ＦＢＩ實驗室孕育出來的，特別探員對這個結晶就像是驕傲的父母一樣，對孩子的明顯缺點視而不見。美國國家科學院在二〇〇七年根據ＦＢＩ委託的一項研究，發表了一份推翻科學的報告。ＦＢＩ卻緊接著發布新聞稿，一方面想要混淆該調查的結果，另一方面則吹捧「科學」，而且還繼續使用該項技術。(原注12)

其實早在美國國家科學院發表報告之前，ＦＢＩ就知道那些缺點了。特別探員歐內斯特．皮爾（Ernest Peele）寫了一份實驗室的內部備忘錄，詳細記載彈頭比對分析的科學問題（這些問題最終也導致彈頭比對分析被放棄使用）。但是在這份備忘錄寫了五年之後，皮爾在亞利桑那州亞瓦派郡（Yavapai County）的傑森．克勞斯（Jason Krause）謀殺審判中作證時，還是用彈頭比對分析的「科學」將一顆子彈與克勞斯家中找到的一盒子彈互相配對，徹底擊垮了辯方說詞。(原注13)克勞斯其實是無辜的。他在二〇一七年獲得平反，但是在那之前，他已經在牢裡關了十幾年。

ＦＢＩ對於推翻科學的許多決定似乎都經過計算，以免他們使用彈頭比對分析證據一事被拿來清算。最明顯的就是他們拒絕提出使用彈頭比對分析的案件。他們當然有清單，只是不想公布，他們也不會通知正當程序的權利遭到侵害的受刑人。他們會對地區檢察官和辯護人組織送去制式的信件，也會發布語義模糊的新聞稿，它們會像終止回贖權的通知（foreclosure notice）一樣被埋沒在分類廣告中。新聞節目《六十分鐘》（*60 Minutes*）的一則故事的確曾經讓當局感到羞愧，因而努力地通知個人。但那還是一項亂無章法的臨時行動，當受刑人在和時效的法規賽跑時，這依然緩不濟急。它頂多是丟給溺水者的救生衣。

二〇一二年聚集在無辜計畫會議桌旁的大部分協商者都與之前的ＦＢＩ實驗室審核有關，也都知道其中有些容易犯的錯誤。隨著聯邦政府對刑事有罪判決進行史上最大規模的審查，這段歷史也成為關注的焦點。身為一名經驗豐富的刑事辯護律師，聽到以檢察官為職志的韋斯曼坦承錯誤其實很奇怪，他還承認檢察官有找出和糾正潛在司法誤判的道德義務——也就是一種「糾正的責任」。在那時候，我感覺當一名無辜計畫的律師變得比較容易了，我像是進入了另一個司法體系，那裡的檢察官會來找我尋求協助，也不吝承認他們的錯誤，並做出彌補。

二〇一二年的毛髮審核討論聚焦在兩個基本議題：定義錯誤和糾正錯誤定罪。《ＮＡＳ報告》替何謂「錯誤」或誤導性證詞提供了框架，但是幾位協商者立刻發現

分歧的核心在於門檻問題，也就是何謂「相符」。ＦＢＩ採取的是馬克斯．胡克在美國國家科學院作證時的立場。他們堅持認為毛髮比對證據唯一的問題，是有些證詞美化了「相符」的意義，例如分析人員會說他們確認被告就是毛髮的來源。

但是看似保守的說法還是有問題。許多無辜的被告（包括馬克．里德）被錯誤定罪時，其實都沒有人聲稱犯罪現場的毛髮只可能來自他們，或甚至只是說很可能是他們的毛髮。代表辯方的出席者認為像這幾個錯誤定罪、狗毛、研究顯示有百分之十的錯誤率（胡克對這一點的辯護是類比為藝術鑑定，但是這個說法不被廣泛接受），證明所有毛髮證據基本上都不可靠。但是對ＦＢＩ來說，這樣的說法還是太過了。

辯方代表的出席者盡力爭取，結果也確實有其意義。ＦＢＩ同意在特別探員提供了誤導性證詞的案件中承認錯誤，也同意通知個別受刑人。無辜計畫和全國刑事辯護律師協會同意協助確定受刑人的身分，就先從那些面臨死刑的受刑人開始，而且這些組織也會獨立審查證詞。這是一項大工程。毛髮證據和彈頭比對分析檢測不同；後者十分昂貴，而且相對使用較少，毛髮證據則很便宜，而且在許多犯罪現場都可以獲得。由於唾手可得且成本低廉，所以毛髮比對經常被當作「方便得到」的證據。有上萬件有罪判決都遭到污染。

確定了錯誤的定義之後，焦點就再回到與大魔王「終局性原則」的搏鬥。貫徹終局性原則不是取決於談判桌上的任何人，它取決於法院。糾正司法誤判可能需要漫長而艱苦的定罪後訴訟，而且那時候還沒有法院把《NAS報告》當作「新發現」的證據，還不曾出現有罪判決因而遭到推翻。為了緩解這個現實，必須要求（FBI的法律顧問）司法部收起他們最鋒利的一把劍：法律技術。他們也同意了。於是聯邦檢察官便放棄了所有程序爭執，讓法院可以審理被垃圾科學污染的審判是否公平，而不是逕依法律技術細節處理上訴。當時的FBI局長詹姆士・柯米（James Comey）同意寫信給全美五十州的州長，力勸他們採取類似的措施。協議達成了，隨後也發布新聞稿。

二〇〇九年的《NAS報告》很快就動搖了人們對於鑑識人員代代相傳的知識基礎的信心，但是在它發表後的三年內，卻幾乎沒有採取任何措施解決美國國家科學院發現的這些狀況，以及當然會產生的後果。反而是有一些討論議題削弱了這份報告的重要性，也沒有人提出要檢視案件進行複審，但其實也沒有人能這樣做。

不過毛髮審核改變了這一點，不論是在某程度上採納該報告的批評，或是真的能做點事情。被承認的錯誤的確反映出美國國家科學院提出的批評，（原注14）審核之後發現惡行分布之廣，也震驚了司法科學界。前五百份法庭紀錄的抽樣顯示，特別探員「至少在百分之九十」的案件中都提供了錯誤證詞。有三十五人因此被判處死刑，除兩人之外的其他人都因錯誤證詞而蒙受損害。已經有九個人被處死，還有五個人被關在死牢時因其他原因而喪命。（原注15）可謂是全世界媒體報導的另一場大型鑑識災難。

毛髮審核在各州的犯罪實驗室拉響的警報，不只是柯米局長寫信給各州提到的錯誤證詞，還有《NAS報告》中的批評。過於誇大的主張遠遠超出毛髮比對的結果。雖然司法科學界可以忽略美國國家科學院，但是他們不能無視FBI，後者算是他們的「相關科學社群」。接著，美國司法部副部長薩利．葉慈（Sally Yates）在拉斯維加斯舉辦的美國鑑識科學學會第六十八屆科學年會的大會專題演講中，也表達了《NAS報告》發布後帶來的最大隱憂：

司法部打算對FBI實施的其他鑑識學科進行品質審查（只要該學科嚴重依賴人為詮釋，而且確定性的程度難以量化），以確定我們在審查顯微鏡毛髮證據時發現的那類「誇大的證詞」是否已經蔓延到其他學科。我們認為這是司法科學的「壓力測試」。（原注16）

你已經讀到這邊了，你應該知道誇大的證詞並不是「蔓延」到其他領域，它就是常態。幾乎所有學科都嚴重依賴「人為詮釋」，或是我們稱之為「訓練和經驗」。壓力測試早已失敗了，犧牲的就是無辜計畫的當事人。

二〇一二年的那一天，我走出馬克中心的協商會議後，便預訂了前往水牛城的航班，要去會見在紐約州立大學校園進行屍體咬痕實驗的科學家。毛髮審核還在進行中，這是一個好的開始，或許司法部會像葉慈後來承諾的那樣，再跨足其他技術，畢竟他們的成績紀錄（客氣一點說）可謂良莠不齊。但是垃圾科學當中最罪大惡極的咬痕，卻不是司法部關心的對象。像是美國法醫牙科學會這樣的鑑定單位，必須是法院允許者才能夠管理。無辜計畫想要廢除咬痕證據並追蹤其受害者，包括基思·哈沃德、史蒂夫·錢尼、埃迪·李·霍華德等人，但是這個工作與毛髮審核完全不同。FBI花了六十年時間和經歷七十次錯誤的有罪判決才來到協商桌前，而牙醫仍然把他們的問題怪罪給邁克爾·韋斯特。

第二章

咬痕戰爭的第一槍

紐約州紐約市中央街一百號

若是用普通凶殺案審前聽證的標準來看，曼哈頓下城那寬敞的法庭可謂座無虛席。就在檢察官席後方，前排那古老的靠背木頭長椅上，有一排穿著藍色外套的牙醫並肩而坐。無辜計畫的律師和法醫政策專家則分散在旁聽席各處。還有幾名記者在速記本上潦草寫著什麼，他們被這場聽證吸引而來，因為這是《NAS報告》後對咬痕證據的第一次挑戰，而且在FBI的毛髮審核之後，這項頗有歷史的技術似乎也要被當作垃圾科學排除在外了，即便過去五十年來，相關案件皆一致接受。無辜計畫的典型作法是用訴訟讓無辜者獲得釋放，該計畫在謀殺案審判之前提交了一份書狀呼籲廢除咬痕，這點很值得注意。

上午十點剛過，麥克斯韋．威利（Maxwell Wiley）法官坐上法官席，曼哈頓地區檢察官辦公室的鑑識主任梅麗莎．摩日（Melissa Mourges）傳喚了她的第一位證人大衛．森恩，由他提供有關「咬合動態」的「重要訊息」——森恩就是未能說服美國國家科學院相信他的領域具有科學根據的那位牙醫。

森恩的投影片首頁是一張德州大學健康科學中心的照片，那裡的牙醫大多是付了一萬七千美元後，便在森恩的指導下工作三百三十小時，獲得法醫牙科學的「成員資格」。（原注1）他們是法醫牙科學的精英，德州大學健康科學中心則是他們的科學殿堂。

摩日的報告一開始就是快速瀏覽森恩長達二十頁的履歷，他的專家資格當然毋庸置疑。森恩在該領域的頂尖地位無可爭議，與辯方證人形成鮮明的對比：辯方證人瑪麗・布希從來沒有以專家的身分出庭作證，或是參與任何「真實世界」的咬痕案例，她是在好說歹說下才走出紐約州立大學水牛城分校的實驗室。辯方證人還有著名的數學家凱倫・卡法達，森恩曾經到她參與的美國國家科學院小組中提出證詞。歸根究柢，這場聽證其實是仰賴名聲的智慧和基於證據的決策之間的較量，就是幾十年前在醫學界上演的垃圾科學辯論。威利法官必須決定「相關的科學社群」是以德州大學聖安東尼奧分校為中心，還是要以華盛頓特區憲法大道二一〇一號為核心。

摩日提示牙醫：「請告訴我們您身為世界貿易中心災難停屍間行動反應小組（DMORT）團隊一份子的經歷。」（原注2）頁面滑了過去，接下來是一張世貿雙子星大樓被火焰吞噬的照片。

森恩嘆了一口氣：「我沒辦法告訴你太多。我的意思是，你們也都看過這些照片，所以我就不贅述了。」

森恩又滑過燃燒的雙塔那一頁。「不過那是紐約那邊的驗屍官辦公室。那裡是貝爾維尤醫院（Bellevue Hospital）……你可以看到臨時的停屍間，就是在東河邊的一個帳篷。」森恩現在坐在離事件遺址只有幾個街區的地方，根據他在九一一事件中的經驗，把利用牙醫紀錄辨識身分和將牙齒與咬痕配對這兩件事的界限變得模糊。他堅持兩者的唯一區別就只有識別時需要的資訊量。（原注3）

「我不會給你看屍體或X光片啊這類東西，因為我不能。」他一邊說，一邊結束了對九一一的描述。

摩日問：「這是要保密的資料嗎？」

牙醫回答：「是的。它們必須保密。」

投影片又從這個全國的悲劇移開，停在一張屍體解剖檯上的死嬰照片，接著是另一張，然後是好幾張死去的幼童照片，他們赤裸的屍體上都有「咬痕」，他們的眼睛部位被用黑線條遮起來。法官傾身向前，看著這些照片，眉頭深鎖。

森恩對法官說：「很難想像竟然會發生這些事。」下一張投影片又是另一個死嬰。牙醫繼續放著投影片，嚴肅地講述這些「典型」的咬痕受害者遭遇的殘殺。一個小時過去了，他都在講九一一和兒童遭遇的痛苦，沒有講到和科學有關的內容。他講的內容和威利法官要做的決定都無關，但是法官好像完全陷入森恩／摩日的雙人舞了。

摩日隨後小心翼翼轉向一個相關的話題——牙醫要如何識別咬痕：「現在，請您告訴我們通常您會尋找什麼，或是您如何確定那是一個人類的咬痕？」一個看似簡單的問題，卻是一個無法用言語回答的問題，因為要判斷一個傷口其實是咬痕，就像是在判斷一朵雲看起來像不像一頭大象。而且司法科學判定的大部分「咬痕」，看起來都與你可能想到的樣子完全不同。你想到的可能是兩道同心的半月形，還有個別牙齒留下的長方形壓痕，這當然是一個明顯的咬痕。然而個案中的傷口也可能是已經散開的瘀傷，發生過不可知的變化，因此可能是任何形狀。法醫牙科專家要在審判中說服陪審員看到他們看到的東西。「**看到那個了嗎？那是一個咬痕**。」

森恩在思考要如何回答「你怎麼知道它是一個咬痕？」這個問題時，沒有圖片可以用，他只是沉默著。摩日提醒他放出一張有傷口照片的投影片，但是森恩跳過摩日的問題，決定轉向他覺得夠安全的方式，他開始講故事。

他開始了。「昨天我要來紐約的時候，收到一張聖安東尼奧兒童醫院急診室傳來的照片，那是急診室醫師傳給我的，他說：『嘿，醫生，你可以看一下這個嗎？我們覺得這是一個咬痕，你知道的。』而他想要……他說：『我需要快速替這張圖找到一個答案，你知道的，因為警察站在那裡，還有兒童保護服務（Child Protective Services）的人也站在那裡……』」

「異議！」辯方打斷他的話，森恩沒有回答摩日的問題。

威利法官駁回了異議，故事總是比科學演講更有趣，但是摩日也很快就轉移這個難以處理的問題。投影片上出現一個有著科學外觀的牙齒輪廓。森恩拉開他的投影筆，用接下來的幾小時探討牙醫師發明的各種無窮無盡的咬痕技術，它們可以追溯到洛威爾·萊文還只是紐約的驗屍官辦公室一名「對法醫學著迷的訪客」，再到邁克爾·韋斯特在蘭金郡停屍間「首創的」紫外線燈光照法。

評論家在垃圾科學的演繹（就像威利法官在中央街一百號享受的展示）和解讀塔羅牌之間找到一些類似性：（原注4）占星家和牙醫師類似，都對複雜的方法論擁有全方位的知識、必須遵循「適當的」解讀方式，這套方式也都由大師傳承了幾世紀。但是這並不表示他們可以預測未來。即使他們的預測被證明是正確的，也不表示他們的方法「有效」。就像是美國法醫牙科學會專科醫師參考手冊裡的一句話：「瞎眼的豬偶爾也可以找到一顆橡果。」（原注5）

午休時間快到了。經驗老道的訴訟律師在組織證人的證詞時，會讓開頭和結尾都夠有力，再配合讓聽眾覺得難忘和具說服力的內容，內容要夠重要、是最近發生的事，而且不斷重複。人類會記住第一件聽到的事（那天的第一件事便是九一一事件）、聽過很多遍的事（受苦的孩子、科學術語），還有最後聽到的事。關鍵就是把這些元素編織成一個好故事，而且要有強烈的視覺效果和描述細節。用法醫學的話來

說，就是要善用「案例研究」。

森恩繼續展示他的投影片，又出現了一個可憐的小孩子。他問道：「而在這件案子裡——您希望我說一下這個案子的事嗎？」

摩日回答：「當然！」

這位牙醫師解釋道：「這個案子涉及虐待兒童。我接到兒童保護服務單位的電話……」

在聖誕節的前幾天，一位年輕的母親把她的孩子從托兒所接回家，卻發現孩子的身上有咬痕，這是個外行人的診斷。這起犯罪沒有目擊證人，也不清楚它是什麼時候發生的。這位母親報了警，警察認為她的「同居男友」（通常的嫌疑人）可能虐待兒童，因此便將他逮捕了。他否認犯行，這位母親也支持他，但是傷害重罪的指控還沒有撤銷。那天是平安夜，一家人都希望團圓，但是如果不是男友咬了那個孩子，那麼是誰咬的呢？森恩被召去解開這個謎團。

他得到了三名嫌疑人的牙齒：白天負責照顧小孩的人、同住男友，而另一個則是一名三歲孩子的牙齒。森恩進行了盲性分析，這表示他不知道哪一副牙齒是誰的，而且他的「學生還加進另一個嫌疑人，只是為了增加分析的困難度」。投影片上出現四組黑色細長的長方形，每一副牙齒的旁邊分別標示了字母A、B、C、D。整個早上的表演就是為了迎來這一刻：有機會用圖片和故事向威利法官證明這個方法的有效性。這名牙醫開始把牙齒輪廓轉來轉去，「我知道現在必須考慮的是，在皮膚上、照片中和所有這類情況下都會發生扭曲，我也的確考慮到這些……不過我的比對是根據我做過許多、許多這樣案件的經驗。」

輪廓停止旋轉，嫌疑人D的牙齒就剛好蓋在那個傷痕上。看起來就是D了，但它畢竟不像是一片拼圖那樣，可以剛好卡到定位。要正確的認識「咬合動態」是指向嫌疑人D，還是必須靠森恩的引導，因為皮膚上的傷口會擴散，而且一直在改變。牙醫將所有這些不可知的因素稱為「扭曲」，對扭曲的「詮釋」是咬痕的「藝術」。它可以用來做出任何解釋、證明任何結論，一旦你看到了大象，就不可能覺得沒看到了。

洛威爾・萊文在基思・哈沃德審判中的證詞就是一個典型的例子。這位美國法醫牙科學會的創始人實在太有說服力了，甚至連哈沃德自己的哥哥都開始對哈沃德的無辜產生動搖。在交互詰問時，倒霉的公設辯護人試圖舉出看起來與哈沃德的牙齒無法「吻合」的傷口區塊，以質問這位受到各方讚譽的牙醫師。結果萊文在一九八七年諄諄教誨這位律師：「讓我再一次告訴你理論和實際的情況。常識就是：如果有一顆牙齒比較高，它就不會留下齒痕。或者說如果有一顆牙齒比較低，它就會確實留下齒痕……我知道你可能覺得這沒有道理，但是相信我，我已經看過幾百個這樣的案例了，而我相信這是你第一次看到這樣的案例，你自己也是這麼說的。」

健康每況愈下的哈沃德當時人在三百八十五英里外的諾托韋矯正中心（Nottoway

Correctional Center）。我們在未來的兩年內都還不會見面。當森恩向威利法官解釋他如何解開聖誕節虐童案的謎團時，離哈沃德在紐波特紐斯因為襲擊佩隆一家而被判處無期徒刑，已經過了將近三十年。「進行完分析之後，我就說，好，如果這些就是所有的嫌疑人，那麼我也能得出結論了。可以排除A、B、C，但是我無法排除D。兒童保護服務的人和警察接著問，嗯，那D是誰？我說我不知道，不過有人知道。而D原來是住在家裡的那個孩子。」

摩日倒抽了一口氣：「一個三歲的小孩！」

森恩得意地說：「一個三歲的小孩。」

這位牙醫師接著解釋為什麼這個鑑識這麼難解決，「這個孩子有一張大嘴，真的是一個很魁梧的孩子。他的嘴寬、犬齒間距幾乎和他母親與她的男朋友都一樣。這些牙齒都很像，所以這不是一個簡單的案例……於是我們告訴兒童保護服務處和警察，如果當真就是這幾個人當中的其中一人，我們認為是那個孩子咬的。於是他們就放了那個人，讓他回家過聖誕節，太好了……」

「法官，我們現在可以午休一下了？」

摩日在午休後重新開始。「現在讓我們回到投影片，您剛才說您會找到比較突

出、可能留下特殊咬痕的牙齒特徵嗎？」這也是一個看似很簡單，但是無法用文字回答的問題，只能夠用圖片回答。斷言咬痕中「比較突出的牙齒特徵」是一種猜測。

森恩回答：「我不確定我是否理解您的問題。」

「好，那我收回這個問題。」摩日翻閱她的筆記，直到找到她要找的內容。「您是否確實知道某一個案子的嫌疑人有著特殊的咬痕，例如泰德・邦迪？」

詢問一名美國法醫牙科學會的專科醫師是否知道泰德・邦迪，就像是問一個摩門教徒是否熟悉約瑟夫・史密斯（Joseph Smith）一樣。

摩日問道：「您有邦迪案的投影片嗎？」

「有的！」

於是他便展示了邦迪在一九七九年審判中的咬痕證據，那是法醫學中最經典的一個案例研究。（原注6）森恩教科書的封面就是這張照片，即使到了二〇一九年，健康保健的權威暨《奧茲醫生秀》（*The Dr. Oz Show*）主持人奧茲博士還在節目中訪問警長肯・卡薩里斯，該環節的標題就是「揭曉使泰德・邦迪入獄的物證」。（原注7）森恩用《鑑識檔案》（*Forensic Files*）的激情講述美國法醫牙科學會的原版故事，而且它和聖誕節的案件不同——威利法官只能夠相信牙醫的保證並接受聖誕節案是一個真實故事，而邦迪案卻是真有紀錄在案，也沒有什麼人會懷疑這位連續殺人犯是真的犯了罪，或是對於將他定罪的證據存有批判性想法。

從九一一事件到泰德．邦迪，這些都是在替咬痕論點辯護。那時候是大約下午三點。摩日還有兩個小時替接下來的交互詰問拆掉可能的炸彈。最大的問題是自從邦迪死在佛羅里達州的電椅之後，牙醫已經讓太多無辜的人被判有罪了。再加上有瑪麗．布希的屍體研究，摩日自己的證人也在美國國家科學院委員會的面前不顧後果地承認了存在「重要的問題」，當然還有《NAS 報告》。

用訴訟的話來說，就是太多「糟糕的事實」了。

不過對一個老練的辯護人來說，只有無法被接受但又講不出另一個故事的事實才是「糟糕的事實」。摩日問道：「現在，您知道在過去幾年中，有人對法醫牙科學提出了一些質疑嗎？」。

牙醫一下子就開始攻擊《NAS 報告》。

摩日打斷他：「好吧，先說一下您是否參與了一些人的平反，然而他們先前至少部分是因為咬痕證詞而被定罪的？」

他確實有。

「您之前作證說您擔任過『無辜計畫』某些案件的顧問？」

在《NAS 報告》發表的前幾年，這位牙醫曾經在宣誓書中對幾起錯誤定罪的原始分析提出批評，包括密西西比州的里馮．布魯克斯案和肯尼迪．布魯爾案。這種批評是雙重保險策略的一部分，為當事人的清白提供了另一個證據。其實從科學上來說，對咬痕的重新分析並不比原本的分析更為可靠，但是這件事發生在現實世界中，現實世界就是由科學家來決定什麼是有效的科學。刑事法院無異議接受了咬痕。這使得辯護律師為了符合憲法義務（必須竭盡一切符合道德的辯護），便必須以垃圾科學來對抗垃圾科學。大衛．韋恩．斯賓塞的律師缺乏其他選項，因此也嘗試用這種策略來挽救他的生命，但是失敗了。

讓里馮．布魯克斯和肯尼迪．布魯爾獲得平反的當然是DNA證據，他們勉強避過了斯賓塞的命運。而像布魯克斯和布魯爾這樣的無辜者獲得平反，暴露了咬痕是垃圾科學。這看起來是糟糕的事實。但是森恩卻反過來作證說，他同樣將整個早上討論的咬痕技術應用到無辜者的案件中。他要傳達的訊息很簡單，不過看起來卻很得人心：只要執行「得宜」，咬痕證據既可以為無辜者平反（聖誕節案），也可以將有罪的人定罪（泰德．邦迪案）。此外，無辜計畫也會聘請法醫牙科專家幫助他們的當事人獲釋。而**現在這些偽君子卻想要消滅咬痕證據？**

至於說，這麼可靠的證據為什麼會讓無辜的人被判有罪，森恩說要怪個人，而不是這個科學。有幾個牙醫的經驗不足，其他人則犯了難以理解的「錯誤」。但是他主要還是瞄準最容易的那個對象：哈蒂斯堡的那位小老頭牙醫。森恩說：「我認為布魯爾案和布魯克斯案的問題在於邁克爾・韋斯特。他現在被定罪了，他的自我就和這間法院一樣大。」森恩還把他的雙臂張開。「他是個糟糕的牙科法醫。」（韋斯特在幾個月前的一份宣誓證詞中表達了他對森恩的看法：「一個真正卑鄙的傢伙。」（原注8））

以上是有關錯誤定罪的部分。我懷疑錯誤定罪其實不只是他們拆彈的四個案件，但是在二〇一二年時還沒有明確的清單，只有幾個已經被邁克爾・鮑爾斯發現並公布的案例。

下一張投影片沒有任何圖片，只有一行字：見森恩，同前文所引，第175-176頁，註腳128-130。

摩日問道：「那是您本人嗎？」

「那就是我。」

那是《NAS報告》引用他說有「重要問題」的證詞。森恩很快回覆：「這些是我提出的說法，我支持這些觀點。但是他們沒有提到我的發表裡有說到，法醫牙科專家了解牙齒的解剖結構和功能、咬合的動態機制！一個夠格的、技巧熟練的牙醫可以從咬合模式中得出咬合圖，並展現足夠的資訊，使它具有證據價值。」此外，這位牙醫還抱怨美國國家科學院只「挑選」他們想要的事實。他們「看的不是正確的資訊來源」；他們沒有「恰當的分析他們所看的資訊來源」；他們引用的百分之六十三錯誤率，是心懷不滿的牙醫師鮑爾斯發布的「虛假信息」。森恩怒斥道，這可「不是在做能力測驗！」這是「教育訓練」。

「您是否熟悉我將稱為屍體實驗的東西……」

森恩很熟悉。

「依您的意見，屍體實驗是否可以準確代表真實世界的咬痕和咬痕分析？」

他肯定的回答：「不，不行。」

「好的。能告訴我們為什麼不行嗎？您是否能夠用萬用鉗告訴我們，它要如何或是為什麼不能與人類的下顎對比？」

森恩花了大約半小時，比較「夾捏屍體」和活生生的「咬人情況」，破解了這個研究。森恩解釋說：「現實世界中，牙齒會咬進皮膚裡」，而且和屍體不一樣的是，「被咬的人不會喜歡被咬，他們一定會試著擺脫，通常也會猛拉手臂……所以這是一個比咬合測試更暴力、更動態的行動情境……」

如此這般。任何一名法醫牙科專家都可以這樣說上個好幾天。這些就是「咬合的動態機制」。它的論點是屍體實驗不會有皮膚的扭曲，所以該研究與法醫牙科專家在現實世界中所做的事情毫無關聯。這是一個夠細膩的策略。它逃過接受糟糕的事實，創造出一種新的範式，用科學方法本身做為拒絕科學的基礎，反而仰賴「真實世界」中未經檢驗的的訓練和經驗。

在主詰問的最後，摩日提到森恩的一本牙醫學教科書，森恩抱怨美國國家科學院忽略了這本書。已經將近五點了，只剩下幾分鐘留給辯方律師。交互詰問要等到明天了。

——

「我再問一次，」辯護律師說，一邊敲著講台，「難道咬痕分析不涉及比較嗎？」

「沒有。」

「難道它不是牙齒模型和和咬痕的比對嗎？」

「不是。」

「它不會把一個中空的輪廓圖與一個疑似咬痕的照片做比對嗎？」

「不會。」

「它完全不涉及比對嗎？」

「不涉及。」

旁聽席上的牙醫們互看著笑了。他們都知道。咬痕分析是要確定那個傷口是不是咬痕。咬痕比對（comparison）才是辯護律師想要問森恩的內容。我們贏了！美國國家科學院或許可以不管牙醫的教科書裡說什麼，但是辯護律師這麼做的話，後果就要自負了。

耗時一整天的交互詰問走了好幾輪，威利法官早就失去興趣。兩造之間看不到終點的字詞解析既乏味又令人困惑。威利法官不再懷疑，他認為用牙科紀錄識別身分就和咬痕是同一回事，沒有法院拒絕過咬痕，這項技術曾經為無辜者平反，也讓連環殺手被判有罪，是美國國家科學院的精英科學家曲解了科學知識庫。

法官也聽了許多好故事。

講故事是很有說服力的，因為它關閉了人的批判性思維。聽故事的人會自動填補敘事的空白。讓我們再想一下森恩的聖誕節故事吧，就算是一名有著「很大嘴巴」的三歲兒童，也還是長著乳牙吧。只看牙齒模型和那名幼童的牙齒外觀，難道不能明顯看出「嫌疑人D」是個小孩嗎？如果皮膚就像森恩堅持的那樣可以留住牙印，難道乳牙不會留下比較小的牙印嗎？難道他的分析不能夠明顯看出這就是一個孩子的咬痕嗎？到底為什麼森恩還需要做比對？

———

幾週後，辯方展開辯護。瑪麗．布希展示了她對屍體的研究。摩日在交互詰問時嘲笑她缺乏「真實世界」的經驗，她的研究也被認為不影響威利法官的決定，因此不被列入考慮。凱倫．卡法達的證詞聚焦在美國國家科學院在當代社會的角色，它是由美國的頂尖科學家為聯邦政府提供客觀的科學分析。她介紹了美國國家科學院委員會對司法科學的調查，以及該調查結果的重要性。但是對於科學家來說，事實並沒有好壞之分。她完全沒有故事，都是數據。卡法達講的是未經編造的資訊，她還使用方程式來解釋為什麼咬痕分析（和比對）在科學上站不住腳。

就是很**無聊**。

第三章

史蒂夫·錢尼的新律師

蜜雪兒．摩爾辭去定罪後冤案救援律師的職位後，史蒂夫．錢尼的檔案就躺在達拉斯郡公設辯護人辦公室的一角乏人問津。他曾經有過一絲希望，對莎莉．斯威克破損指甲下的DNA證據進行檢驗後，排除了錢尼。但是最終還是什麼事都沒發生。沒有聲請重新審判，也沒有進一步調查；只是讓錢尼「戴著鐵鍊」從亨茨維爾到達拉斯郡看守所白走了一遭，錢尼在看守所待了一年多，原本希望能夠穿過天橋走回弗蘭克．克勞利法院大樓。

錢尼回到溫尼監區之後，又過了幾年。他的假釋申請再次遭到拒絕，因為他還是不願為罪行承擔責任，因此又被「展延」了一次。時間的流逝像節拍器一樣數著日子，直到他下一次再被展延，或者有另一位律師回應他的祈禱，接下他的案子。來自溫尼監區的其他祈禱在這幾年都得到了回應。因為謀殺妻子而被錯誤定罪的邁克爾．莫頓，經歷八年的DNA檢驗戰爭之後，在無辜計畫律師妮娜．莫里森的幫助下獲得平反。同樣無辜入獄的錢尼和莫頓多年來一直很友好，兩人都在孤獨而類似的奮鬥中追求自由，但是很少談及彼此的案件。溫尼監區的其他囚犯（現在是錢尼交往最久的一些朋友），也有人因莫里森而獲得平反，其中包括科尼利厄斯．杜普里（Cornelius Dupree）。杜普里也和錢尼一樣，多年來一直拒絕「承認」他被判有罪的性侵和強盜罪，因此喪失了獲得假釋的機會。

莫頓和杜普里有專門的非常救濟律師，最後也有具高度證明力的ＤＮＡ證據證明他們的清白，錢尼兩者都沒有。他的太太萊諾拉還失去了工作，深陷貧窮。她需要她的丈夫回家，卻看不到眼前的路，這條路不包括錢尼「承認」有罪，求取德州赦免和假釋委員會的憐憫，因為這也無法保證自由。德州赦免和假釋委員會最為人知的就是它無情地拒絕了卡麥隆·托德·威靈漢和大衛·韋恩·斯賓塞等死囚的上訴，這些無辜的人都是在離溫尼監區不遠的高牆監區（Walls Unit）被處死的，而錢尼在過去二十五年間都是在溫尼監區度過。

不過德州又一次面臨改變的契機。一種新的法律樣貌正在出現，將會影響錢尼的自由之路。有些變化令人振奮，朱莉·萊瑟（Julie Lesser）接替了摩爾在達拉斯郡公設辯護人辦公室的位置，她承諾會更加關注沒有決定性ＤＮＡ證據的案件。讓人感到比較不祥的是，克雷格·沃特金斯這位堪稱達拉斯先驅的非裔地區檢察官在競選連任中敗北，輸給共和黨法官又長期擔任過檢察官的蘇珊·霍克（Susan Hawk）。因此許多事情還是維持不變。德州的死刑執行人數還是超過其他州和其他大多數國家，德州的錯誤定罪繼續領先全國，垃圾科學也繼續在這些司法誤判中發揮巨大作用。

在錢尼被送回亨茨維爾之後，又有一連串被垃圾科學定罪的謀殺案被推翻，包括死刑案件。那些緊盯著預定行刑日期的人，差那麼一點點就要走進死刑室。德州和全美日益壯大的廢死運動，讓支持死亡的陣營退居守勢。那些「有驚無險」（near misses）★的案件和將威靈漢錯誤執行的陰影，考驗著德州要迅速且確實執行死刑的承諾，也導致二〇一三年通過了一項指標性的法律。11.073號條款修訂了德州的人身保護令條例，為受刑人提供一條救濟途徑，只要他們能夠證明當初將他們定罪的「科學」已經不足採信。德州突然成了非常救濟制度在全國最進步的州，至少在文字規定上是如此。

當朱莉・萊瑟拿出一個泛黃、上面標有「德州訴史蒂夫・馬克・錢尼案」的文件夾，吹掉上面的灰塵、放進她的「可能」文件堆時，11.073號條款（它很快以「垃圾科學令狀」之名而為人所知）已經成功阻止至少一名男子里戈貝托・羅伯特・阿維拉（Rigoberto "Robert" Avila Jr.）被執行死刑，阿維拉是根據可疑的「嬰兒搖晃症候群」理論被判處謀殺一名幼童的罪行成立。（原注1）嬰兒搖晃症候群，或稱「虐待性頭部創傷」，是一種有爭議的醫學診斷。該理論認為如果在一名死去的嬰兒身上觀察到某些症狀，如腦膜下出血、視網膜出血和缺氧性腦病變（缺氧引起的腦損傷），那麼該名嬰兒一定是因為被劇烈搖晃才使得大腦在顱骨內旋轉而導致重傷，但是這通常沒有任何外傷跡象，包括人們認為劇烈搖晃會帶來的傷口，例如嬰兒頸部的外傷。有專

★譯按：指經檢察官起訴，但於通常審理程序即判決無罪的案件。關於near-miss案件的本土研究，可參高珮瓊（2022），《冤案製造：以near miss案件進行的成因研究》，國立台灣大學法律學研究所碩士論文）。

書討論這種大致上已經不足以採信的法醫學診斷造成的錯誤定罪，「嬰兒搖晃症候群」造成的司法誤判至少和咬痕證據一樣多。(原注2)

或許和通過「垃圾科學令狀」一樣不可思議的是德州司法科學委員會的重生；該委員會原本已經遭到德州州長瑞克・裴利的閹割，為了防止處決威靈漢會發生令其困擾的政治清算。

雖然德州選民從來沒有追究裴利的責任，但是他親自挑選的委員會主席地區檢察官約翰・布拉德利，在阻擋了邁克爾・莫頓努力爭取的DNA檢驗之後，卻在競選連任時失敗；莫頓最後也因DNA證據獲得平反。DNA確定了謀殺莫頓太太的真凶是馬克・艾倫・諾伍德，同樣的DNA還證明他在莫頓服刑期間又犯下另一起謀殺案。

在布拉德利下台之後的冷卻期，達拉斯的驗屍官尼扎姆・皮爾瓦尼（Nizam Peerwani）博士被任命為新主席，他還聘僱了年輕有為的林恩・羅比泰爾・加西亞（Lynn Robitaille Garcia）律師擔任委員會的總法律顧問；加西亞的能力足以在大型法律事務所任職，她也很擅長取得共識。加西亞在適應了她的新角色之後，不久就安排了延宕已久的威靈漢聽證。委員會在幾年前聘請的巴爾的摩火災調查員克雷格・貝勒終於來到委員會作證，還有約翰・倫蒂尼；倫蒂尼指出在威靈漢縱火謀殺案中使用的垃圾科學也被用於歐內斯特・威利斯的縱火謀殺案審判。兩個人都是無辜的，唯一的區別是威靈漢已經死了，而威利斯是一個自由人。

調查開始三年之後，委員會對那次惡名昭彰的死刑執行發表了報告。在將近八百頁的最終報告中，加西亞避免指責或評價是否有無辜的人被處死。委員會只忠於科學。它的調查結果暗示卡麥隆・托德・威靈漢是無辜的，對於導致他被判刑的「民間傳說」提出質疑。但是報告中強調「司法科學委員會不是要確定無罪或有罪的委員會，它也不是討論死刑優劣的論壇。它的成立是為了改善司法科學在德州法院的可靠性和完善性……此處的任何結論均不涉及對有罪或無罪的評論」。（原注3）

出乎意料的，該報告使委員會擺脫了爭議。雙方都宣稱勝利，委員會也重新展開工作。國家機器殺人所激起的道德憤怒會在其他地方進行爭訟。當朱莉・萊瑟對我傳來一則語音訊息，內容是關於德州這件由牙醫作證說符合百萬分之一配對的咬痕案，該委員會已經成為全國的典範，以其透明、科學導向、非關究責的方式，在死刑定罪的首要之都為司法科學提供了規範。

一位新的地區檢察官、一名新的公設辯護人、一部新的法律和一個新的委員會。德州再次發生了很多變化，至少看起來像是那麼回事。當萊瑟接起我向律師公會尋求咬痕案例的電話。再一次，史蒂夫・錢尼排著的長長隊伍準備向前移動了。

亨茨維爾監獄溫尼監區

四十五號州際公路始於德州的東南角，一個靠近「殺戮地帶」的地方，那是利格城（League City）外一塊占地二十五英畝的泥土地，自一九七〇年代以來，那裡至少發現了三十名受害者的屍體，幾乎都是年輕女性，據稱她們是遭到多名連續殺人犯的殺害。這條高速公路從利格城一路向北，穿過休士頓，最後結束在達拉斯。一路上沒什麼特殊的地貌，而且十分平坦，因此當我開著租來的車從休士頓機場一路向北行駛時，幾乎可以看到距離我六十五英里外的亨茨維爾。

一小時後，我便經過了亨茨維爾郊區那七十英尺高的薩姆．休士頓（Sam Houston）雕像。往南的路上經過一輛白色校車，暗黑的窗戶上還裝了鐵網，車身側面印有「德州刑事司法部」的天藍色標誌——身繫鐵鍊的受刑人用手銬銬在一起，他們得坐在鋼質長凳上，撐過跨州巴士的旅程，從一個牢籠轉向另一個牢籠。每年有五十八萬名囚犯得忍受共計大約兩萬兩千趟跨越德州的旅程（「巴士療法」），行程將近五百萬英

里。被遺忘的人要被送往不見天日的地方。（原注4）

我把車停進訪客停車場，將後座的文件塞進我的肩包。那疊一英寸厚的紙堆代表我對錢尼案所知的一切。有幾頁法庭紀錄、吉姆・黑爾斯和荷馬・坎貝爾的證詞、上訴意見書的複本、斯威克夫婦那殘缺不全的犯罪現場屍體照片，以及幾十張約翰・斯威克前臂的U形傷口照片。朱莉・萊瑟在前門的三層樓高紅磚監視塔下與我會面。帶刺的鐵絲網大門打開來，我們沿著人行道、穿過修剪整齊的草坪來到正門口。警衛室的一名獄警仔細檢查了我的紐約州律師證，然後才允許我登記合法會客。沉重的鋼門在我們背後關上，發出千年似的重擊聲，萊瑟和我沿著灰色的走廊，走向一排中間有厚重的塑膠玻璃隔開的小隔間，右邊牆上裝著黑色的電話。中間那格就坐著我在無辜計畫的第一個當事人。

他已經等很久了。

我在南布朗克斯擔任公設辯護人期間，花了很多時間訪視里克斯島（Rikers Island）的當事人，那裡是紐約市東河一個惡名昭彰的島嶼監獄。我的當事人大多是充滿憤怒、恐懼、絕望，也包括希望的年輕人。在我早期擔任上訴辯護人的工作中，我的當事人都已經在審判中被判有罪，剛展開長刑期的執行，他們熾熱的情緒慢慢被

掏空，轉往紐約州北部的監獄法律圖書館裡澆灌他們對自由的希望。我的大多數當事人——那些在里克斯島，用他們被壓抑的精力奮力出聲的人，那些被關押在有著數百年歷史的州北監獄的人——都對公設辯護人深表懷疑。唯有表現出尊重和努力對抗，才能夠贏得他們的信任。我通常會敗訴。通常在定罪後，我就不會再見到或是聽到當事人的消息了。總是會有另一場更緊迫的危機、另一場審判、另一場上訴、另一場陪訊輪班；輪子從未停止轉動。我要代理上千個人，有時候只是在陪訊中見個幾分鐘，有時候會花上好幾年，但是我從未訪視過一個被判無期徒刑後關了二十五年的人。

我的檔案裡還有史蒂夫·錢尼被捕時的照片，那是一張彩色的拍立得，是威斯特華倫刑警把他從拉斯科利納斯的建築工地帶走那天拍的照片。錢尼在德州的太陽下幹活而曬得黝黑，他那天穿著一件沾滿灰塵的白色T恤，緊貼著他結實的身軀，他揚起下巴正對著鏡頭，露出明顯的喉結；一頭髒兮兮的金髮下是他那雙令人印象深刻的藍眼睛。從照片中散發出一股專屬於里克斯島的環繞氣場。那不是坐在我面前這面髒兮兮的塑膠玻璃對面的人。錢尼已經失去了他的顏色；他的頭髮和眼睛都變成鐵灰色；深深的皺紋像河流一樣橫過他蒼白的前額，往下延伸至他的嘴角。暗淡的白色囚服使他變得幾乎看不見了，只有一副監獄配發的巴迪·霍利（Buddy Holly）風格的黑框眼鏡顯得很搶眼。

我在錢尼面前的鋼凳上坐下來，拿起電話。錢尼拿起電話時低下了頭，似乎在讓自己鎮定下來。當他重新看向我時，淚水奪眶而出，順著溫尼監區在他臉上刻下的皺紋流了下來。

「看吧，」萊瑟對錢尼說，「我告訴過你他會來。」

在我擔任公設辯護人的那幾年間，從來沒有準備過像這樣的事。在與當事人面談時，我從來沒有被當作像救世主一樣，就好像我身上穿了一件斗篷。對於信仰虔誠的錢尼來說，朱莉・萊瑟就像是耶穌派來給他的，我們在亨茨維爾的會面又進一步證明了上帝的偉大。在過去的十年中，錢尼一直看到無辜計畫的律師們讓他的獄友獲得釋放，現在輪到他了。那一刻我感到責任重大。在那一刻之前，錢尼對我來說一直是一個測試性案例，一個用「垃圾科學令狀」挑戰現狀的理想工具，我沒有想過他到底是有罪還是無辜的。他就只是一個完美的案例。但是現在我面前跑出了一個當事人，這個當事人相信我可以揮動魔杖，打開監獄的大門。

這真是太嚇人了。

關於咬痕證據，幾乎沒有什麼是錢尼不知道，或是需要我告訴他的。他手邊有一本破爛不堪的《科學證據》（*Scientific Evidence*），這是美國幾位最受尊敬的科學家和法律學者共同編輯的一本全面性的司法科學論文。錢尼讀得比我還滾瓜爛熟。他知道

鞋類證據、血液初步檢測和測謊儀，這些被用來對付他的垃圾科學。錢尼知道那些狡猾的謊言和說謊者。他知道他得排隊等待。但是與我不同的是，他知道他是無辜的；另一個與我不同的是，他有信念。我試圖降低他的期待，畢竟還是有許多糟糕的事實，而且沒有更多DNA可以檢測了；但是在我們一起度過的大約一小時裡，錢尼一直保持著微笑。他知道我們的會面是他信念的回報。

「上帝保佑你，法布里坎特先生。」

我不知道該說什麼。我們隔著玻璃把雙手按在一起，然後我便飛回了紐約。

第四章

基思·哈沃德遺失的樂透彩券

威利法官中止了紐約市舉辦的聽證之後，無辜計畫立刻開始尋找像史蒂夫．錢尼這樣的案子。走到任何訴訟階段的所有咬痕案件都是一個機會，錢尼這樣的案件當然也是，我們都接手。死刑案件和輕罪；尚未審理的案件、最近定罪案件的直接上訴，以及可以追溯到雷根時代的有罪判決；甚至連死後的案件也納入考慮，因為所有以咬痕證據或任何垃圾科學做出的定罪，在本質上都不可信賴。

無辜計畫組成策略訴訟團隊投入司法科學領域，並且聘請了一位傑出的年輕律師達娜．德爾格（Dana Delger）、一位極有能力的律師助理艾瑞克．皮奇（Eric Pilch），隨後又聘了同樣優秀的馬特．凱爾納（Matt Kellner）。我們的團隊一起尋遍全國，建立起垃圾科學清單並提起訴訟。皮奇每天會寄十封電子郵件給我，列出幾十種可能的案例，毛髮比對、縱火、嬰兒搖晃症候群、血液噴濺、比對鉛彈頭分析、彈道學，還有犯罪學家能夠想得到的各種天馬行空，但是最重要的還是咬痕。

其中有封電子郵件引人注意，那是一份用PDF格式附檔寄來的上訴意見，檔名是「維吉尼亞州訴哈沃德案」（5 Va. App. 468, Va. Ct. App. 1988）。維持謀殺罪判決的意見通常都很簡短，語帶輕蔑，並且對被告有罪不留懷疑的餘地；它們很少讓讀者對被告有罪感到遲疑。這些意見中的「事實」部分通常都在詳述犯罪的殘酷，而不是精確分析證據的分量。「維吉尼亞州訴哈沃德案」卻不是那樣。在我看來，如果只讀維持無期徒刑的意見，很可能會覺得基思．哈沃德被判有罪的罪行看起來是無辜的：他以棍棒將傑西．佩隆打死，並在三個孩子還在附近睡覺時，對傑西的妻子特蕾莎．佩隆進行數小時的性折磨。這個意見會被解讀為可能誤判了一個無辜的人，而且是出於對咬痕證據的懷疑。否則的話，就會覺得哈沃德怎麼沒有被判處死刑了。

上訴意見的第一句話便道出了一段不尋常的上訴歷史：「這是基思．艾倫．哈沃德對謀殺傑西．佩隆的數次定罪的第二次上訴。」第二次上訴，哈沃德的第一個有罪判決被推翻了，這不是一件小事。上訴法院（只要他們願意）幾乎總是能找到維持有罪判決的方法，他們可以說這裡只犯了一個「無害的錯誤」，「沒有人提出異議」，也或許有時候法院就只是忽略了相關信息、忽略被告的「有利事實」。謀殺案的有罪判決被推翻就表示案件有問題，足以讓上訴法院不認為刑事上訴構成司法資源的浪費——貧窮的上訴人通常會被認為是在浪費司法資源。

意見內容也很不尋常，因為它承認有糟糕的起訴事實，包括「佩隆太太始終無法認出襲擊她的人」。法院的第二次有罪判決主要是依據洛威爾．萊文的證詞，其中鉅細靡遺的描述且強調這不只是萊文的意見，阿爾文．凱吉也考慮過同樣的事實：「兩位法醫牙科專家都作證說，哈沃德牙齒的一切整體特徵，不論間距、寬度和對齊方式，都和特蕾莎．佩隆腿上的咬痕照片『絲毫不差』……如果這項證據可信，就可以證明是哈沃德謀殺了傑西．佩隆。紀錄中沒有其他證據證明是哈沃德之外的人謀殺了傑西．佩隆。我們已經找到充分的情況證據，因此維持原判。」

如果證據可信？沒有其他證據證明是哈沃德之外的人謀殺了傑西．佩隆？那不是一個堅定的有罪判決該使用的語言，也看不出來用咬痕證據可以得到絕對的肯定。不過法院卻說「所有處理咬痕證據的司法單位在發現該技術『具有科學根據且可靠』之後，都認為這類證據可以採納」。

它就是我們在找的那類案子。我拿起電話，打給哈沃德的原審律師羅伊．拉斯瑞斯，想聽聽他對三十年前的案子還記得什麼，當時他還只是一名剛開始執業的年輕律師，然後就突然被指派了一個死刑案件：一個無辜的人遭到起訴；這是兩位美國參議員等人施加壓力的結果，最終逮捕了這個穿著海軍制服的怪物，說他闖入了沃里克大道上一間平靜的房子，毀了睡在裡面的一家人。

雖然已經過去很多年了，但是拉斯瑞斯從來沒有忘記過這個案字。大概沒有律師會喜歡接到另一位律師的電話，詢問他們處理過的案件結果，尤其還是一件被判無期徒刑的刑事案件。我也打過和接過許多這類電話。你很難沒有防衛心態，就直接承認當初做的決定現在回想起來可能不是最理想的。通常這類電話都會先讓人繃緊神經回顧基本事實，然後再替失敗的審判策略辯護，最後則是勉強保證會合作，和承諾會去「翻一下我的檔案」。

但是拉斯瑞斯很樂意提供協助。他一直把哈沃德的有罪判決放在心上，懷疑就像針一樣，扎在他的記憶中。只是他一直無法解決咬痕的問題，他甚至找不到願意挑戰萊文的專家。拉斯瑞斯還記得這件事。他也記得萊文那扣人心弦的證詞，甚至讓吻合的咬痕在哈沃德哥哥的腦中播下懷疑的種子。拉斯瑞斯答應會挖出他保存的檔案，並提供給我們所需的任何東西，方便我們在定罪後提出挑戰。我們寫了一封信給關在維吉尼亞州諾托韋矯正中心的哈沃德，看他是否還希望無辜計畫承接他的案件。

沒過多久，我們就收到他的回音。

哈沃德的有罪判決是在一九八八年一月十九日確認的。當他的北卡羅來納口音伴著話筒中的雜音向我們傳來時，他已經有四分之一個世紀沒有和律師說過話了。那是一段艱苦的歲月。哈沃德的父母在他入獄期間雙雙過世。維吉尼亞州矯正署沒有批准他去參加父親或母親的葬禮，這是許多囚犯都會經歷的極大痛苦。哈沃德有二十年沒有見到他的哥哥了，他的健康狀況也極度堪憂。他談到自己很快就需要動膀胱手術，並以令人膽戰心驚的細節描述他的身體在過去幾年間的退化。簡單來說，他變成一個老人了，就像是河床上的一塊石頭一樣，被無期徒刑的重擔消磨殆盡，淪為第1125797號囚犯，成為大量監禁中一顆無名也無聲的石頭。

許多無辜計畫的律師都曾經遇過他們認為是無辜的當事人，卻在獲釋之前就死在獄中，死在他們的罪名獲得洗刷之前，在他們破碎的家庭碎片重新拼湊起來之前。在我看來，哈沃德的健康狀況讓他很可能在案子有任何進展之前就先死了。我們警告他，定罪後的訴訟可能需要好幾年才能夠解決。但是哈沃德很高興。他很高興能和我們說話，他是病人，他很風趣也很樂觀，南方人的習慣和軍旅生活與監獄紀律讓他非常有禮貌。哈沃德告訴我們慢慢來就好，他相信我們，也知道我們還有許多其他當事人，他等了將近三十年，也準備好繼續等下去。

不久之後，負責調查哈沃德案件的法律部門同事澤伊曼紐爾・海盧（Ze-Emanuel Hailu）打電話給維吉尼亞州最高法院的書記官，想要尋找原審的檔案。一名法院職員叫海盧稍等，然後在儲物區裡稍微翻了一下。幾分鐘後，他重新拿起電話，卻說他沒有找到任何檔案。但是他的確找到了一個寫著「維吉尼亞州訴哈沃德案」的舊紙箱。

您會對這個都是舊東西的紙盒感興趣嗎？

當然！

這個盒子就像哈沃德本人一樣，待在那裡漸漸老去，幾十年來日益崩壞，等待有一天被發現。所有東西都還在那裡。一九八二年那個可怕的夜晚結束時，一名急診室醫生對特蕾莎・佩隆使用的「性侵採證套組」。凶手蓋在特蕾莎頭上的尿布（要讓她看不清他的臉）。他性侵她時的沙發墊，還有那名水手喝過的一瓶百事可樂，他在最後一次性侵特蕾莎之前，還把他的香菸摁熄在裡面。

都在那裡了，那張被弄丟的樂透彩券。

海盧放下電話，向我們宣布他發現了什麼，辦公室裡隨之響起一陣歡呼聲，這不再只是垃圾科學的案件了。它現在看起來更像是一個傳統的DNA案件，一個有可能平反的案件。無辜計畫的資深律師奧爾加．阿克塞爾羅德（Olga Akselrod）加入了法律團隊，阿克塞爾羅德是一位DNA專家，她對於在充滿敵意的維吉尼亞刑事法院中進行無辜者的訴訟案件具有豐富經驗。她和德爾格開始深入研究所有不利於哈沃德的證據，包括那名駐衛的可疑指認，並開始努力說服紐波特紐斯地區檢察官霍華德．格溫（Howard Gwynn）允許DNA檢驗。

格溫是在一九九〇年接替威拉德．羅賓遜成為地區檢察官，維吉尼亞州最高法院則是在兩年前決定維持哈沃德的有罪判決。格溫當檢察官時，是羅賓遜聘僱的保守派成員，因為羅賓遜要延續他辦公室的傳統強硬路線。但是格溫與他的許多同僚不同，他對真相保持開放的態度，而他的許多同僚對於終局性原則的堅持，使他們對發生悲劇性錯誤的可能性視而不見。

DNA證據裝箱後被運去檢驗了。大家都希望檢驗能夠盡快完成，好讓哈沃德能夠因為真相而獲釋，而不是因為死亡而走出監獄。

第五章

咬痕戰爭益發險惡

華盛頓特區沃德曼公園萬豪飯店
第六十五屆美國鑑識科學學會科學年會

我站在講台上，手裡拿著遙控器，看著巨大的會議室裡擠滿美國鑑識科學學會的成員，他們的掛繩上吊著壓膜名牌，有些人有一整排絲帶，表彰他們在美國鑑識科學學會的職位和等級、年資、某種榮譽，例如「傑出研究員」。就像在軍隊一樣，胸前的絲帶越多越好，但是每個人都一定會得到一些什麼。（我謝絕了「初次與會」和「演講者」的絲帶。）有一群身穿熟悉的藍外套的牙醫齊聚一堂，開始占滿中間一排。大衛・森恩的絲帶都垂到肚臍了，他堪稱是美國鑑識科學學會的四星上將，還有洛威爾・萊文，哈沃德現在的遭遇就是因為他，以及史蒂夫・錢尼審判中的「辯方」證人約翰・麥克道爾，這名牙醫在交互詰問中同意他「無法排除」錢尼是在約翰・斯威克前臂上製造「咬痕」的人。麥克道爾在那裡被尊為傑出研究員。（原注1）

那時是二〇一三年二月，我正在對萊文和其他美國法醫牙科學會的「創始人」於一九七六年成立的牙科部門發表演說。我的演說內容基本上算是一則招募宣傳，對象是學會認證的牙醫，我希望他們願意打破美國法醫牙科學會，代表無辜計畫的當事人作證。我們需要更多像是邁克爾・鮑爾斯這樣的牙醫，來應付即將到來的訴訟，他們必須曾經參與「真實世界」的個案工作，但是能夠接受二〇〇九年的《NAS報告》

調查結果，並且放棄咬痕。已經有許多主流科學家證明咬痕證據是垃圾科學，但是只要法院還認為「相關科學社群」的定義就是牙醫本身，我們就至少需要一些我們自己的牙醫。

在我交出演講的提案時，原本是希望能夠討論威利法官的決定，並且希望那個決定象徵咬痕證據的終結，之後的過程便是開始找出被錯誤定罪的人。但是聽證被中止已經是將近一年前的事了，之後也沒有任何決定。所以我的提案始終無法塵埃落定，我決定要揭露咬痕證據只是紙紮的房屋，在背後支撐著科學上站不住腳的法律意見，它是從泰德・邦迪的審判後才進入流行文化的，最終也被錯誤定罪和《NAS報告》揭露為垃圾科學。

我希望說服沉默的反對者、聽眾中潛在的盟友，他們之中有許多人違背常理接受咬痕，其實是因為法院先接受了咬痕。為了揭開這種邏輯的謬誤，我強調幾個開創先河的案例在幾十年後都被證明是對無辜者的錯誤定罪。像是威斯康辛州的「州訴斯廷森案」（*State v. Stinson*）認為，「本案咬痕證據的可靠性足以在道德上確定排除每一個合理的無罪理論。」（原注2）二十三年後，羅伯特・李・斯廷森（Robert Lee Stinson）獲得平反。（原注3）但是「州訴斯廷森案」仍然是有效的「良法」（good law）★。

而且我直接點名所有錯誤定罪和要為此負責的牙醫。森恩在二〇一二年的紐約聽證中只討論了四個案子，但是在我發表演講的時候，美聯社的一項重要調查已經記錄

★編按：指被支持並引用。

了二十四個案件。（原注4）許多司法誤判都要歸因於坐在中間那排向我搖頭的幾位牙醫。

當我的演講結束時，現場一片鴉雀無聲。

那天稍晚，我和瑪麗·布希參加了一個小組，討論是否還應該採納咬痕證據。對大部分人來說，這就是唯一重要的問題了，那個小組吸引了大批聽眾，威利法官即將做出的決定也強化了討論的重要性。

幾位聽眾（我猜是牙醫）在主持人的問答環節故意走出去，還一邊大聲嘀咕著，離開時砰地打開門。一個穿著西裝褲和樸素高跟鞋的瘦削身影從座位上站起來，生氣地穿過一排椅子旁邊。當她沿著過道走向會議廳中心的麥克風時，我注意到她手裡拿著一疊紙，她充滿不屑地開始發言：「這是向布希博士提問……」

她是曼哈頓地區檢察官的鑑識主任梅麗莎·摩日，她手裡拿的是瑪麗·布希在聽證中的證詞紀錄，顯然她打算在美國鑑識科學學會的會議裡繼續她的交互詰問。布希吃驚不已，她試著捍衛自己的論點，但是檢察官強迫她說出咬痕不應該再被採用。摩日表示布希的研究存在無可救藥的缺陷，她的觀點也不恰當。因為布希從未「站在第一線看過真正的咬痕」（原注5）；從未「在現實世界的咬痕案件中採集過證據」；「從未拍過一張真實的咬痕照片」；「未曾從被害者身上採集咬痕的印記」；「從未採集過已故被害者身上真正被咬傷的皮膚！」此外，檢察官還指責她不是「美國法醫牙科學會的專科醫師」，她「自己也承認」不「符合他們嚴格的認證標準」。

這像是一個聖經帶（Bible Belt）★的學校董事會會議的場景。一名自詡為正義的家長公開攻擊一位建議在課堂上教授進化論的非宗教界董事會成員。但是這次攻擊已經超出對於威脅現狀的科學家的典型公開譴責了。布希是辯方證人，她預計要在摩日起訴的凶殺案審判中作證。這對律師來說已經越界了。公開質疑一名證人有損審判的公正性。在專業同行會議這樣的公開場合指控辯方的專家證人，其實是經過算計的威嚇。

犀利縝密的戰略還不限於騷擾專家證人。摩日在聽證後提出摘要，替未來的咬痕戰爭定了調。首先，這個問題被界定為在工人階級的價值觀（捲起袖子幹活所得到的知識）和少數精英的空洞觀點之間做選擇；少數精英對咬痕的批評就像是統計學家告訴鉛管工人要如何修水槽。摩日在摘要中主張，「構成相關科學社群的人，就是、也應該是對咬痕分析有知識、訓練和經驗的人，而且要實際參與過真實案例。」

否則的話，這世界會是什麼樣子呢？檢察官警告說：「如果辯方力勸法庭忽略實務工作者的意見，就會讓我們進入鏡子裡的世界；這些實務者構成了委員會認證的法醫牙科專家隊伍，是他們在回應急診室和停屍間的要求，他們會獲取、保存、分析和比對證據並做出報告，用宣誓來捍衛他們的合理意見。辯方反而要求法院依賴統計

★譯按：指基督教福音派在社會文化中占主導地位的地區，多指美國南部。

學家、法學教授和其他學者的意見，但是這些人沒有做過也做不了相關工作。」

然後是突如其來的一擊，檢察官引用《NAS報告》的內容，解釋說：「當卡法達博士和她的美國國家科學院委員會撰寫這份報告時，他們說『大多數法醫牙科專家都滿足於咬痕可以指出積極辨識身分所需的足夠細節……』」（原注6）

點點點。被刪節號省略的內容是什麼呢？

當我第一次讀到摩日摘要中的這段話時，我從書架上拿下《NAS報告》，翻到第一百七十四頁。完整的句子如下：「雖然大多數法醫牙科專家都滿足於咬痕可以指出積極辨識身分所需的足夠細節，但是其實沒有科學研究支持這種評估方式，也沒有進行過大規模的人口研究。許多例子中的專家在評估同樣一份咬痕證據時，會存在很大的分歧，導致此類證據的價值和科學客觀性遭人質疑。」

辯護律師針對這份誤導性的摘要向威利法官提出抗議，他們還詳細說明了摩日在咬痕戰爭中日益擴大的角色，她讓咬痕戰爭擴展到實際以咬痕做為證據的謀殺案審判之外。辯方也譴責摩日公開攻擊他們的證人，她連在美國法醫牙科學會的年度晚宴中發表主題演講時，都對布希展開攻擊，她在演講中展示了一張瑪麗．布希的照片，並對她的外貌發表貶抑性的言論。

在辯方向威利提出抗議的幾個月後，法院書記官表示近日將做出決定，於是我們便回到中央街一百號。

我們輸了。威利法官認為咬痕在科學上有效，而且被告咬了受害者乳房的專家證詞也將在延宕已久的謀殺案審判中提交給陪審團，他甚至沒有撰寫意見書，而且完全忽視對檢察官不當行為的投訴。

但是當案件最終進入審判時，情況卻發生變化，摩日突然撤回咬痕證據。我們不清楚是什麼改變了她的想法。在撤回的聲請中，除摩日之外的另一位檢察官羅伯特·法拉利（Robert Ferrari）（他聽起來也和摩日一樣令人不快）回應了對檢方不當行為的投訴，還大聲嚷嚷要替牙醫辯護，無視聽證之後才剛發生另外三起咬痕的平反案件（「要不是曾經對這些案件仔細檢查，根本不可能從中得出結論」）；而且還說摩日對瑪麗·布希的攻擊是正常的（「美國鑑識科學學會會議向公眾開放，同時也鼓勵辯論、挑戰和討論。摩日女士的行為絕對恰當。可能是布希博士不想受到挑戰，那只是她個人的喜好無法得到滿足。」（原注7））

檢察官想撐到最後，但最後還是撤回了證據，而且沒有一個令人信服的解釋，說明為什麼在審判中沒有專家作證說被告的牙齒與咬痕「相符」。聲請中只是說聽證和審判之間已經有長達數年的停滯，因此堅持要撤回證據，「目的是盡量加速這個已經延遲的案件訴訟程序」。

有可能。我猜是因為被害人身上的「咬痕」DNA檢驗排除了被告。

佛羅里達州奧蘭多凱悅酒店

第六十七屆美國鑑識科學學會科學年會

在《NAS報告》後對咬痕的第一場法庭攻防已經結束。算是平手吧。但是潮流開始轉向反對牙醫。《華盛頓郵報》在二〇一五年發表了〈對咬痕比對者的攻擊〉，報導分成四個部分，描述這場咬痕戰爭，其中包括摩日對瑪麗・布希的威嚇、厚顏無恥的錯誤引用《NAS報告》、威利法官過時而保守的「弗萊」決定、對錯誤定罪的否認主義，以及牙醫們為了讓對他們最不遺餘力的批評者邁克爾・鮑爾斯閉嘴，所編造的那些華而不實的道德指控。（原注8）

對鮑爾斯的道德指控被提交給美國鑑識科學學會的倫理委員會，要求將他開除。大衛・森恩的下一任美國法醫牙科學會主席彼得・盧米斯（Peter Loomis）提出的這份報告，是一連串毫無根據又具誤導性的指控，他說鮑爾斯在某個案件中偽造證據，在另一個案件中又誇大資歷。既沒有能支持他說法的文件或是經過宣誓的聲明，內容甚至沒有完整的句型。它是用提綱的形式，還用項目符號在「雜項」列出他的主張，內容都是精心節選自鮑爾斯在不同審判紀錄中的證詞，去頭去尾之後，剪貼到該份文件中，沒有上下文，但是有很多刪節號。倫理委員會的主席是長期擔任美國法醫牙科學會的法律顧問和該學會的年度「哈斯克爾．皮特魯克獎」（Haskell Pitluck Award）得主……哈斯克爾．皮特魯克。皮特魯克受理該項指控之後，便在芝加哥歐海爾希爾頓酒店的會議室舉行了一場聽證，這是倫理委員會組織的私設法庭（kangaroo court）★。（原注9）會中自然建議學會將鮑爾斯開除。雖然美國鑑識科學學會的成員資格無法確保會員的誠信，或是他們在該領域從事科學的有效性，但是違反倫理規範而被逐出美國鑑識科學學會，倒是可以保證該名會員的專家證人生涯從此劃下句點。

但是倫理委員會的決定無法終局地決定鮑爾斯的命運。最後還是要美國鑑識科學學會的執行委員會說了算，而執行委員會在美國鑑識科學學會的年度會議期間開會；當《華盛頓郵報》發表那篇一萬字的長文時，就在美國鑑識科學學會於二〇一五年在奧蘭多召開會議期間，他們正在審議此事。那時我也正坐在牙科部門，聆聽摩日激烈地指責對咬痕抱持懷疑的人，牙醫的大本營已經開始出現一些懷疑論者。（以下出自她的演講摘要：「雖然批評咬痕證詞的人引用美國國家科學院在二〇〇九年的報告……以之做為將法醫牙科專家拒於法庭之外的權威說法，但是聯邦和州法院的法官拒絕這種作法……陪審團面對一張八乘十的彩色照片，照片裡是一個孩子怵目驚心的

★譯按：直譯袋鼠法庭，意指不公平的法庭審判。

咬痕傷口，陪審團得負起艱鉅的責任，確定是不是被指控的被告造成了這個傷口，他們應該得到刑事司法工具箱裡提供的所有東西。」（原注10）

會議室裡所有人都接到同樣的推播通知，《華盛頓郵報》的報導上線時，人們開始低頭看手機。牙醫們滑動著畫面，看到了他們的領導階層努力排除異議的確切證據，他們還一邊偷偷地望向彼此。通常只潑向邁克爾・韋斯特的髒水現在玷污了他們每一個人。那些不熟悉司法科學骯髒不勘的人被這些揭露的真相驚呆了。

美國鑑識科學學會執行委員會在第二天就完全駁回了對鮑爾斯的指控，這是牙醫的影響力在美國鑑識科學學會中下降的開始。在會議剩下的幾天裡，從來不穿那種藍色外套的鮑爾斯就在大廳間閒逛，穿著*XONR8*的T恤、繫著鱷魚皮腰帶，手裡拿著雞尾酒，舉杯慶賀他戰勝了以前的美國法醫牙科學會同僚。

二〇一五年在奧蘭多舉辦美國鑑識科學學會的會議之後不久，辛西婭・布爾佐佐夫斯基（Cynthia Brzozowski）、吉姆・伍德（Jim Wood）和里克・卡多薩（Rick Cardoza）成為了第一批公開接受《NAS報告》的現任美國法醫牙科學會專科醫師，他們還為無辜計畫的當事人擔任專家證人——他們不是拒絕其他牙醫在特定案件中的分析，而是拒絕這個科學本身。

隨著我們在咬痕戰爭中的氣勢高漲，摩日和同陣線的檢察官也加倍努力。從密西西比州到賓州的法庭上，動輒出現對「夾捏屍體」（pinching cadavers）的批評，在我們對手的摘要中，也會出現完全相同的誤導性論點。

但是有一個案件或許可以平息爭論，或者至少讓它向前邁進一步：史蒂夫・錢尼的案件。取得最近倒戈的咬痕專家的宣誓書和新的研究成果之後，我們又回到達拉斯向新任地區檢察官竭力爭取；自從克雷格・沃特金斯敗選下台之後，他的定罪完善小組還沒有釋放過任何人。

第六章

史蒂夫・錢尼的新檢察官

德州達拉斯的弗蘭克・克勞利法院大樓
達拉斯地區檢察官辦公室

地區檢察官蘇珊・霍克是一個引人注意的人物。她有著一頭亮色的金髮、身穿寶藍色連身裙、半帶懷疑地微笑著——她是第一位當選該市最高執法官員的女性，因此不可能讓人一眼看穿。她快速走進弗蘭克・克勞利法院大樓十一樓的會議室，後面跟著新上任的定罪完善小組組長派翠西亞・卡明斯（Patricia Cummings），以及卡明斯的副手辛西婭・加爾薩（Cynthia Garza）。檢察官們坐在一張長型會議桌的同一邊。我與錢尼法律團隊的其他人則坐在桌子的另一邊，包括貝瑞・謝克、達娜・德爾格和朱莉・萊瑟。我們將要展示的所有投影片都放在一個厚厚的活頁夾裡，供現場每一個人傳閱。

霍克在競選公職時承諾要取消前任檢察官克雷格・沃特金斯的大部分政策，不過她保留了他最重要的遺產——定罪完善小組。她也曾經承諾要讓無辜者獲釋。我們在那裡就是為了檢驗這個承諾，然而霍克的第一次嘗試並沒有扣籃得分。我們面對的是一個混亂的垃圾科學定罪，還有許多未曾解答的疑問。此外，美國還不曾發生過地區檢察官因為咬痕證據的信譽掃地而推翻有罪判決，總之就是前無古人。那時候的檢察官都出自且大部分還在梅麗莎・摩日的陣營。不論是咬痕或是美國國家科學院批評過的其他鑑定都一樣。接受《NAS報告》並跨過司法科學的「梅森迪克森線」伸張正義還是一項艱鉅的任務。畢竟霍克還是法治國家的政治新手。

但是提出這個要求也不算太過分，畢竟我們有一名無辜的當事人。

我們把會議室的燈光調暗，把投影片投放到桌子前方的螢幕上：「德州訴史蒂夫・馬克・錢尼案」。下一張投影片是錢尼被逮捕時的舊照片，那個穿著滿是灰塵的白色T恤、青春正盛的年輕人。重點是要強調，證據顯示，他在被捕前有良好的品格，延續到他在服刑的幾十年間也都表現良好。錢尼在因折磨約翰・斯威克致死而被定罪之前，沒有做過什麼壞事顯示他有能力殺掉一個人。那時候他三十一歲，除了吸食大麻這類輕罪，從來沒有被判過刑。錢尼是一個全職的工會鐵工，他在獄中也從來沒有被「打過報告」。他連一次都沒有發生過違紀事件。他還獲得了準學士學位，並帶領宗教研習、學會電腦和柴油引擎維修。

最重要的是錢尼在德州赦免和假釋委員會面前一直堅持他的清白，這是以他的自由為代價。或許這一點在現在這個會議室裡是很重要的。付出這樣的代價堅持清白，有可能被解釋為這個人寧願冒著餘生都待在監獄裡的風險，也不願意為了獲得自由，而承認他沒有犯下的極惡罪行。

兩雙沾滿血的鞋印照片把我們帶回一九八七年的案發現場。其中一個鞋印是出自牛仔靴的三角形鞋頭，另一個則是一雙運動鞋底的華夫格圖案。兩個鞋印都是從斯威克的屍體旁開始，穿過鋪滿整個房間的地毯。下一張投影片是一張嫌犯的大頭照。胡安．岡薩雷斯在黑暗中瞪向我們，在他那凌亂的鬍子下方是寫了逮捕編號的板子。他的體重兩百五十磅（譯按：約一百一十三公斤），他與「墨西哥黑手黨」有關連，曾經有重罪前科，之前還威脅過斯威克夫婦。他是一名古柯鹼中盤商，會把毒品賣給像約翰．斯威克這樣的毒販。他在案發當時的確切下落不明。不過我們確實知道在謀殺案發生時，岡薩雷斯住在特雷爾。我們還知道在斯威克夫婦被殺害的前一天晚上，有一個人用特雷爾的公用電話打了付費電話給斯威克夫婦。簡單地說，岡薩雷斯看起來就像凶手，至少比史蒂夫．錢尼看起來更像，錢尼在謀殺當天的行蹤是清楚的。

有九名目擊者解釋了錢尼在六月二十日當天每一分每一秒的行蹤。我們帶領檢察官一個小時一個小時地看了錢尼的不在場證明，就從那個夏天清晨在米爾塞普的一輛拖車開始，然後他開了七十五英里的車到拉斯科利納斯的建築工地，但是因為大雷雨阻礙了當天的工作，於是他又回到位於米爾塞普的家。他在當天下午與萊諾拉的兒子貝瑞一起修理一輛舊福特車。接著就開車沿著二十號州際公路走，幫萊諾拉的姊妹搬家到雪松溪的新公寓。車子在蘭開斯特的郊外發生了爆胎，最後是那天晚上，錢尼、萊諾拉和貝瑞一起待在雪松溪。距離發生屠殺的一〇二一號公寓足足有四小時路程。

其中最重要的便是我們談到咬痕和垃圾科學足以將無辜者定罪的威力。二十七年前，尼爾．帕斯克檢察官就是在我們現在所在位置下十層樓的地方，發表了辯論總結；二十七年後，他的論點再一次被拿出來，但是相反的，是要顯示他告訴陪審團的一切都是脆弱的砂堡。可以回溯到點陣時代的法庭紀錄頁在陰影下被投射到會議室的牆上。它的內容就是陪審團在一九八七年聽到的最後幾句話，也是用於定罪的證據總結：

> 您們都看到了錢尼的球鞋。它們與地毯上的腳印一致。它們與廚房裡的腳印一致……血清學家的證詞推定他的鞋子上有血跡，這符合說他是凶手。不過最重要的是，我們有咬痕。我不會要求您們只根據球鞋的證詞，或是他對威斯特華倫刑警的陳述（他聲稱自己不在場，帕斯克認為這是「做賊心虛」的證據），或是他對柯蒂斯·希爾頓的辯解（他在謀殺之前就還清了欠約翰·斯威克的毒品債）就判他有罪。但是，天哪，我要請您們根據牙醫的證詞定他的罪……吉姆·黑爾斯已經說了，一百萬人裡面只有一個人可能留下那個咬痕。您們還需要什麼呢？

我們反過來對地區檢察官霍克提出總結，請她接受咬痕證據的現況，加入我們，一起根據「垃圾科學令狀」推翻錢尼的有罪判決，更重要的則是調查錢尼在「事實上的清白」。我們要打開帕斯克的檔案；打開威斯特華倫刑警的檔案；翻遍所有的鑑定報告。回答那些從來沒有人問過的問題：為什麼約翰·斯威克的前臂出現「咬痕」的時間，從謀殺案發生的前幾天變成了犯案當時？為什麼胡安·岡薩雷斯被排除在嫌疑人之外？為什麼傑克．拉斯尼奇在發現斯威克夫妻的屍體時不報警？為什麼他要離開現場，並打電話給約翰的父母？

還有，到底是誰殺了約翰和莎莉．斯威克？

會議室的燈重新亮起時，我研究霍克的表情，看看她有沒有被說服的跡象，或是至少對我們的報告感到興趣。她像是一池止水。預測最後陳述的效果總是要靠猜的，這很大程度取決於陪審員——在本案中則是檢察官——帶入法庭的偏見，還有你是否可以在這個過程中找到足夠好的事實來講述一個令人信服的無罪故事。我們有很多有利的事實，我們也講了一個吸引人的故事。但是我們也挑戰了每一位檢察官的基本偏見：他們總是認為被告是有罪的，鑑定是有效且可靠的，為了實現公平的司法，就要貫徹終局性原則，判決就是判決。

我們離開時把活頁夾留給霍克的團隊，不確定它們是會被送進回收箱，還是能夠獲得進一步考慮。他們說會在初步決定之後盡快聯絡我們，但是沒有說盡快是多快。

一天過去了，然後又是另外一天。或許我們要等上幾個月？還是幾年？拖過幾週之後，合作的希望已經越來越渺茫，但是就在這時，我們接到了電話。

地區檢察官願意再看一次錢尼的有罪判決，她授權定罪完善小組打開地區檢察官的檔案，並且與無辜計畫合作重新調查這個案件。她只是說要再看一次，僅此而已，但是她並沒有說「不」。

亨茨維爾監獄溫尼監區

史蒂夫．錢尼又在前往看守所的路上了。他這趟要坐回達拉斯的一百七十英里巴士旅程，沒有太多行李要打包，二十七年的牢獄生活只有一本珍貴的聖經（那是一位很久以前過世的獄中牧師送給他的）、厚厚的案件卷宗，還有一堆謊言——他在獄中研究這些謊言的時間幾乎和讀聖經的時間一樣多。自從錢尼上一次在達拉斯郡看守所待了一年，再度被繫上鐵鍊由巴士送回監獄之後，時間又過去了七年。那一次他很痛苦。他花了一年等待的事情後來沒有發生，他沒有等到聲請重新審判，讓時間回到從前，讓他從囚犯的天橋走回弗蘭克．克勞利法院大樓，解下鐐銬走出前門。

錢尼又在前往達拉斯的路上了，他再次充滿希望，冀望這是他最後一次繫著鐵鍊的旅程。希望這次的旅程可以只去不回、通往自由。我回到紐約之後，聽到錢尼被轉回城市監禁的消息，讓我大吃一驚，而且心中充滿疑慮。現在把他帶回來等待接下來將要發生的事或是永遠不會發生的事情，似乎還為之過早。這種事發生過一次了。地區檢察官只是同意調查事實，還有考慮咬痕是不是當真屬於垃圾科學，說不定一切只是我們痴人說夢，最後還是什麼都無法解決，而我不認為錢尼可以再一次忍受從溫尼監區出來後又得回去的痛苦。

雖然我不是很有信心，但是自從我們向定罪完善小組力陳這個案件以來，還是取得了一些進展，我有理由感到希望了。隨著地區檢察官每次由案件檔案中轉來一份文件，我們離真實就更近了一步。把那些檔案與錢尼的陪審團看到的故事做比較，就好像把真正的《NAS報告》與梅麗莎・摩日所引用的內容做比較。在引用中省略的文字，那些被隱瞞的證據，講述著一個不同的故事。那才是真實的故事。

我們在地區檢察官的檔案深處挖到了凶殺案調查中遺失的部分。官方搜查過錢尼在米爾塞普的所有物。陪審團會忽略這次搜查其實不是出自疏忽。我們也是第一次得知帕斯克本人就在那裡。這位心急的年輕檢察官親自和威斯特華倫刑警一起進行了搜查。他們什麼都沒有找到。沒有武器，沒有毒品，沒有錢，沒有任何違禁品。他們搜查了錢尼衣服上的一針一線、他的汽車裡面以及他與萊諾拉共有的那輛拖車，但是所有東西上都沒有發現任何一滴人類的血跡。

就算是搜查沒有收穫，也不是特別引人注目的事。但是要讓陪審團考慮帕斯克提出的犯罪理論，就一定預期會有血跡：在完成一場近身的雙人謀殺之後，而且在那段期間他刺了約翰．斯威克一次又一次，把他的頸靜脈割到幾乎深及見骨，還用力咬了他的手臂，力道足以穿破皮膚，然後錢尼便穿著威斯特華倫刑警逮捕他時扣押的同一雙運動鞋，走過被害者流下的一大灘血。然而哪裡都找不到血跡，在這樣的一陣揮刀亂砍之後，即使是一九八〇年代的技術，也幾乎不可能在任何東西上都偵測不到留下來的血跡。

沒有血跡證據，讓帕斯克的有罪陳述留下了一個漏洞，而且這個洞大到不容忽視。沒有血跡的話，陪審團在審議時就可能出現無法解答的問題，就有懷疑的空間了。於是垃圾科學就被用來填補這個缺口，兩名「專家」憑空變出從斯威克夫婦的屍體通向錢尼的一條血跡，一名鞋印分析專家作證說錢尼的PUMA鞋符合廚房地板上的血腳印。此外，更致命的是一名血清學家作證說那雙鞋在血液檢驗中初步呈現陽性。第二份鑑定報告顯示錢尼的運動鞋上沒有發現血跡，但是這份報告沒有讓陪審團看到，這是另一種隱藏了不利事實的刪節號。（鞋印「專家」也錯了。我們在定罪完善小組的調查中對鞋印「配對」進行了重新分析，其實錢尼的PUMA鞋鋸齒狀鞋印是W形，而凶手的鋸齒狀鞋印是倒W形。）

還有最後一份案件檔案在等待人們揮去它的灰塵，讓它開誠佈公，使真相能公諸於世——雖然它已經不在達拉斯地區檢察官的辦公室裡了。它躺在俄勒岡州格蘭茨帕斯（Grants Pass）的一間小型家庭牙科診所裡。達拉斯定罪完善小組的組長派翠西亞・卡明斯坐上飛往波特蘭的飛機，再開了兩百五十英里的車，往南到格蘭茨帕斯重新訪問這位牙醫，他的證詞堪稱是做出不利於錢尼的判決基礎。

吉姆・黑爾斯上次和達拉斯檢察官同處一室已經是很久以前的事了，不過他可能也想過他過去在德州的生活會前來敲門，錯誤定罪已經上了全國新聞。黑爾斯的許多美國法醫牙科學會同僚、他的導師、他所在領域的最知名人士都捲入了嚴重的不公事件，現在輪到他了。在他的職業生涯暮年，百萬分之一的證詞又回來糾纏他了。現在已經七十多歲的黑爾斯其實不曾忘記，這是他原本默默無聞的法醫生涯中最大的案件，它在幾十年後又捲土重來，還帶來許多黑爾斯從未想過要回答的困難問題。（原注1）

為什麼他的意見會在案件臨近審判時發生改變呢？（原注2）從他第一次給威斯特華倫刑警的報告到他在審判中作證，中間發生了什麼變化？「咬痕」是如何從謀殺前造成的，變成在謀殺時造成的？錢尼怎麼會從「可能」符合，變成百萬人中選一的確定性？黑爾斯很難解釋這些。黑爾斯也和許多將無辜者定罪的垃圾科學家一樣，他相信錢尼有罪，因此他盡了自己的一份力，確保正義獲得伸張。

卡明斯要問的問題太多了。適任法醫的表象隨著黑爾斯那討好的笑容消失了。牙醫被擊垮了，真相終於大白。他承認是他捏造了那些數據，他也知道自己作證時說的無稽之談沒有什麼科學依據。黑爾斯不想在定罪後的聽審中作證；他願意以書面揭露他埋藏的恥辱，坦承他在一九八七年夏天所做的那個決定是錯的。卡明斯離開格蘭茨帕斯時，帶了那名牙醫的宣誓書，他在宣誓書中承認自己在錢尼的錯誤定罪中扮演的角色。

另一名檢方專家荷馬・坎貝爾在二〇一〇年過世，留下他造成的幾個錯誤判決，和大衛・韋恩・斯賓塞的死刑執行。

是的，在拆解錢尼的有罪判決上有了重大進展。甚至讓錢尼的達拉斯公設辯護人朱莉・萊瑟確信在錢尼做完另一次測謊之後，就該是時候把他帶回達拉斯了。這次測謊和威斯特華倫刑警在八〇年代進行的測謊一樣不可靠，但是這次錢尼「通過了」。(同樣的，有時候就是需要用垃圾科學來對抗垃圾科學。)

我認為把錢尼移回城市的監所是在冒不必要的險，等於是把一個經歷了聖經試煉的人又暴露在不必要的困境中。即使蘇珊・霍克願意在錢尼身上冒險，又有誰能保證她需要多長時間才能公開以書面同意錢尼是無辜的，甚至以垃圾科學為由撤銷他的有罪判決呢？就算錢尼最終真的能獲得自由，那還需要多久呢？並不是霍克就能決定釋放錢尼。聲請重新審判碰到的法官必須同意撤銷錢尼的有罪判決，而且可以先釋放錢尼面對新的審理。每年都有無辜的囚犯死在監獄中，即使他們有更令人信服的清白證據。

舉例而言，二〇〇九年四月，與錢尼在達拉斯郡看守所的最後一段時間同時，德州成為全美第一個囚犯死後平反的州；平反者是蒂莫西・布萊恩・科爾（Timothy Brian Cole）。（原注3）DNA檢驗證實是另一名男子犯下了科爾被定罪的性侵罪，但是科爾早已死在獄中。科爾也和錢尼一樣，其實在他死前的幾年就有可能出獄，但是他拒絕「承認」他有犯罪，因此服了二十五年刑期中的二十三年。

但是萊瑟堅信不疑，錢尼也再次回到達拉斯等待開庭。他和萊瑟是真正的信道者。他們知道那一天就快要來了，他們從不懷疑從亨茨維爾出發的巴士就是單程巴士。一再強調我對這個冒進的舉動有多焦慮已經毫無意義。而且平心而論，我們當真已經取得很大的進展，讓地區檢察官可能願意一起聲請推翻有罪判決。商談已經是現在進行式了。

但是接下來，蘇珊・霍克卻離開了法院大樓。真的就是「離開」。（原注4）

「達拉斯地區檢察官未做解釋突然離開」，這是《今日美國》的標題，也出現在其

他地方。這位德州共和黨的後起之秀已經有數週不曾在弗蘭克．克勞利法院大樓露面了。霍克對她的首席副手比爾．維爾斯基（Bill Wirskye）提出一項離奇的指控，聲稱他闖入她家、搜尋她的不雅照，維爾斯基在這項指控後便提出辭呈。IT主管也被解僱了，因為霍克認為她的電話遭人竊聽。另外一名高級副手也遭到婚姻不忠的指控，並被迫下台。各種說法，包含她吸毒、離婚、偏執妄想症和政治陰謀的傳言，在達拉斯的刑事司法界蔓延開來。

定罪完善小組也和地區檢察官辦公室的其他人一樣，不知何去何從。卡明斯和她的副手辛西婭．加爾薩還是在推動調查，但是現在誰作主呢？

達拉斯郡看守所

史蒂夫・錢尼再一次離弗蘭克・克勞利法院大樓只有幾步之遙了。這一次他無疑將重返法庭。無論如何，法律團隊最後都會提起訴訟。我們有推翻判決的真憑實據。科學被破解了，謊言遭到揭穿，錢尼的九名不在場證人在審判中說的故事變得可信得多了，甚至可說是毫無破綻。萊諾拉・錢尼在將近三十年的冤獄之後，仍然和錢尼在一起，她看起來不只是一個可靠的證人，還是她丈夫的烈士。在他重獲自由之前，她也無法獲得自由。現在感覺起來又近了一步，錢尼回到達拉斯，還帶著他的律師團隊，其中包括在德州很出名的貝瑞・謝克，不是因為他在辛普森案中的角色，而是因為他參與了許多受到矚目的平反案件，而且他在德州司法科學委員會中，領導了一場對卡麥隆・托德・威靈漢的錯誤執行的激烈抗爭。

顯然有足夠的新證據讓我們前往一場新審判了。剩下的問題就是，我們可以和地區檢察官一起提出聲請嗎？還是得自己抗爭？無論是哪一種方式，都將是一個艱難的過程，因為德州每一個被推翻的有罪判決都必須由德州高等法院批准，即使該決定是在地區檢察官和庭審法官都同意的情況下做成的。如果沒有達到這種（罕見的）雙方同意，而是要由審判法院推翻，並在德州的上訴法院繼續倖存下來，可能性幾乎為零。

但是即使我們可以說服霍克，之後還將繼續由她負責嗎？

自從南卡羅來納州州長馬克・桑福德（Mark "The Love Gov" Sanford）因為與一名阿根廷離婚婦女的感情關係而從職位上消失以來，還不曾發生過這樣一位備受矚目的美國民選官員突然從大眾視野中消失的情形。當霍克失蹤的頭條新聞逼使當局不得不做出說明時，她已經消失一個多星期了。堅稱地區檢察官「請假」去「放暑假」的一連串可疑聲明並沒有平息越來越廣傳的猜測，這時候霍克在一家收容住院病人的精神疾病治療機構重新現身，並宣布她正在接受抑鬱症的治療。

霍克出院後，打贏了要將她免職的訴訟，還安排了一系列激勵人心的媒體亮相，拒絕對精神病的污名化，她甚至還審理了一樁謀殺案，履行了她會「親自上陣」的檢察官競選承諾。但是接下來她又二度消失，並且住進了亞利桑那州圖森市（Tucson）的一家療養院。霍克從第二輪療程再度復職時，她的政治前途已經嚴重受損，她現在只想保住自己的飯碗。（一位與疾病奮鬥的強大女性不會得到什麼吸引人的封號，也不可能像馬克．桑福德州長那樣再次當選。）

我們還不清楚霍克的命運是否，或是在多大程度上會與史蒂夫．錢尼綁在一起。要她同意再審聲請，看起來會不會像是廉價的《桃色風雲搖擺狗》（*Wag the Dog*）政治劇？或是她在履行競選承諾，延續克雷格．沃特金斯那具有開創性的定罪完善工作？即使霍克提出撤銷定罪的聲請，身敗名裂的她會不會讓德州高等法院對她做出的任何決定抱持更大的懷疑，尤其是明確支持辯方的立場？

我們一邊關注來自達拉斯那些令人不安的消息，一邊由達娜．德爾格起草了一份撤銷錢尼謀殺定罪的共同聲請提案，在書狀中字斟句酌希望地區檢察官也加入這個聲請。卡明斯表示她個人相信錢尼是無辜的，就算我們還無法在法律上證明他的「真實無辜」（actual innocence），他也應該得到重新審判的機會。我們克制地喜悅迎接這個消息，因為卡明斯只是其中一個具關鍵角色的人，推翻定罪也絕對不只是贊同或反對的問題。我們還不清楚雙方共同聲請的話，可以對什麼取得一致意見，聲請中的所有論點，包括錢尼的「真實無辜」，都需要符合多方的需求。除了我們自己的目標，書狀還必須反映卡明斯對證據的看法，而且要讓霍克願意簽署，最後還要由德州刑事上訴法院批准。其中的政治問題絕對不亞於法律問題，我們腳下的政治局面卻不斷發生變化。

卡明斯之前是一名辯護律師，她最為人所知的就是幫助無辜計畫讓邁克爾．莫頓獲得平反，她擔任現在這個工作僅有一年時間，聘僱她的政治人物又正失去對辦公室的掌控，而且這個辦公室裡有許多強硬派的專業檢察官，他們對於釋放任何人都沒有興趣，反而因為霍克的事而益發大膽。辦公室裡的退縮派還包括上訴檢察官，他們的攻擊性絕對不亞於第一審層級的同行，所以還必須說服（其實是下令）他們不要在上訴中與我們作對。卡明斯幾乎沒有在競爭的兩派之間運作的餘地，但她還是一直把無罪的證據送來給我們，一直在調查這個案子。感覺就像是霍克這艘船正在快速下沉，而卡明斯正在極盡一切努力，至少讓一個無辜的人可以在沉船之前登上救生筏。

書狀的草稿在紐約和達拉斯之間來回了幾次。我們需要對新舊案件事實和法律理論達成一致。事實會決定要用什麼法律理論。歸咎於說謊的證人就要主張「虛假證據」理論。歸咎於檢察官則是「檢察官失職」或「布雷迪」（Brady）理論；該理論是由最高法院案件「布雷迪訴馬里蘭州」（*Brady v. Maryland*）確立的，該案確立檢方有移交無罪證據的義務。若是要歸咎於辯護律師，則是「律師的無效辯護」理論。

要歸咎於「科學」就更微妙了。如果專家相信自己的無稽之談，這算不算是「虛假證詞」呢？主張垃圾科學是可靠的算不算失職呢？如果檢察官本人就被垃圾科學誤導了，這有關係嗎？這些都是法律上懸而未決的問題。其實事實也含糊不清。誰知道那麼久之前、在審判的前一天晚上，黑爾斯和地區檢察官帕斯克之間交換了什麼？帕斯克知道錢尼的鞋子血液檢測呈陰性反應嗎？柯蒂斯．希爾頓只是單純的把帕斯克想聽的話告訴他，還是有人教他要說什麼呢？

站在我們的立場，其實沒辦法挑剔要歸咎給誰；能找得到任何一個都可以，任何法律理論也都可以接受。以優先順序來說，我們的目標是讓錢尼重獲自由，做出他是「真實無辜」的結論。被認定為真實無辜除了為他洗清罪名之外，還可以讓他獲得賠償，前提是需要高等法院同意。

最後我們達成了協議。地區檢察官承認黑爾斯的「百萬分之一」的證詞是「虛假證據」；而且依照「垃圾科學令狀」的用語，審判中用來定罪的咬痕證據也已經被科學的進步「否定」了。

但是咬痕則只走到一半。地區檢察官同意承認（說某個特定的傷口只有某一組牙齒可以造成的）「特殊化」診斷是過於信口開河的證詞，也就是德州的「垃圾科學令狀」旨在解決的那種證詞。但是如果卡明斯把個人觀點先放在一邊，她其實不認為霍克或是德州法院會同意把所有的咬痕證據都視為垃圾科學。更糟糕的是，並沒有找到證明「真實無辜」的證據，至少還沒找到，關於威斯特華倫和帕斯克隱瞞了史蒂夫．錢尼的無罪證據，也沒有達成共識。雖然他們確實藏了什麼。

這離我們要求的一切都還相距甚遠，但是可能已經足以推翻錢尼的有罪判決了，或許也可以讓他被保釋出來，在監獄外等待新的審判。我們定了一個開庭日期，然後就登上了返回達拉斯的飛機。

德州達拉斯弗蘭克．克勞利法院大樓

二〇一五年十月十三日上午，史蒂夫．錢尼睽違了二十八年後第一次穿上西裝。牢房的門鏗鋃一聲打開了，錢尼穿過看守所的鋼鐵迷宮，踏上囚犯走的天橋，再度回到這一切的起點，弗蘭克．克勞利法院大樓。他戴著手銬的手上拿著一個薄薄的尼龍袋子，裡面裝著他的個人物品，邊走邊搖晃，多米尼克．柯林斯（Dominique Collins）法官會在法院大樓主持撤銷有罪判決的聯合聲請。我們被告知柯林斯法官很有可能會批准辯方和地區檢察官辦公室之間的協議，但是美國刑事司法制度幾乎沒有什麼事是說得準的。

律師團隊在法庭裡等待法警將錢尼帶出來時，記者也開始坐進陪審團席。朱莉．萊瑟穿梭在法庭中，臉上掛著靜靜的微笑，她讓每個人在一堆法律文件上簽名，在這裡點一下，在那裡畫一下。她從來不抱一絲懷疑。我弓著身子坐在桌子旁，一邊在一本黃色的便箋上潦草記著筆記，確信一切都將瓦解，一場我還沒有真正準備好的法庭戰鬥即將爆發。法庭對我來說一直都存在爭議，或是至少會帶來緊張。所有協議、所有共享的證據、所有的良好氣氛和共同目標都令人不安。

我轉動肩膀瞥了一眼旁聽席。那裡坐著錢尼年邁的母親達拉，還有他的太太萊諾拉；她後面的旁聽席只剩下站著的空間，那裡站著十二名德州的平反者，他們前來見證這一刻，以及歡迎新成員的加入。在那裡有邁克爾．莫頓和科尼利厄斯．杜普里，他們是錢尼在溫尼監區的兩位同路人，三個人在同一堵監獄高牆後面度過了像是一世紀長的共同辛勞，始終不離不棄。

我在法庭裡尋找蘇珊．霍克，心想她應該不在那裡。她的精力已經不在法庭上了。每個人應該都感受得到。這次開庭本應是明顯的亮相焦點，但是她沒有出現，在我看來，這是訴訟程序會失敗的進一步證據。

然後她出現了。這位地區檢察官從法庭後方悄悄走進來，遠離攝影機。

這意味著什麼呢？

我打了個哈欠，壓抑我的焦慮，不停在筆記上潦草寫著，一邊等待法警將錢尼帶出來，重新開始審理這件「德州訴史蒂夫．馬克．錢尼案」。側門鋼鎖轉動的聲音使四號法庭的喧囂突然安靜下來。陪審團席上的攝影師們手肘緊靠、動作一致傾身向前，在門鏗鏘一聲打開，錢尼走進法庭時，快門響個不停。

全體起立！

柯林斯法官拿著一個裡面不知道裝著什麼的提袋和一堆文件，大步走向法官席。她的目光掃過旁聽席，最後落在錢尼身上。從她的臉上絲毫看不出她即將做出什麼裁決，隨著案件開始審理，攝影機的咔嚓聲也停息了。我把站著的重心換到另一隻腳，把手放在錢尼的肩膀上，好像這樣就可以阻止他再從側門被帶回監獄裡。他轉過身，自信地對著我微笑，但我還是沒辦法放鬆，直到法官露出一個噙著淚水的微笑，而且我終於知道那個袋子裡裝著什麼：一個南瓜派。柯林斯法官為錢尼帶來了一點美食，讓他在一生的牢獄之災後，可以品嚐。當她撤銷有罪判決讓錢尼無保獲釋時，我們都抓住了彼此的手，高舉過頭頂，一起走出法庭，迎向外面的那一堵牆——在那裡等待我們的是不斷閃爍的照相機、淚水、激烈的擁抱、大大的燦笑、掌聲、沉重的嘆息，還有錢尼那充滿寬容、感激和謙遜的陳述，以及所有平反者拿出來的百元鈔票，那是一個古老的傳統、一個象徵他們兄弟之情的儀式，只有他們能夠理解的新世界開端。

第七章

基思・哈沃德喊出「將軍！」

基思・艾倫・哈沃德可以說是一名倖存者。他被維吉尼亞州錯誤定罪，但是逃過死刑執行。而且還是兩次。梅克倫堡矯正中心在一九八四年爆發了所謂的「大逃亡」（The Great Escape）（原注1），那是有六名死囚越獄的空前維安漏洞，哈沃德面對其後的嚴密禁閉也倖存了下來。哈沃德面臨過殘酷的獄警、僅存的希望全被澆熄、父母的死訊，他的身分也被侵蝕到只能淪為1125797號罪犯，但是他倖存了下來。他在維吉尼亞州刑罰體系中所有最嚴酷的監獄裡倖存下來了，先是梅克倫堡，接著是奧古斯塔（Augusta），然後又在蘇塞克斯二監（Sussex II）待了十年，還有現在的諾托韋，他在諾托韋那樣環境惡劣的監獄醫務室裡進行了重大的腸道手術，並且活了下來。雖然很勉強。

在被錯誤監禁的三十四年裡，哈沃德排的這條等待救援的隊伍從未向前移動。大量監禁讓他身邊的囚犯如雨後春筍般湧現，因此這條隊伍只會越排越長。他最初因為傑西・佩隆的入室謀殺案和對他妻子特蕾莎・佩隆的性虐待案而被關到梅克倫堡時，維吉尼亞州每十萬名居民中有大約一百五十人遭到監禁。當我們發現特蕾莎用過的性侵採證套組、把它送去做DNA檢驗時，維吉尼亞州的監禁率已經超過每十萬名居民有四百五十多名囚犯，每十萬名黑人居民則是超過兩千四百人。（原注2）在那個看不見的國度裡，到底住著多少無辜的1125797號囚犯，我們不會知道。但是統計顯示，在維吉尼亞州和全國有數千名無辜的人被關在牢裡；他們大部分人都永遠不會再拿回他們的名字了。

維吉尼亞州剝奪了哈沃德生命中的每一個里程碑。他沒能結婚，沒有小孩，沒有做過除海軍之外的其他職業。他在二十幾歲之後，除了監獄檔案的照片，就只有一張自己的照片。他具有指標意義的生日，三十歲……四十歲……五十歲……六十歲，都是在鐵牢裡度過的，他只是沒死而已。事情一開始不是這樣的。他也曾經奮鬥過。他從獄中出庭為自己辯護一事，曾經讓他的有罪判決遭到撤銷。為他贏來一次重新審判的機會、再一次讓真相大白的機會。但是當陪審團第二次做出有罪判決、上訴法院也維持這個裁決時，哈沃德體內的鬥志突然被掏空了。他決定放棄，讓餘生都在監獄裡度過。就像他有一次對我說的：「我就待在牢裡等死算了。」

就訴訟而言，二〇一六年發現了性侵採證套組，州也同意進行檢驗，這使得前進的道路變得清晰。哈沃德和史蒂夫・錢尼不同，他不需要維吉尼亞州法院或是其他法院承認咬痕證據完全不可靠。他不需要新法律或是定罪完善小組就可以重返法庭。也不需要當初把哈沃德的牙齒和特蕾莎・佩隆大腿上的咬痕「配對」的六名牙醫取消他們的證詞。哈沃德很幸運：他有DNA。檢測開始之後，就會像是一顆小圓石被丟出來，滾下山坡引起被壓住的真相一波又一波的雪崩。其規模之大，會讓哈沃德甚至不需要重回法庭。

他幾乎立刻就被排除在可能的嫌疑人之外，也就是說所有檢驗項目，包括性侵採證套組、凶手蓋在特蕾莎頭上的尿布，以及她被性侵時的沙發墊，上面的生物證據都不可能是他的。我的辦公室裡傳來更多歡呼聲。這種感覺不同於最初發現物證箱時的那種驚喜。是好消息，但也是預期中的結果。無辜計畫法律團隊的每個人都相信基思．哈沃德是清白的，也都知道他是清白的。之前在訴訟中移交的文件就已經證明了：刑事專家不實宣稱在犯罪現場收集到的血清證據，根據在DNA之前的血型技術無法確定。其實在審判之前就可以將哈沃德排除在取樣之外了。後來他又被排除在DNA證據之外，就是理所當然的了。

接著，我們得知DNA分析人員可以從保存的生物樣本中發展出完整的基因輪廓。這表示除了可以排除哈沃德是DNA的來源，甚至還有可能得知到底是誰的DNA；不同於史蒂夫．錢尼案中的DNA已經受到毀損，只能夠做到排除錢尼。從每一件證據中提取的DNA輪廓都沒有更新的資訊。它們都來自同一名男性，既不是基思．哈沃德，也不是特蕾莎的丈夫傑西。反而是一名陌生人把他的DNA留在整個犯罪現場。發現證據的位置和特蕾莎的證詞完全一致，因此顯得更有說服力，這份證據也與哈沃德自己的陳述一致；哈沃德說他從來沒有進過佩隆家。

這在大多數州就足以推翻有罪判決了。但也還是有可能出現荒謬的「沒被起訴的共同射精者」理論。不過，這個案件中有一名受害者還活著。特蕾莎強忍著痛苦和性侵她的人共度了三小時。她知道那天晚上只有一個入侵者。一名殺了她丈夫的凶手。一個「咬了她的人」。早在DNA排除哈沃德之前，特蕾莎本人就為哈沃德的清白提供了最有說服力的證據：她拒絕指認哈沃德。哈沃德是因為咬了他的女朋友而被逮捕，而且還戴著手銬，在這樣容易誤認的情境中，特蕾莎都沒有指認哈沃德就是毀了她家庭的那名水手。她的這個立場在兩次審判中都沒有絲毫動搖。許多犯罪受害者很可能會接受暗示，或是不論有意或無意，急著指認被警方確信是凶手的那個人。的確，證人指認時的誤認，通常是因為警方的建議而導致的無心之過，是錯誤定罪的一大主因。

除了咬痕，另外的唯一證據就是駐衛指認了哈沃德。然而，即使在當時，他的證詞也是勉強得來而且不可靠的，我們得知在取得他的證詞時，用了可以「強化」記憶的祕密催眠，因此顯然缺乏可信度。即使用催眠誘導的指認可以相信，不過駐衛也只是說在襲擊案發生當晚，他有看到哈沃德回到基地。是的，他是說那個人穿了血跡斑斑的制服，不過那人其實不是基思．哈沃德，而且在當時的紐波特紐斯，喝醉酒的水手在酒吧跟人打架，然後滿身是血回到船上，也不是什麼罕見的事。歸根究柢，不論證人指認的這番話具有多少分量，它都不代表哈沃德那天晚上有進入佩隆家。只有洛威爾．萊文和阿爾文．凱吉的專家證人證詞明確說出了這一點。而DNA也證明了兩位牙醫是錯的。

哈沃德的案件已經走向崩解。真正的證據（affirmative evidence）不是指向他有罪，而是指向另一個第三人。無論在哪一州，這個「新發現」的證據應該都對推翻任何一個有罪判決綽綽有餘了，但是維吉尼亞州和大多數州都不一樣。維吉尼亞州是全美國對無罪主張最有敵意的州之一。被判無期徒刑的囚犯很少有活著走出來的。要讓無辜者重獲自由，通常前提是必須破案。

然後「聯合DNA索引系統」（CODIS）就找到他了：在訴訟中喊出了「將軍！」

根據美國的DNA數據庫「聯合DNA索引系統」，確定性侵取證套組、沙發墊和尿布上的DNA是來自一名叫做傑里．克羅蒂的人。在這起性侵謀殺案發生時，克羅蒂是卡爾文森號航空母艦的一名水手，這艘航空母艦當時停泊在紐波特紐斯的船塢。基思．哈沃德也在這艘船上服役。克羅蒂和哈沃德長得有點像，他曾經因為綁架罪而在俄亥俄州的監獄服刑，並在十年前死於獄中。在哈沃德入獄期間，他還犯下其他暴力犯罪，但是都沒有像一九八二年對佩隆一家的暴行那樣殘忍；當然，除非克羅蒂還犯了其他沒有被偵破的案件，或是被以為已經破案的犯罪。

媒體壓力再次升高。但不是像一九八二年那樣，當時行凶的水手逍遙法外，因此有兩名美國參議員敦促要盡速逮捕他；這次的壓力是要推翻多年前因為媒體推波助瀾而造成的有罪判決。弗蘭克．格林（Frank Green）是《里奇蒙時報》（*Richmond*

Times-Dispatch）的記者，他長期以來都對維吉尼亞州對無辜者的敵意有批判性觀察，他詳細報導了哈沃德的故事，從聲請推翻他的有罪判決的那一刻起。連諾托韋裡面的囚犯都注意到了。哈沃德在監獄裡的朋友們都為他打氣。他們開始從監獄圖書館的報紙上剪下與哈沃德案件有關的新聞剪報，並保留給他。隨著哈沃德的案件從一團混亂的垃圾科學訴訟，轉變成教科書等級的DNA平反案件，格林的報導刊登位置也越來越靠近頭版。當哈沃德的聲請在等待維吉尼亞州最高法院的決定時，他成了頭版新聞，而當DNA檢驗證明哈沃德是無辜的時候，他直接登上頭條。

既然已經在「聯合DNA索引系統」找到符合者了，但凡有一點基本的正當程序概念，都會覺得繼續監禁哈沃德是不可接受的。他顯然是無辜的。任何殘存的反對意見都消失無蹤了。總檢察長在一場匆忙召開的新聞發布會上，公開承認哈沃德是無罪的，並要求該州高等法院盡速對其聲請做出裁決。維吉尼亞州最高法院在第二天就宣布基思・哈沃德是一個無辜的人。

維吉尼亞州伯克維爾（Burkeville）諾托韋矯正中心

很少人會想要探監。這也是設計使然。監獄的所在地勢必會遠離受刑人被剝奪了公民權的社區，通常也是他來自的地方，因此家人朋友如果要探望，就必須犧牲時間和金錢，很少人能承受得起這樣舟車勞頓探視他們所愛的人。訪客到了那裡之後，經常要忍受羞辱性的搜查、警衛的咆哮、蔑視，以及讓人如芒刺在背、不友善的接見室，裡面通常充斥著阿摩尼亞和人類苦難的氣味。在這樣的空間裡，即使只是口頭上的親密對話也幾乎不可能。由於這些原因，許多長期服刑的囚犯會逐漸失去與外界的聯繫，隨著他們不再參與家庭生活，他們也逐漸消失在由相簿拼貼起的記憶中。

辯護律師在監獄探視時，通常不會受到太糟糕的羞辱。蔑視會以更微妙的方式表達。我們得等。我們會被搜查。搜查的動作很大、很用力。我們的文書工作也會受到檢查，對方就像是猶太法典的學者那樣嚴格。我們就像是禁飛名單上的乘客，電話和鑰匙都會被扣押，行動也受到監視。探視時間也可能被任意縮短。

但是二〇一六年四月九日在諾托韋則完全不是那麼回事。哈沃德的整個律師團隊在那天早上暢行無阻走進監獄。典獄長本人揮手叫我們進入諾托韋內部的一間密室，這是一個寬敞的房間，水泥地板上畫了一條紅線將自由人與受刑人分開，獄警會聚集在紅線的另一邊。越過紅線的受刑人會被當場射殺。四月九日的基思．哈沃德則不會。他現在是一個自由人了——雖然還在監獄的高牆內。

哈沃德在前一天晚上就不算是監獄裡的人了，他待在獄警會卸下裝備的區域，等待我們的到來。他很虛弱。還在手術的恢復期。他還病懨懨著，原本都要聽憑自己死在獄中了，因此在獲得自由之後，他對於擺在面前的新世界感到很焦慮。一列漫無目標的長途慢車突然停了下來，叫他下車。他前一天晚上都沒睡。他在監獄的最後一個晚上，就在一間隔離牢房裡來回踱步；那年稍早他還在手術恢復期時，也是在同一間牢房裡連續待了五十八天。他穿著一條寬鬆的藍色牛仔褲，必須用吊帶吊起來。他沒辦法繫腰帶，因為結腸造口袋就藏在他的新牛仔襯衫下面，那件牛仔襯衫是他在監獄販賣部裡買的最後一樣東西。

哈沃德不知道他獲釋那天還會發生什麼事，他只是被警告說會在監獄大門外舉辦一場記者會，這完全不同於「上銬出庭」時讓媒體拍攝。哈沃德不知道他要說什麼、從哪裡開始說起。在他整個成年生涯中，都沒有人關心過他的意見，在海軍裡沒有，在監獄裡當然更沒有。

記者會宣布在早上十一點舉行，這是為了配合預定釋放哈沃德的時間。當我們坐在獄警的房間等時間到時，門邊傳來聲音，然後就是鎖的喀嚓喀嚓聲。有一名獄警走進房間，後面跟著兩個穿著便服的白髮老人，我聽到哈沃德發出一種像是倒抽了一口氣又像是啜泣的聲音。哈沃德在我後面站起來，慢慢走向那兩個人，接著便倒在他們身上。他在一九八〇年代之後就沒有見過他的哥哥們。當他們結婚、生子、有自己的生活、結束工作和退休時，他都消失在他們的生活中。他們擁抱彼此。然後我們一起走出了諾托韋。

———

哈沃德在一九八三到二〇一六年間的唯一一張照片是在一九八四年拍攝，那是在梅克倫堡矯正中心的放風場地拍的。那是一張小小的快照。解析度不佳。有四個人站在一起，從他們如常的表情中，絲毫看不出那個表情下的創傷。那次是哈沃德的父母和一位家族友人來探視他。那幾乎是他最後一次看到他們了，那時候他們還希望兒子有一天能夠重獲自由、無罪釋放。

在平反的幾年後，哈沃德有一天和女友瑪麗・多德（Mary Dodd）一起回到梅克倫堡。他們想回到哈沃德這趟維吉尼亞州刑罰制度漫長旅程的起點。兩個人開著一輛旅行房車，從他們在北卡羅來納州的家出發；這輛車是哈沃德用他沒多少的賠償金買的，他把它命名為「藍色馬鈴薯」（Tater Blue），這是為了紀念他在獄中的綽號「馬鈴薯」。

但是當他們到達那裡時，那棟建築物已經消失了。梅克倫堡只剩下一片荒地和一座水塔，那座監獄原本是用來關押「壞人中最壞的人」，最不可能重返自由社會的囚犯。它是後來所謂的「超高安全級別」（Super Max）的早期版本。它在一九七七年啟用，當時維吉尼亞州的州長米爾斯・戈德溫（Mills Godwin）還稱它是「失敗者紀念碑」（原注3）。

第四部

埃迪・霍華德、史蒂夫・錢尼與牙醫的背水一戰

EDDIE LEE HOWARD, STEVEN MARK CHANEY
& THE DENTISTS' LAST STAND

密西西比州佩塔爾（Petal）
格倫・懷特律師事務所（Law Firm of Glenn L. White, PLLC）

基思・哈沃德走出諾托韋矯正中心的一週後，我降落在曼非斯機場，走向租車櫃檯，我受到櫃檯人員像老朋友般的歡迎。自從我加入埃迪・李・霍華德的律師團隊以來，已經多次往返密西西比州，我會先飛到曼非斯，從那裡開車南下。我和租車公司的人很像朋友，我到的時候好像都是同一名年輕女性在櫃檯，她總是微笑著祝我有個好運的「正義之旅」。但是她今天說我通常租的小型車沒有了，她為我安排了升級版的，免費。

在指定給我的租車停車位上，停著一台閃閃發光的亮橘色敞篷野馬。這真是太荒謬了。它以各種可能的方式發出巨大聲響。就像是華而不實的紐約律師最愛開的那種俗豔的車。這大概是我最不可能喜歡的造型了，開著像一九九二年的電影《智勇急轉彎》（*My Cousin Vinny*）裡的那種車去兜風。我可以走回櫃檯，要求換回我預約的那種小破車，但是那時候拒絕這樣的心意好像顯得很無禮，尤其是我之前還如此熱切接受了他們的心意。我別無選擇，只好爬進那深陷下去的座椅，將那頭凶猛的橘色野獸掉頭向南，讓典型的美國V8引擎在我耳邊咆哮，讓難聞的氣體從粗大的鍍鉻排氣管中噴出。

在那之前，我在密西西比州的大部分時間都花在牛津的密西西比大學校園裡，和塔克・卡靈頓一起準備密西西比州最高法院的口頭辯論，但是我們沒能推翻埃迪・李・霍華德的死刑判決；霍華德是因為謀殺和性侵八十四歲的喬治亞・肯普而被判死刑。（在我開口講話的三十秒後，首席法官就打斷我：「法布里坎特先生，我們當然很高興有您在這裡。但是為了顧及禮節，請容我提醒您必須放慢速度……」（原注1））

我們向最高法院提出主張推翻霍華德的有罪判決之前，已經完成了ＤＮＡ檢驗。在肯普謀殺現場發現的所有證據的ＤＮＡ都可以排除霍華德，但是這樣還不夠。我們劍指「咬痕」證據，但是也沒有其他新的證據可以推翻咬痕證據。《ＮＡＳ報告》遭到忽略。里馮・布魯克斯和肯尼迪・布魯爾的平反——兩個人都是因為邁克爾・韋斯特的「專家」證詞而被判處一級謀殺罪——還不足以證明韋斯特根本不可靠。其實法院在上次審理霍華德的案件時，就駁回了這個論點，法官當時裁決說：「如果只是因為韋斯特醫師犯了很多錯誤，而沒有更多證明的話，並不意味他在本案中也是錯的。」（原注2）我們新提出的證據是ＤＮＡ結果顯示排除，但是這還不夠，或不構成「更多證明」，因此證據就只剩下韋斯特的宣誓證詞了，但是它簡直一無是處。

斷定霍華德參與了喬治亞・肯普謀殺案的唯一證據，只有牙醫在證人席上那些一口咬定的主張，但是高等法院不願意承認他們眼前的這種審判令人厭惡，反而要我們回到一切開始的地方密西西比州哥倫布市，再對「新發現」的證據舉行證據調查聽證。

最高法院發回重審，已經是我開著野馬越過密西西比州州界兩年前的事了，但是證據調查聽證都還未舉行。甚至連我要做的單一證人證詞也花了好幾年時間安排。這並非特例。該州的司法制度就是這麼緩慢、毫無道理的曠日費時。霍華德還得多花幾年時間在帕奇曼的死牢裡為活命而戰，每天都是一場生死交關的奮鬥。每隔一兩個月，無辜計畫就會收到霍華德那密密麻麻的草寫字體的書信。他會詢問案件的事，並談論他的監禁條件、腳鐐、又一起自殺、又一樁毆打、又一件刺傷、又一起原因不明的死亡事件。僅是在二〇二〇年一月間，就有九名囚犯死在帕奇曼。（原注3）

在聽取證詞的那天早上，我在哈蒂斯堡醒來時，想到的第一件事就是我停在汽車旅館房間外面的亮橘色野馬。幾分鐘後，與我共同辯護的律師卡靈頓就來敲我的門了。

他說：「你看起來棒極了。」

我的西裝太顯眼了，我租的車有夠荒謬。我這是在跳進海裡之前，先把餵鯊魚的餌丟進水裡。當我們呼嘯著穿過哈蒂斯堡的市中心，前往我自從加入無辜計畫後就避無可避的對抗時，我不由得全身緊張起來。

很少有專家證人會像邁克爾．韋斯特那樣阻礙對真相的了解。我讀過無數的法庭紀錄。像韋斯特這樣只是在褻瀆屍體的證詞，連史蒂芬．金（Stephen King）這樣著名的恐怖小說作家都相形見絀。韋斯特不是笨。快速的成功及緊接而來的慘敗，讓他成為一個尖酸刻薄的虛無主義者，他什麼話都能說，他就是很狡猾。要在一宗死亡案件中當面詰問他，讓我惴惴難安。除了虛榮心之外，韋斯特已經沒有什麼可失去的了。埃迪．李．霍華德的人生則岌岌可危。

當我們到達時，卡靈頓看到了韋斯特的側臉，他弓身坐在轎車方向盤前，不停抽著菸。卡靈頓大膽穿過停車場，走向那名牙醫打開的車窗，他顯然只是為了打聲招呼，以顯示他是個有禮貌的南方人。當卡靈頓靠近韋斯特的車門時，對方只是直視前方。我不清楚他是否有看到卡靈頓靠進，不過接下來，駕駛那一側的窗戶就慢慢升起。直到它關上為止，韋斯特都沒有轉過頭來。他繼續噴著菸，車內煙霧迷漫，他還是凝視著前方。

格倫．懷特律師事務所裡的什麼東西都超大，不論是空間、食物，還是人。會議桌就像是一條保齡球道，一邊擺放著滿到淹出來的各類早餐：蛋、玉米餅、香腸、厚片培根、成堆的水果、疊在一起的奶酪塊、糕點。另一邊則坐著四十年來一直在進行死刑起訴的助理總檢察長馬文．懷特（Marvin L. "Sonny" White）。在桌子的一頭，韋斯特坐在我們的東道主那一大堆果醬的前方。他的左邊坐著一位秉公辦事的法庭紀錄員，她正在放置她的速記機。我們的東道主，房間裡的另一位懷特，向我打了招呼，他對待我的態度活像我是他這一年來聽到最好的消息。他用水泥攪拌機似的握手方式折磨我的指關節，然後把我推向食物。

這個房間裡的三位長者有一段共通的歷史，這段歷史要一直追溯到蘭金郡停屍間裡被韋斯特和他的搭檔，臭名昭彰的病理學家史蒂夫·海恩，亂搞出來的垃圾科學的腐爛核心。格倫·懷特曾經是哈蒂斯堡福雷斯特郡（Forrest County）的地區檢察官；他的任期與韋斯特擔任福雷斯特郡驗屍官的時期一致，驗屍官是一個完全不需要醫學培訓的民選職位。懷特擔任地區檢察官時，算是咬痕證據的早期採用者，他在八〇年代初期就聘用牙醫對備受矚目的連續性侵案展開調查，這也提升了韋斯特剛起步的職業生涯。（原注4）

「西區性侵犯」（Westside Rapist）逍遙法外一年多，讓福雷斯特郡的居民恐慌不已，也讓警察和檢方感到沮喪。懷特得知其中一名受害者在性侵時遭到咬傷，這讓他靈機一動。他和大多數美國人一樣，也有關注泰德·邦迪案的審判，而且看到了法醫學的未來。這名年輕的檢察官告訴當地媒體：「密西西比州還不曾在法庭上引介咬痕案」，但是他找來「當地的牙科醫師」分析這種新形式的證據，再加上一些打著「與處理泰德·邦迪案同類型的醫生」名號的人。雖然「西區性侵犯」似乎從未被抓到，

但是從那時候起，懷特就很常聘用韋斯特。事實上，他說不定是第一個讓韋斯特坐上證人席並宣稱他是咬痕專家的檢察官。（原注5）

另一位懷特和我分別坐在會議桌的兩邊，他曾經是助理總檢察長，從一九九〇年代以來，他就一直在密西西比州的上訴法院替「韋斯特跡象」辯護。（原注6）過去三十年來，他沒有哪一天寫的案件摘要不是為了讓韋斯特各種惡行下的受害者繼續被關進監獄或死牢。例如他一直努力讓肯尼迪．布魯爾出不了死牢，即使DNA已經證明他顯然是無辜的。那場無端的訴訟讓布魯爾又被關了五年，才終於獲得保釋出獄。馬文．懷特也是從一開始就努力要讓埃迪．李．霍華德被留在死囚牢。這是為了維護他第一次審判的合憲性，也就是由霍華德本人交互詰問韋斯特的那次審判；他也在密西西比州最高法院成功守下了霍華德的第二次有罪判決。

格倫．懷特、馬文．懷特和邁克爾．韋斯特，三人構成了讓密西西比州自雷根時代以來一直維持現狀的三根支柱。醜聞、錯判、傲慢、艱難的生活和科學進步都削弱了第三條腿韋斯特。韋斯特是否能挺久一點、堅持他的審判證詞和保持他的行事，很大程度上是依賴他的能力。總檢察長需要韋斯特保持堅定，因為他的專家證詞，他的可信度，除了埃迪．李．霍華德的定罪之外，依然支撐著無數有罪判決。總檢察長正在打一場持久戰，他的策略是靠著密西西比州司法體系的緩慢步伐來消耗對手、阻斷問責，並希望韋斯特和／或他的受害者在訴訟了結前死亡。這是一個有效的方法。很久很久以來，有關韋斯特明目張膽用醫術行騙的證據其實很多，但是到目前為止，密西西比州的各個法院卻都完全無視。

法院的毫不妥協迫使我們將韋斯特視為一種弊病的表徵；咬痕本身就不可靠，因此埃迪．李．霍華德案的訴訟也和其他咬痕定罪一樣。是的，也許是韋斯特編造了整件事，但是即使他沒有，咬痕證據也絕對不是什麼好證據；在任何情況下由任何「專家」提出的咬痕證據都不是好證據。我們只是硬著頭皮假裝韋斯特忠實執行了他的任務，讓他在半夜時分徘徊在昏暗的蘭金郡停屍間裡用藍燈照著屍體，亂七八糟地揮著他的菸灰，不經意地做出垃圾科學，就像是其他牙醫（以及縱火案調查員、毛髮顯微鏡專家、鉛彈頭分析專家等）。

我的左手邊有成堆的法庭紀錄。韋斯特在布魯克斯和布魯爾案中的證詞、霍華德的審判、民事證詞、所有我能拿到的東西。從理論上來說，這些字裡行間都是韋斯特無法否認的事實，那是他自己宣誓過的證詞。我打算嚴格照著裡面的白紙黑字內容詢問，因為韋斯特做過的分析沒有其他紀錄了，沒有照片或是「工作檯筆記」（專家在分析時所做的筆記）。就只有法庭紀錄了。

我的第一個目標是讓韋斯特承認他在幾年前作證時扔下的一顆炸彈。那次他在作證時突然脫口說出——完全沒有受人暗示——他對咬痕證據科學已經失去信心了。媒體轉述了韋斯特這番令人震驚的逆轉言論，讓他短暫重回聚光燈下；自從布魯克斯和布魯爾平反以來，他一直避免成為鎂光燈焦點。他在宣誓後的證詞中抗拒這項技術，這成為我們案件中另一個「新發現」的事實。韋斯特的證詞等於是在本質上公開放棄了他在每個咬痕案件中的見解，如同他在證詞中所說的，是時候該「丟棄咬痕了」。

我們希望韋斯特能夠確認他拒絕咬痕，這會是遭遇阻力最小的方式。如果這名牙醫能夠確認他曾經採取的立場，我們就有可能讓霍華德重獲自由了；但同時會讓密西西比州的各個法院可以繼續無視韋斯特經手的案件中普遍瀰漫的欺騙惡臭，尤以霍華德的案件為甚。

我的下一個目標則有野心得多：我要讓韋斯特個人承認，以前在幾乎相同情況下犯了錯誤。他聲稱他用於霍華德案中的相同技術也曾經用於對布魯克斯和布魯爾的錯誤定罪。只要承認先前的失敗，針對韋斯特的獨特方法（韋斯特跡象）提出的論點就會獲得支持，而不是針對整個咬痕證據領域。

然後是欺騙的問題。韋斯特在審判中沒有回答，也沒有人曾經問過，至今亦無回答的尖銳問題：為什麼史蒂夫．海恩的驗屍照片中沒有發現他所謂的那些「咬痕」？他到底是怎麼知道去哪裡才找得到咬痕？那些「咬痕」的照片在哪裡？他堅持他有拍咬痕的照片，但是幾十年後還是沒有人看過半張。

在訴訟的不確定性中，可依靠的事實就像是攀岩者固定在懸崖上的登山鎬。法庭筆錄中隱含的謊言和前後矛盾向來是交互詰問的目標，因為證人的可信度永遠關係重大。律師準備讓專家在書面證詞或審判中作證時，通常會花上好幾個小時檢視他們的筆錄，以預測攻擊路線並擬定回應。像邁克爾．韋斯特這樣有沉重包袱的證人，可以預期關於他先前的證詞會被挑出來問個好幾個小時。大多數人都不喜歡這樣，韋斯特也不例外。

我把霍華德第二次審判的筆錄遞給他。「韋斯特醫師，我想請您翻閱一下，或是花點時間重讀一下這個，恢復一下您對這個案子的證詞記憶。」(原注7)

他不想讀。「我對這個案子再熟悉不過了，就算和當時作證的時候相比也是如此。」他說，眼睛看向半空。

「所以您覺得……」

「我對當時的證詞感到很滿意，現在依然這麼認為。」

「那好吧，這是說即使您沒有真的看過那份證詞還是這樣覺得，對吧？」

「我堅持我的證詞。」

「您堅持這份證詞，我了解。但我只是想問您是否真的讀過它？」

「沒有。」韋斯特說。

我能感覺到固定在懸崖上的登山鎬正從我的手中滑落。

「您在一九九二年之後曾經看過嗎？」我問道，想要找出一條進路。

「沒有。」

韋斯特欣然承認他和總檢察長都沒有對書面證詞做任何準備。韋斯特什麼都沒有檢查。「我知道通常會有一位年輕的女士坐在我旁邊，寫下我所說的每一件事情，」韋斯特對我解釋，還向法庭紀錄員眨了眨眼。「一百年後，就會有像你們兩個這樣的笨蛋，坐下來討論我今天說過的話。」

「假如在任何時候您覺得需要一點提醒的話，」我說，一邊拍了拍那疊文件，「我們這裡都有筆錄。」

「我不需要任何提醒。」

「為什麼？」我問。

韋斯特往後靠，雙手交叉放在肚子上。「問題不是在我。是你。」

「好吧，您知道本案中有一個人被關在死牢裡。對吧？」

「你是在告訴我，密西西比州想要處決這個傢伙，因為他殺了這個女人，而你們都想把他放出來，好讓他殺更多的人。你們就是在做自己想做的。不要算我一份。」

「不過那不是我真正想表達的意思。」

「你們真的想把他放出去，難道不是嗎？」

「嗯，我們是想確保我們能找到真相。那才是我們追求的。」

「那好，讀一下那些筆錄吧。那就是真相，」他一邊說，一邊拿叉子指向那疊文件的方向。

只靠先前的證詞已經沒有意義了。如果他被問到當時有沒有在說謊，或現在是不是在說謊，都只需要回答「不是」就好了。我面前整理的筆記都是預設韋斯特熟悉先前的證詞。而它們現在已經沒用了。我無法想出下一個問題。牙醫的咀嚼聲填滿了無聲的空檔，不時夾雜著打嗝聲，他的打嗝聲明顯到法庭紀錄員還在筆錄中加上括號——（證人打嗝），就像是舞台指示。我以前從來沒有在筆錄中看過這種標記，後來才知道這可能是一種小小的報復。

我試著找到一個破口進入韋斯特的腦袋，他與我之前碰過的所有專家大不相同。但是專家證人之間都有一些共通點，主要就是他們的自我意識。為了讓他開口——他一度拒絕說話，雖然明知道我們是為什麼才聚在那裡——我試圖用「韋斯特跡象」勾起他的虛榮心。地窖的門嘎吱一聲開了，我期待中的韋斯特開始從黑暗中現身。當他說出一個又一個他喜歡的作戰故事以說明他的方法是多麼有效時，看得出來他的紫外線技術發明仍然讓這位牙醫充滿自豪。然後我們開始翻閱他沒完沒了的履歷。

讓我鬆了一口氣的是韋斯特開始變得急躁，他不僅表達出對法醫機構的不滿，還討論了一些他做過但沒有發表的奇怪「實驗」——讓志願者服用鎮靜劑並咬他們。在韋斯特興致勃勃描述他受到迫害的天賦才能時，很明顯可以看出自從他退隱哈蒂斯堡以來，還是一直有跟上他這個領域的發展。所有的平反案件、布希夫婦的屍體研究、大衛・森恩及其夥伴們的崛起，這些韋斯特都看在眼裡。我們探討了他對前同事的看法。韋斯特和森恩一樣相信自己與生俱來的能力，覺得次等牙醫沒什麼用處。理查德・蘇維龍如何？「我能了解他媽媽為什麼要給他取名字叫『迪克』。」★雷蒙・羅森（Raymond Rawson）呢？「他是個笨蛋。」還有諾曼・斯珀伯（Norman "Skip" Sperber）呢？「他是個男娼。」艾倫・瓦尼克（Alan Warnick）又如何？「他是個傻瓜。」邁克爾・鮑爾斯呢？「他是個大白痴。」

洛威爾・萊文呢？

被問到萊文時，韋斯特停了下來。他似乎感覺到我們正在接近霍華德案裡具有爭議的話題，也就是他對科學的個人觀點。韋斯特曾經在之前的證詞裡說：其他牙醫的錯誤定罪讓他失去了信心，其中尤以洛威爾・萊文的失敗對他的想法影響最大。當韋斯特崛起時，萊文是全國首屈一指的法醫牙科專家。韋斯特先前曾經在作證時說：「如果洛威爾會出錯，那麼我們之中的所有人都有可能出錯。」韋斯特指著其他的錯誤定罪解釋說：「我要不然就是得認為這些人是笨蛋，要不然就是覺得他們所用的系統存在缺陷。而我的結論是，咬痕分析系統存在缺陷，它遠不如我們所想像的那樣精確。」

密西西比州最高法院下令舉辦證據調查聽證，有部分目的是「釐清」韋斯特對該

★譯按：「迪克」可以當作「普通人」的代名詞。

領域有效性的看法。我慢慢地大聲讀出每一句話：「我不再相信咬痕分析。」停頓。「我不認為它應該在法庭上使用。」停頓。「我認為應該使用DNA。把、咬痕、扔掉。」

韋斯特盯著我，眼睛眨也不眨，雙臂交叉。

我繼續說下去：「所以當您說，『我不知道我能再以多大程度的確定性回到法庭作證』時，您說的是這個意思嗎？」

韋斯特整個上午都在堅持他為每起案件作證時所說的每一個字，他堅持筆錄就是事實。

他最後說：「我不確定。」

我繼續逼近：「當您說您無法再為咬痕分析辯護了……」

「我是無法再為美國法醫牙科學會辯護了。我無法。」

「那不是我要問的。我們在講的是咬痕分析和比對，那也是您所說的。」

韋斯特重複說著「好吧」，而我則繼續向前逼近，我讀出他以前在筆錄中的證詞，想讓他接受：「您在那份證詞中說您後悔作證時宣稱的絕對確定？」

「我不記得有這個。我的意思是，就算我說過這番話，你也沒有明指出來。你只要告訴我：『你作證時說過。』……替我們雙方都節省點時間吧，老天爺啊。」

「那就是您作證時說的。」

馬文・懷特傾身靠向會議桌。「不要再跟他吵了！」他對我吼道。「如果這段話在報告裡，它就是在！」

快接近問題的核心了：「所以您今天無法以二〇〇〇年那樣的方式作證？」

韋斯特說：「不會。我會提出不同的證詞。」

那就是了，他說出來了，他說他會提出不同的證詞。一陣勝利的快感開始在我的胃裡翻攪。我們不會空手離開哈蒂斯堡了。或許這樣就夠了，也可能這就是我們所能獲得的全部了，但是我變得貪心了。我不想給韋斯特留下任何迴旋的餘地：「您也不會作證說埃迪・李・霍華德與那個咬痕的符合程度足以排除地球上的任何其他人，因為您不相信……」

「不，我沒有那麼說，」韋斯特打斷我的話。「我是說我不相信這個系統。我今天的意見有可能與當時不同，如果我重回過去，並徹底地重新做這整件事。如果你聘用我並付錢給我，我也很樂意做這件事。」

「好吧，我們就來談談這個，」我提議，試圖把他拉回我們原本在講的事，也是他今天應該要說的證詞，但是那個時刻已經過了。「而今天——」

「你沒有要付錢，讓我們確認一下。你不會為我今天的證詞付錢，對吧？」

「那會影響您今天的證詞嗎？」

「不會。那會影響我的銀行戶頭。但是你會為我今天的出席付錢嗎？」

「我是在問您的證詞是否需要我付錢給您，還是我們今天是來這裡討論真相的？」

「不，」韋斯特說。「真相就是我的服務不會得到報酬……而你會。」他用粗大的手指朝我的方向指了一下。「你有得到錢，不是嗎？」他往法庭紀錄員的方向靠過去。「親愛的，妳也有得到報酬，對不對？」她的眼睛一直盯著速記機。「我是這個房間裡唯一沒有錢領的人。既然這樣，我要休息一下、上個廁所。」

——

幾分鐘後，韋斯特帶著滿身的菸味和怨氣回來了。他瞪著整齊排列在我前面的筆錄（它們被仔細放成一落一落，加上螢光便利貼、成堆的筆記），還有我太過顯眼的西裝。韋斯特惱火地嘆了一口氣，坐下來。他發牢騷說：「你為什麼要用這個把我往死裡打？我告訴過你，寫在筆錄裡的內容我都支持。如果我還記得——我根本就不記得兩年前我他媽的吃了什麼早餐，但是我相信我有吃蛋。」

「那好。這件事之所以重要的理由，要我解釋給您聽嗎？」

「要。」

「如果您只是說『我不記得了』，那我就無法就您說過的話向您提問了。」

「那好，」韋斯特說。「嗯，但是我不記得了……你不該等了二十多年才來問。」

「那倒是。但是我當時跟這件事沒有任何關係。」

「那你就應該早點加入啊……當我們一直在研究這個死去女人的屍體、試著找出真相的時候，你到底人在哪裡？無所事事地坐在紐約的哪裡打手槍嗎？」

「噢，我那時候在上高中，」我回答。

「那就回家去吧。好吧，你該滾回去了。我煩透了，你這該死的一直找我的碴。」

「那好，如果我們繼續前進，您遲早可以離開這裡的。」

「趕快結束就對了，」韋斯特說。「我厭倦了這些鬼扯。我才不在乎他們會不會把他處死。就算你要為他立個雕像我也不在乎，反正就是不關我的事，讓我走。你們都去他的可以為所欲為。不要再把我拉進來了……我又不是劊子手。我只是一個螺絲釘。你該生氣的明明就是陪審團，去找陪審團。」

我感覺自己像是一個在用湯匙餵小孩吃飯的父母，但是那個任性的孩子卻把食物都丟到我身上來。我每次努力地想讓韋斯特確定他的說法、把他的證詞清楚地記錄下來，都只弄得自己一身香蕉泥。

等到韋斯特對美國法醫牙科學會對他的待遇又大肆抨擊了一番之後，我說：「我想提出的唯一一件小事，是您在霍華德的第二次審判中作證時，您的用語不是『不容置疑』，而是用了美國法醫牙科學會當時同意的用語對嗎？」

韋斯特回答：「好的。」

「我可以這樣說嗎？」

「好的。」

「您如果說『好的』，我很難理解您的真實意思是什麼。」

「好的。我同意。謝謝，你這混球。」

我同意！它被記在筆錄裡了。這樣就夠了。

我們接著進入令牙醫頭痛的人物，肯尼迪・布魯爾和里馮・布魯克斯。事實顯示韋斯特有他自成一格的「未起訴共同射精者理論」：他主張布魯克斯和布魯爾（分別計畫）將謀殺案的受害者交給賈斯汀・艾伯特・約翰遜以換取毒品，並參與了她們的謀殺，在約翰遜性侵和謀殺她們時，是由他們壓住了兩個小女孩，還咬了她們的屍體。我盯著桌子對面的馬文・懷特，他正慢慢咬著一塊乳酪。**你真的打算根據這個人的證詞處死我們的當事人嗎？**

馬文・懷特不停地咬著那塊乳酪。

認真質疑韋斯特的煽動性理論只會導致混亂。他只是在講自己想講的話。如果密西西比州法院連這個都可以相信，我們還當真沒有什麼可做的了。討論布魯克斯和布魯爾案的用意只是要說明韋斯特把他在霍華德案所用的技倆也用到那些案件中，但是他聲稱自己不記得。

「太遺憾了，」我說，一邊伸手去拿那一堆整齊平放的文件。「我們得來找找筆錄。」

「不要！」他大聲叫。「你直接告訴我就好了。如果你說我作證時有說我用上了紫外線，我會說：『好吧，我的確用了。』如果筆錄就是這麼寫的。」

我開始亂攻擊一通。「是嗎？如果我告訴您筆錄中寫了太陽從西邊升起，那也是真的嗎？」我的語氣突然轉變激怒了馬文・懷特，他就像一隻睡在門廊的看門老狗一樣站起來，突然想起來要對著陌生人狂吠。

馬文・懷特生氣地說：「你為什麼要和證人吵架！如果筆錄中就是有寫……」

這時聽審程序證開始失控。「他可是你的證人，」我說。

「胡說八道，」韋斯特哼了一聲，「他又沒有付錢給我。」

「讓我這樣說吧，」馬文・懷特靠向我，抱怨我的語氣，然後說：「筆錄中就是有寫。」

「你的證人剛才跟我說『你這混球』，而你現在是要挑剔我跟你證人說話的方式嗎？」

韋斯特咯咯笑了起來，就像一個頑皮的小孩把午餐弄得一團亂之後，感到莫名得意。他唱道：「我叫你『混球先生』。」

我感覺到卡靈頓用手肘輕推我的肋骨。我踩進與韋斯特的泥巴戰，而我是絕對不可能贏的。贏的永遠是耍賴的小孩。父母的目標只是要讓孩子吃東西，亂七八糟也無所謂。我對馬文・懷特說：「我還是回到我們的主題，我一直在說的都是筆錄的內容，我也想為我們所有人節省一些時間。」

「那好吧，快一點，」他不屑地說。

「這是一起死刑案件。你知道嗎？」

「我做死刑案件四十年了！」他吼道。

韋斯特現在覺得很開心，他又開始大發議論了，這次是對準地區檢察官的策略：「都二十年了，他們還沒有處決他？拜託，老天爺啊。如果他們得花二十年才能做決定，國家根本就不必判死刑了。」

剩下的就是欺騙了。韋斯特永遠不會完全承認科學是垃圾，尤其是對一名無辜計畫的律師。他絕對不會承認先前的錯誤，也不會反駁他先前的證詞。我們可以指望韋斯特的就只有兩件事：他無法抗拒討論他所聲稱的專業領域，而且他對任何與屍體檢查有關的事都會描述得異常詳細。每一滴血，溢出的腸子，他都會詳細描繪。我希望用這兩件確定的事引誘韋斯特走向真相，讓他默默地承認他在「密西西比州訴霍華德案」中的證詞根本不可能發生。

能夠主張韋斯特欺騙的核心論點，是喬治亞．肯普的遺體已經被毀損得太嚴重，也腐爛了，根本不可能支持韋斯特在審判中對咬痕配對的證詞。我們期待韋斯特會鉅細靡遺描述這個過程，讓人相信任何狀態下的遺體都可以進行解剖。這位吹噓自己做過一萬六千多次「死因調查」並參與了近六千次屍體解剖的前驗屍官，一如往常輕鬆進入他熟悉的話題：屍體，他畢生的工作。

韋斯特一如預期地提供了血淋淋的細節，也描述了在凶殺案的調查中，病理學家應該如何在進行體內檢查之前記錄屍體的狀況。韋斯特會看到海恩在解剖屍體之前拍的照片嗎？會。韋斯特問我海恩是否拍了「這件案子的照片」。

我拿出肯普在屍體解剖前的照片。

「好的。他拍了照片。」

「它們看不出任何咬痕，」我說。

「好的。」

「您在某一次作證中，說他很擅長發現咬痕。他以前也曾經發現過被您忽略的咬痕。」

「他是，」韋斯特說。

「不過在這個案子中，連他也沒有注意到驗屍報告中有任何咬痕。」

「那他幹嘛打電話給我？」

「這正是我要問您的，」我回答道。

韋斯特轉向馬文・懷特。「國家難道不會注意到我剛才有說我不是史蒂夫・海恩的專家，然後就不再問我有關史蒂夫．海恩的問題了嗎？」

不過那隻老狗又躺回門廊了。

我把驗屍報告交給韋斯特。

「這次驗屍時我不在場，」韋斯特說，看都沒有看那份文件一眼。

「好的。我是想請您看一下驗屍報告，報告裡並沒有指出任何咬痕……」

「所以你覺得是海恩驗屍時讓這名婦女的屍體上出現一種圖案，然後又剛好與嫌犯的牙齒吻合？……你嗑藥了嗎？」

我們現在接近腐爛的核心了：「韋斯特醫師，那根本不是我想問您的。我要問的是，您先是描述了一個切開皮膚一直到胸骨下緣的Y形切口。現在您又聲稱在乳房上發現了一個咬痕，但是乳房其實曾經從屍體上取下來，屍體又在地裡埋了三天。這件事怎麼有可能呢？」

韋斯特做出一些他特有的急智反應。「我們到達那裡時，她已經死亡了。把她的器官取出來並沒有真的影響那麼多。她仍然是死的，我相信她到今天也依然是死亡狀態。」然後他才決定好自己的辯護之詞：「取出器官與她的皮膚無關。我不知道你的問題是什麼。但是如果你想告訴最高法院，取出某人的心臟會影響他的皮膚，那你就去吧。我不想和你爭論。」

在接下來的一個小時，我們一直在爭論他的分析文件是否有留下來。「噢，不，不，不。我拍了很多照片，」韋斯特再次堅持。

「所以您沒有提出分析的文件，都是您在口頭上說的，對吧？」

韋斯特似乎在等馬文・懷特提出反對。但是他沒有講話。

最後，我提高音量說：「我覺得是您虛構了這個屍體上的咬痕。」

「我又不姓『虛』。你才是，」★韋斯特馬上提出反擊。就好像他一直在等待用上這句台詞的機會，這大概是他為此次作證做的唯一準備。

我們中間休息了一會兒。卡靈頓和我仔細閱讀了我們的筆記，我們的結論是，我們很可能已經從韋斯特那裡得到了所有能得到的東西，無論好壞。他說什麼已經不再重要了，而且既然他有可能說出任何東西，我們也不妨讓他說。總而言之，在哥倫布市的證據調查聽證上，我們還有另一次詢問他的機會。

「好的。韋斯特醫師，您有什麼問題要問我嗎？」這就像是拔起放油塞，讓最後一點點用過的黑油從牙醫師身上慢慢流出來，滴到地上。

「你晚上怎麼睡得著？」他咆哮著。

我告訴他我睡得很好。

「你根本有反社會人格。」他轉向法庭紀錄員。「我真的很驚訝他們完全不在乎當

★譯按：此處的原文是韋斯特說「我的名字不叫 Fabrication」（Fabrication 為「虛構」之意），而作者的姓氏為 Fabricant，因此是取兩者的諧音。

事人做了什麼，還不擇手段要讓他們自由，無論他們的當事人幹了多麼凶殘的謀殺案。」

「您知道反社會人格是什麼嗎？」我問。

「對我來說，那就是與現實脫節，而且對受害者沒有絲毫同情心。他們就只照著自我的需求做事。」

「您和我是今天才第一次見面，對吧？」

「嗯，對。」

「我想，在我們坐下的那一刻，您就認為我是了。所以那其實是您的——您怎麼會這麼想？」

「你旁邊就坐著一個反社會人格者，」韋斯特說。「你為無辜計畫工作。我遇到的每一個無辜計畫的律師都會撒謊、作弊、剽竊，而且想在法庭上混淆證據。我對你們全部人都沒有一絲尊敬。」

「我懂了。因為這樣，所以我是一個反社會人格者？」

「不。因為這樣，所以你是一個混球。然後你又讓自己成為反社會人格者。」

「好吧，我期待下次再見到您，韋斯特醫師，」我說，我指的是證據調查聽證。

「你還趕起人來。我們要散會了嗎？」

「是的。」

第一章

我們的英雄

密西西比州哥倫布市主街一一二一號，朗茲郡法院大樓

就在朗茲郡的法院大樓外，有一座名為「我們的英雄」（Our Heroes）的南方邦聯戰爭紀念碑，它是聯盟之女聯合會（United Daughters of the Confederacy）的史蒂芬．李（Stephen D. Lee）分會在一九一二年樹立的。當你走進法院大樓時，從正面看會覺得這座紀念碑似乎是在描繪一名南方邦聯的士兵抱著一面從高聳的旗桿上垂下來的白旗。士兵的身上披著斗篷之類的東西，凝視著地平線，高貴而淒涼。而在離開法院大樓時，從後面看去，旗桿就成了三K黨成員的高帽子尖頂，白旗變成了那頂高兜帽，斗篷成了披在士兵身上的長袍，一個三十二英尺高（譯按：約九百七十五公分）正在巡邏的三K黨成員。

我們穿過一群在法院大樓台階上慶祝國家祈禱日的人，爬上二樓。那裡有霍華德法官、邁克爾．韋斯特、史蒂夫．海恩（他顯然是來提供精神上的支持，因為這位名譽掃地的病理學家並沒有被傳喚為證人），以及代表密西西比州的助理總檢察長傑森．戴維斯（Jason Davis），戴維斯是年輕版的馬文．懷特，還更容易激動。輪到戴維斯接手在法庭上替「韋斯特跡象」辯護了。

埃迪．李．霍華德是房間裡唯一的黑人，他穿著亮橘色的囚服，被鐐銬鏈在椅子上，面前是身穿黑色法袍、高高在上的霍華德法官，霍華德法官的兩側分別是美國國

旗和密西西比州州旗，南方邦聯的星星和條狀圖案大剌剌畫在密西西比州州旗的左上角。這位法官曾經坐在他的高位上，把埃迪・李・霍華德兩次判處死刑。他也曾經在同一個法官席上，被迫簽署命令駁回對兩名錯誤定罪的黑人男子的謀殺起訴，肯尼迪・布魯爾和里馮・布魯克斯兩人都是因為韋斯特的證詞而被送進死牢。

我看到戴維斯坐在檢察官席上，旁邊的韋斯特在他耳邊竊竊私語。戴維斯專心聽著這位牙醫說話，一邊點頭，一邊在他的黃色便箋上做筆記，而韋斯特的手則指著我的方向。戴維斯已經讀過我們在格倫・懷特律師事務所的證詞。他也知道布魯克斯和布魯爾的錯誤定罪。他和地區檢察官辦公室的其他人一樣，至少還在假裝認真看待韋斯特。戴維斯的計畫是替整體的咬痕證據做辯護，並特別針對邁克爾・韋斯特。他打算讓韋斯特回到證人席，並試圖讓霍華德法官再一次認定他的專家證人資格。

這次聽證也像是我們對案件的理論一樣，分成兩個世界。一個世界受到科學原則和常識的約束；另一個世界則一切源自蘭金郡停屍間裡那個「發出惡臭的房間」，那裡有著堆積如山的屍體，還有海恩和韋斯特不斷進行的交易。（原注1）

在聽證中，首先登場的是瑪麗・布希的證詞。她根據團隊的屍體研究顯示，即使是在理想的實驗室環境下，皮膚也無法準確地記錄咬痕，遑論是像蘭金郡停屍間那樣

的條件。戴維斯的交互詰問一定讓布希感到很熟悉。我也很熟悉。它就是梅麗莎．摩日的那一套。戴維斯在費時半天的詰問中，完全採用與紐約市檢察官相同的措詞，他想要證明「夾捏屍體」和「現實世界」咬痕完全不同。

我們的下一位證人是伊恩．普雷蒂（Iain Pretty），他是一名英國研究員，擁有牙科學位和醫學決策的博士學位。他很國際化、在全球各地旅行、喜愛美好的事物，很難想像他這樣的人物有可能出現在密西西比州朗茲郡的證人席上。普雷蒂是從一九九八年開始涉入法醫牙科學。他是該領域的歷史和文獻百科全書，即使在法庭這樣的壓力環境下，他也能夠輕鬆援引事實和研究成果。普雷蒂描述了咬痕證據的興衰，從美國法醫牙科學會的創始人輕率將之引入司法體系，直到出現錯誤定罪，和二〇〇九年發布了《NAS報告》。普雷蒂在作證中說，韋斯特在鑑識界的聲譽與鑑定技術同時經歷了起落，鑑定技術先是讓他出名，然後又讓他聲名狼藉。

在普雷蒂指控韋斯特的領域和他的職業生涯時，韋斯特和史蒂夫．海恩就擠在旁聽席上，他們還留下來聽完我們最後一位證人的證詞——就是這個人讓韋斯特搬石頭砸了自己的腳。

克里斯托弗．普勞德（Christopher Plourd）法官是咬痕證據的早期批評者，很大程度上是因為他還在擔任辯護律師時，就協助過將雷．克朗（Ray Krone）從亞利桑那州的死牢裡解救出來。在克朗平反之後，普勞德聘請韋斯特幫忙分析該案的咬痕證據（韋斯特並沒有參與該案）。普勞德並沒有告訴韋斯特他提供的那組牙齒是來自一名不可能造成那個傷口的「嫌疑人」。

但是在幾個星期後，韋斯特送了一捲二十五分鐘的錄影帶回去給普勞德，細細描述了攻擊過程中在受害者皮膚上產生「拖痕」的「咬合機制」，還煞費苦心詳細說明了每一顆牙齒要如何與那個咬痕互相「配對」。韋斯特的結論是，這份證據「只能夠讓牙科醫生得出一種意見，就是的確是這些牙齒留下了那個咬痕」（原注2）。這捲證明咬痕配對是一場騙局的錄影帶在公開法庭播放時，我看著霍華德法官的臉，等待他那緊閉的唇線條能夠打開來，等待他的下巴掉下來。他之前根本是座雕像。

辯方的證人傳完了，終於輪到戴維斯傳喚地區檢察官的唯一一名證人。已經沒有什麼人記得韋斯特曾經在刑事案件中出庭作證，因為他在很久以前就被揭發了。但是霍華德法官的想法似乎全未動搖。無論是韋斯特那些值得罵上一週的證詞，還是他自己與韋斯特共事的經歷，都沒能說服法官這位牙醫已經不再適合以專家身分作證。法庭允許韋斯特花一個多小時把他長達二十一頁的履歷中的每一行字都讀出來，並寫進紀錄中，而且不顧強烈的異議，宣布他是「專家證人」。然後，霍華德法官假裝韋斯特（純粹為了捍衛他的過往）所做的證詞沒有什麼不道德的，甚至沒有什麼不尋常之處。他瘋狂愚蠢的行為只是落在不透水石頭上的短暫陣雨。當韋斯特聲稱里馮·布魯克斯賣掉一名小女孩換取毒品、還參與了她的性侵和謀殺時，即使布魯克斯本人就坐在旁聽席上，也不見霍華德法官有絲毫卻步。

當法庭紀錄員示意她準備好開始記錄下午的聽證時，時間已經晚了。我預計交互詰問會持續五到六個小時，取決於霍華德法官願意聽多少資料，而我已經感受到他的不耐煩了。

韋斯特在交互詰問時端出的是一個稍見緩和的證言版本——比較少使性子，但即使是在法庭上，每當問題過於逼近真相時，他還是會忍不住爆發。當韋斯特被問到他把那些（遺失的）個案調查紀錄保存在哪裡時，他說它們被放在頂樓的房間。再追問那些紀錄現在在哪兒，他說他在幾年前僱用了一個「男孩」把它們都清掉了。他二十年職業生涯的一切都不見了。說不定可以把一個無辜的人從死牢裡救出來的證據，沒了。韋斯特主動提及頂樓房間裡留下唯一有意義的東西是他的「納粹物品」，一些被獻給納粹德國副元首魯道夫．赫斯（Rudolph Hess）的收藏品。

霍華德法官好像沒有被嚇到。

進行約一小時的交互詰問後，我們開始一點一點接近一九九二年二月七日蘭金郡停屍間那個發出惡臭的房間，但是霍華德法官已經受夠了。他不想再聽韋斯特的任何證詞，也不想再看他在布魯克斯案中利用「韋斯特跡象」的怪異錄影帶。對抗的時機開始消逝，法庭上的氣勢也難以延續。一旦洩了氣，可能就再也救不回來了。證人開始重新思考他們的答案；法官會在沒有完整記錄的情況下做決定；當事人服刑的時間就更長了。

我再次告訴法官我想繼續交互詰問。

「噢，但是你要知道現在已經四點半了。我也不覺得我們會以這位證人的詰問就下結論，對吧？」

「對，我也不希望這樣，」我說。

「所以為什麼你還想繼續呢？」

「因為我有點神經質吧。我很急。」

法官僵硬的脣線因為不高興而下垂。「無論如何，我們還是得回來這裡，」他說，然後沒來由的加上一句：「審判就像一場戰鬥。它是一個對抗的過程。有一邊，也有另外一邊。」

我同意訴訟程序充滿對抗。

這位法官一邊開始整理他的文件，一邊說：「但願真相就在兩者之間。」

我看著埃迪・李・霍華德，他還被鏈在椅子上，我心想已經六十七歲的他是否能夠活到戰勝密西西比州司法體系的那一天。法官起身離開法官席的時候，回頭看了看，並提醒我：陪審團曾經兩次判定我們的當事人犯了謀殺罪，並判處死刑。

當我再次回到交互詰問時，已經又過了一年半。

那天是二〇一七年四月。韋斯特再度回到證人席，手上拿著他在一九九二年寫的一頁法醫報告。我向他指出那一頁最底下的「結論」。

「您的結論……是埃迪・李・霍華德的確在右側乳房留下了那個咬痕，不容置疑，對吧？」

「那是我的意見，對的，」韋斯特說。

我遞給他一份史蒂夫・海恩的驗屍報告複本，請他翻到驗屍之前對喬治亞・肯普的屍體所做的觀察報告那一頁，然後問他報告中是否有描述那個傷口。

「沒有。」

「沒有挫傷，沒有擦傷，沒有瘀傷？」

「用這張圖來看，什麼都沒有，」韋斯特說。

「嗯。什麼都沒有嗎？」

「沒有。」

「您聲稱在這裡找到了第二個咬痕，對嗎？」我說。

「我的確找到了第二個咬痕，沒錯。」

「而且您發現那個咬痕與埃迪・李・霍華德的牙齒吻合，對嗎？」

「是的。」

「請您看一下第十二頁的同一張圖，受害者脖子的右側。」

「好。」

「您是說在脖子右側下方看到一個咬痕，對吧？」

「是的。」

「這張圖裡也沒有畫出來，對吧？」

「沒有。」

「沒有挫傷，沒有擦傷，沒有瘀傷，也沒有疤痕，對吧？」

「都沒有標記。」

我將驗屍報告的那頁舉高，好讓霍華德法官可以看到，我強調：「受害者的脖子**被切開了**，對嗎？」

「異議！這個問題已經有預設答案！」助理總檢察長傑森・戴維斯大吼道。他異議的方法就和韋斯特使用煽動性言論一樣：讓正要開始接近真相的問題偏離軌道。

「異議成立，」霍華德法官反射性做出裁決。「請重新修正你的問題。」

「這表示頸部組織已經做了解剖，對嗎？」我說。

「就某種程度而言，是的，」韋斯特回答。

「可以說是達到**某個程度**嗎？」

韋斯特勉強承認了這個明顯的觀點。我瞥了霍華德法官一眼，看看他對這些問題有沒有任何反應，我暫停下來等了一會兒。他沒有反應。

「您是不是作證說，您甚至可以判斷咬痕發生時受害者脖子的姿勢？」

「是的。你可以拿起來、轉動頭部，皮膚有彈性，因此會收縮，當你轉動到一個程度時，它就會剛好對上那個模型了。」

「您轉動頭部的時間是在大腦已經解剖、頸部也已經解剖，並剝除了頭皮之後。那是您操作這顆腦袋的時候嗎？」

「我會說：是的。」

「那對您的分析完全沒有影響嗎？」我問。

「沒有。如果有影響的話，我就不會把那個傷口納入我的分析裡了。」

「所以您的證詞是說在完成屍體解剖之後，您還能夠成功操作被害者的頭部，確定頸部在當時的確切姿勢？在脖子都已經解剖之後？」

「法官大人，我們停留在這個問題上已經夠久了！」戴維斯再度站起來。「我要再次表達異議。我還要補充一點，我們是因為有新發現的證據才來到這裡的。而我根本沒看到對海恩醫師的驗屍有任何新發現的證據。檢方也將基於這個原因再次提出異議。」

霍華德法官叫我「下一個問題」。

「這名證人的可信度就是這次聽證的主題。州提出的唯一證據，就是說這個證人是可信的。他們花了好幾個小時在肯定他的專家資格，他也堅持自己在本案中的意見。檢方拿出來的兩件事，一是他是一個可信的證人，二是他堅持自己的觀點。我們正在檢驗這個意見的基礎。」我說。

霍華德法官厲聲說道：「異議成立！律師，你可以問下一個問題了。你的觀點已經記在筆錄中了。」

這次詰問結束了。

又過了一年。

二〇一八年十月九日，我打開一封朗茲郡巡迴法院寄來的郵件。埃迪・李・霍華德這時已經在帕奇曼的死牢裡待了幾乎四分之一個世紀了。這些年來，他的案子曾經被四度提交給密西西比州最高法院。在這整段時間，霍華德法官一直坐在哥倫布市的同一個法官席，密西西比州的司法聖殿。一九九二年的一審審理後，邁克爾・韋斯特已經不光彩地離開了每一個他曾經隸屬的鑑定單位。事實證明他在幾個死刑案件和錄影能力測試中都犯了錯。《NAS報告》讓他的整個領域都名譽掃地了。韋斯特本人

也曾經作證說，該是「丟掉咬痕」的時候了。犯罪現場中所有證據的ＤＮＡ都已經排除埃迪．李．霍華德。該案中也從來沒有真正存在的「咬痕」證據。

當霍華德法官起草他的意見時，這些就是擺在他眼前的新事實，也就是所謂「新發現的」證據；而他把意見摺好之後，放進朗茲郡那薄薄的信封裡，他寫的是：「本法院認為在檢測物件中不存在請求人的ＤＮＡ，不屬於會『產生不同結果或導致不同判決』的新證據。」換句話說，霍華德法官認為沒有ＤＮＡ證據（ＤＮＡ證據不存在）本身並不構成證據。它不足以推翻有罪判決，尤其是還存在韋斯特對咬痕配對的證詞，認為埃迪．李．霍華德與該謀殺案有關。這位老法官接著轉向咬痕證據：

> 定罪後的聽證大部分集中在宣稱韋斯特醫師的法醫牙科專家身分已經喪失信譽，以及對韋斯特在一九九二年用來識別請求人在被害者身上留下咬痕的技術提出質疑……檢方已經在證據調查聽證上傳喚韋斯特以專家身分出席；不同於請求人的律師所指的早期證詞說法，韋斯特確認了他的紫外線攝影技術的有效性，並堅持他原本的結論，即在喬治亞．肯普的右邊乳房留下咬痕的為請求人之牙齒……
>
> 本法院認為證據調查聽證的大部分內容，亦即對韋斯特醫師及其方法的批評，是本法院熟知的領域……而密西西比州最高法院此時應已非常熟知對韋斯特醫師及其方法的批評。這種熟知代表這已不是新證據；比較偏向對韋斯特的人格和其技術的進一

步指控……因此，本法院對請求人聲請的定罪後救濟予以駁回。（原注3）

埃迪・李・霍華德的性命又回到密西西比州最高法院的手上了。他將不得不盡量在帕奇曼的死牢裡多苟活幾年，同時他的律師團隊也努力說服法院，不要注射有毒的藥劑殺死他。

第二章

德州法醫科學委員會的聽證

萊諾拉・錢尼的丈夫獲釋那天，她那輛老爺車在從弗蘭克・克勞利法院大樓開回家的路上拋錨了。不過這次錢尼在那裡，他可以幫忙修車了。兩天後，Teamsters Local #431 重新僱用他為鐵工。一週後史蒂夫・錢尼就重新回到建築工地。他已經六十歲，又要重回德州的豔陽下敲打鐵塊，他的身體因為監獄勞役和溫尼監區裡不佳的醫療品質而搞壞了。三十年過去，但是有些事情沒有任何改變。

錢尼自由了，雖然他還沒有被宣告無罪。他的身體自由了，但還是受縛於貧窮，(原注1)又因為懷疑和不信任而沾上污點。他的訴訟前途仍然懸而未決，而且不明朗。德州高等法院還在審查是否撤銷他的定罪，也隨時可能做出將他送回監獄的決定，法院甚至沒有考慮以他的「真實無辜」做為獨立的撤銷依據。要讓錢尼從監獄獲釋的最短途徑，是先擱置他是否真實無辜。因此，德州刑事上訴法院（負責刑事案件的高等法院）在撤銷錢尼的定罪時，就只有審查沒有爭議的另一項理由：針對美國法醫牙科學會專科醫師吉姆・黑爾斯所做的虛假證詞，適用該州的新「垃圾科學令狀」。

同時，地區檢察官辦公室還在研議是否與我們一起提出其他兩項聲明，即檢察官失職（「布雷迪違反行為」）和「真實無辜」；前者主要是因尼爾・帕斯克檢察官隱藏了足以證明無罪的證據，這些微妙的小謊言都有助於「定罪」這個案件。不過帕斯克的不當行為及其他所有主張都算是次要問題。除了「真實無辜」，用其他理由撤銷定罪都不一定能夠結束案件。錢尼隨時可能再次受到審判，而且永遠不會擺脫嫌疑的污點。宣告他無罪才能夠洗清他的名聲，並永遠終結這個案件。此外，對於他在獄中被抹殺的人生，也才有資格獲得補償。德州是少數對平反者制定人道補償法的州之一。但是因為補償的前提是上訴法院明確認定為「真實無辜」，因此對於錯誤定罪的補償其實非常少見；如果沒有強有力的DNA證據，幾乎可以說是聞所未聞。

地區檢察官的定罪完善小組組長派翠西亞．卡明斯領導的無罪調查也在進行中。每個人都接受重新面談，包括發現斯威克夫婦屍體的情侶傑克．拉斯尼奇和妮可．斯特朗格；受害者的父母和兄弟姊妹；八〇年代古柯鹼交易現場的幾個幽靈人物。他們也追蹤到胡安．岡薩雷斯，但是比起一九八七年，並沒有找到更多對他不利的證據，一切都只停留在懷疑階段。事實證明要重拾威斯特華倫刑警在幾十年前放掉的線索是很困難的，甚至不可能。極少有懸案在沒有DNA的情況下能夠「破案」。

德州奧斯汀，德州司法科學委員會

史蒂夫・錢尼成年後的大部分人生都是在合法的煉獄中度過。他一如既往堅信上帝自有計畫。他坐在我旁邊，穿著一件俐落的白色扣領襯衫，和一條新的藍色牛仔褲。大衛・森恩穿著一套細條紋三件式西裝站在麥克風前面，這是他十年前在美國國家科學院聽證會上發表「重要問題」證詞以來，第一次向一群持懷疑態度的科學家發表演講。

這算是牙醫的背水一戰了：在德州司法科學委員會結束對咬痕證據的科學研究之前，最後一次的公開聽證會；該研究是因為無辜計畫要求對將錢尼定罪的證據進行調查。對錢尼獲釋的大量媒體報導有助於我們在公共輿論領域的論點，並對牙醫施壓，讓他們必須在這次聽證中好好表現。美國法醫牙科學會的專科醫師並排坐在會議室一側。持不同意見、厭倦了長年爭辯的專家，如布希夫婦、伊恩・普雷蒂等人並排坐在對面。其餘的位置擠滿了記者。攝影師不停對著錢尼按快門，錢尼上一次出現在大眾面前，是他快步走出多米尼克．柯林斯法官的法庭，那時候的他因為重獲自由而歡欣鼓舞。

牙醫師對咬痕付出加倍努力，錢尼也同處一室，這齣渾然天成的大戲當然是新聞報導的焦點，而在全國對使用不可靠證據展開對話時，德州司法科學委員會這股力量再度現身，也是劇情之一。自從二〇〇九年在無辜計畫的要求下，針對使得卡麥隆．托德．威靈漢因為謀殺三個女兒而被判有罪的縱火「科學」調查一敗塗地之後，該委員會便淡出了全國關注的焦點。

對於委員會的總法律顧問林恩．加西亞來說，要對一項被長期接受的鑑識技術進行另一次備受矚目的調查，其實是一種風險；對現狀的所有威脅都是風險，尤其是在像德州這樣的歷史下。大衛．韋恩．斯賓塞在一九九七年遭到死刑執行，這在該州仍然是一個一觸即發的爭議事件。斯賓塞也和錢尼一樣，是因為荷馬．坎貝爾偽造的咬痕證詞而被定罪。其中一名被害者的家屬在委員會的聽證會上現身。他們對咬痕證據提出問題，並質疑斯賓塞是否當真參與了一九八二年夏天在韋科湖畔對三名高中生的謀殺案。（原注2）

加西亞繼續調查。這位超大型律師事務所的前律師制定了議程、確認專家證人，並根據委員會的法律授權制定了小組成員應該考慮的問題。為了測試委員會的政治可行性，她還用上為了破解對威靈漢不利的證據而發表的八百頁報告之後不曾用過的方法。加西亞對於委員會的基本使命所抱持的信念，是要確保司法科學證據的科學完善性，因為它們必須做出攸關生命和自由的決定。

威靈漢已死，殺死他的科學被推翻得太晚了。但是史蒂夫．錢尼人還在，而差點殺死他和已經殺死斯賓塞的科學，在全國五十個州都還會被接受。

大衛．森恩打開投影片。他在美國國家科學院作證之後也吸取了一些教訓，他這次不會對咬痕的「重要問題」做任何讓步了，也不會隨意提及布希夫婦在紐約州立大學水牛城分校的屍體研究。不過，雖然森恩在二〇〇七年演講時還可以忽略錯誤定罪，包括近期平反的羅伊．布朗，但是他很難忽略史蒂夫．錢尼。

這位銀鬍子牙醫開始演講前，朝我和錢尼坐的地方瞥了一眼。他說：「錢尼先生，恭喜您出獄了。也請接受我的道歉，我個人要對法醫牙科學對您造成的任何麻煩表示歉意。我也希望您的生活現在已經得到許多改善，將來也會一切順利。」（原注3）

他沒有對咬痕提出書面辯護。森恩基本上就像是一名學校老師，只是對無辜計畫提交給委員會的內容做了評分，他同意的幾個部分就以綠色劃線，「半真半假」的是黃色，謊言則是紅色。就像是在紐約市中央街一百號舉行過的聽證會又重新來過。他花了幾個小時，賣弄似地介紹何謂「正確的」咬痕分析和比對，同樣攻擊布希夫婦和邁克爾・鮑爾斯，一樣提到死去的嬰孩，對《NAS報告》的說法也一樣。當然同樣有「案例研究」。

他放了許多張投影片和許多隨機研究，其中一個還用了機械鉗（會像捕鼠器一樣啪一聲闔上）用力咬人，其力道甚至足以使人流淚。令許多人驚慌的是，森恩還用粒狀模糊化處理的慢動作圖像，播放了志願者在皮膚被碾壓時痛苦扭動的樣子。他是要驗證什麼樣的假設呢？其實我們不太知道。我猜他是要努力證明「真實世界」的咬痕可以在實驗室中被複製，與屍體研究的路徑相反。

他的演講內容是關於牙醫擁有的一切、每一個可以聚焦的論點，以及對每一位批評者的猛烈抨擊：「我認為無辜計畫等相關人士對咬痕證據的大量虛假資訊，必須由鮑爾斯博士負起責任。邁克爾・鮑爾斯對法醫牙科學來說是一大問題……我對美國鑑識科學學會的倫理政策感到非常失望。」「無辜計畫正在挑起事端。」「法院一直認為《NAS報告》不是科學論文。它不具有權威性。」「我對美國國家科學院失去了一些尊重……」

森恩講到一半開始出汗，他輕拭額頭，喝光水瓶裡的水，聲音開始沙啞。他快要七十歲了，他已經站著很長一段時間了。小組成員對他的冗長發言沒有多置一詞，他們也接受他以不同顏色的劃線提出內容，但是他們的精神不濟，各自低頭看著自己的手錶。時間快到了。這位牙醫必須端出他最好的材料、做一個有力的結束：五十年來的判決先例都未曾遭遇異議，案例研究也證明咬痕證據在現實世界中是有效的。

森恩放出最後一張投影片，強調威利法官在紐約的聽證會後，還是決定承認咬痕。討論又活了起來。受人尊敬的病理學家文森特・迪馬約（Vincent DiMaio）醫師發言了。病理學家一向是牙醫的盟友，但是迪馬約此時說他不認為委員會的調查需要扯上判例。接著有另一位小組成員哈維・凱斯勒（Harvey Kessler）醫師附和：「迪馬約醫師提出了一個很好的觀點，我們在這裡談到法律意見，我認為此時不適合討論**弗萊**聽證會。」

森恩倒吸了一口氣說：「**法律意見**。」法律意見才是特許授權的基礎。

迪馬約繼續說：「弗萊聽證會是法律上的。我的意思是，那是由一些法官決定的。」換句話說，某些法官認為可以採納咬痕證據，這個意見對委員會的小組成員來說可能沒有說服力。

我心中那隻緊張的小鳥高興得拍動著翅膀。

森恩提出反駁：「迪馬約醫師，如果您要找人出席弗萊聽證會，您會派 *diener* 去呢，還是自己去？」*diener* 是助理病理學家的舊稱；森恩的觀點顯然是在說，如果是由像迪馬約（或森恩）這樣的頂尖專家說服法官承認他們的科學，該案例就會格外有分量。

小組成員不為所動。這名牙醫洩了氣。他的西裝像是從肩膀上滑下來，袖口變得太長了。他說：「那麼您已經從我這裡聽到了想聽的一切嗎？如果您還有興趣，我會很樂意坐下來，再展示一些咬痕案例給您看。」

迪馬約說：「由您決定吧。」

然後另一個小組成員提出了一個很好的問題：「您是為了什麼目的而要展示咬痕案例呢？」

「我要讓您知道實際的咬痕案件和實驗室案例之間的對比。」森恩急著想在他坐下來之前進入案例研究。「我也想讓您知道……無辜計畫的指控無法代表咬痕分析的真實範圍。」

凱斯勒態度軟化了，他嘆了一口氣。「不，讓我們看看一個案例好了。然後我們會試著再繼續下去。」

兒童受傷的可怕照片出現在螢幕上。「好吧，讓我們看看……」森恩開始往下瀏覽他的案例研究。「如果我們要看一個案例，那不會是這個，」他在一張孩子屍體的投影片上暫停一會兒，然後轉向下一張。最後，他終於找到他在找的那張投影片：「現在我們要看的就是這張。這是二〇一一年的聖誕節……」

是的，那是紐約聽證會上的那個聖誕節案例，母親的男朋友因為被誤認是咬了她孩子的人，而被關進監牢，後來得到平反。森恩帶大家回想一下是他及時讓一家人團圓、共度假期，因為他確定了其實是一名三歲的小孩咬傷了那個孩子。森恩在那場聽證會中當場展示盲性的咬痕比對：「我排除了A、B和C，但是我不能排除D。兒童保護服務的人和警察問我：嗯，D是誰？我說我不知道。但是有人知道。原來D是住在家裡的另一個孩子……於是他們便放了那個人，讓他回家過聖誕節，這是一件好事。」

他又做了一次現場演示；所以案例研究是必要的，牙醫讓一名無辜的人獲得平反，連DNA都不需要。很快的，森恩手持投影筆，一步步邁向高潮，要解開法醫的謎題：「這是A與咬痕的對比；B與咬痕的對比；C與咬痕的對比；D與咬痕的對比。」

他突然停下來，輕拍額頭。我等著他確認是三歲的「D」，以拯救全家人的聖誕節。但是他卻說：「我把這題留給您們，看看您們的意見會認為是誰，或誰可能是製造咬痕的人，又有哪些人可以納入與排除。我有我的意見。而……」

再一次停頓。

讓您們決定？這不是一個咬痕比對大師所做的示範。故事不應該結束在這裡。不過讓我們回想一下關於這個故事的一些問題：乳牙的牙齒模型難道看起來不會和成人不一樣嗎？乳牙不會產生比較小的牙印嗎？即使是一個「大嘴巴」的孩子造成的傷口，難道不會很明顯嗎？或許森恩在那一刻就是想到了這些問題。也或許他檢討過他在紐約聽證會的證詞，例如他在交互詰問時消遣辯護律師，因為對方不知道咬痕分析和咬痕比對的區別。

無論如何，這位牙醫都修改了他在曼哈頓的刑事法庭上講的那個戲劇性的無罪故事，把他的路線做了一番修正：「不過我要說的是，甚至在我做那些比對之前，我就有判斷了，因為我看到這個咬痕中的一個特徵，告訴我一些重要資訊，讓我覺得這個咬痕是由一個長著乳牙的人造成的。正常的恆齒無法造成看起來像是那樣子的齒痕。」他自言自語總結道：「我早就知道這可能是一個孩子造成的齒痕。那就是我對本案的意見。」

就這樣了。修改後的故事結局，顯而易見是幼童的牙齒造成的，而不是以盲性比對認出是「D」造成的，就這樣。在那一群持懷疑態度的科學家裡沒有威利法官，科學家們不在乎法律意見。森恩的時間到了。他略微散亂著頭髮，面前散落著空水瓶，在他離開小組前還有一些最後的想法：「我也要告訴您們，如果這個委員會決定宣布不再使用咬痕分析，孩子們會因此而受苦。」

史蒂夫．錢尼不是研究的個案也不是孩子，他知道真正的痛苦。他上一次坐著聽完像森恩這樣的發表，是在他自己的審判中，他在辯護人席上無助地看著三名美國法醫牙科學會的專科醫師（包括他自己的專家）說他犯了謀殺罪。他在溫尼監區度過的

數十年裡，研究了尼爾．帕斯克檢察官在那次審判中用來對付他的垃圾科學。錢尼的知識不下於這個房間裡的任何一個人。利用兒童受到的虐待來為咬痕辯護，又揭開了一道古老的傷口。

聽證會結束後，記者包圍錢尼。他告訴《達拉斯晨報》：「我快要哭出來了，這真的很噁心。他們不明就裡地在保衛他們崇拜的金牛犢，甚至不在乎人命。」（原注4）

在委員會最後一次聽證的六個月後，二〇一六年二月十二日，我的手機因為新聞提醒而響個不停——《華盛頓郵報》：德州法醫科學委員會建議停止使用咬痕證據；《紐約時報》：德州小組呼籲停止以咬痕確認罪犯；《VICE 新聞》：德州法醫專家呼籲法院停止接受咬痕證據；《華爾街日報》：委員會希望限制咬痕證據；《美聯社》：德州成為第一個建議法院禁止咬痕證據的州；《路透社》：有影響力的德州小組建議停止使用咬痕證據；《英國廣播公司》：只靠咬痕抓得到凶手嗎？

自從二〇〇九年發表《NAS報告》以來，還沒有哪一個態度溫和的科學家小組能夠激發國際新聞關注美國司法科學那令人遺憾的現況，自從泰德．邦迪的審判之後，咬痕也不曾再是國民意識的焦點。但是這一次的故事賣點並不是連環殺手那瘋狂的笑容，而是史蒂夫．錢尼在面對不確定的未來時，表現出謹遵聖經的平靜。

該委員會對於科學很清楚，它的最終建議也很簡單：禁止使用咬痕證據，除非也直到它可以得到科學驗證。已經有一個委員會小組開始審查該州根據咬痕做出的有罪判決，尋找其他還被關在德州監獄的史蒂夫．錢尼們。

報告中還單獨討論了虐待兒童問題：

> 委員會深知咬痕案件的受害者通常是稚齡兒童。毫無疑問，我們必須保護這個最弱勢群體的健康和安全……委員會對基礎研究的建議，重點在於它認為兒童虐待案件中最重要的問題。如果日後公布的數據支持法醫牙科專家有能力依既定的標準，可靠而且正確地識別人類咬痕，也有能力可靠且正確地區分成人和兒童的咬痕，委員會將修改建議以反映這些發展。

委員會給了牙醫一些最後的想法：

> 在一次咬痕小組的會議中，委員們被告知如果停止咬痕的比對，會「對兒童造成傷害」。委員會對此不表同意。首先，如果有人必須為咬痕比對的現狀負責，那必定是鑑定人員的組織，由於他們的緩慢步伐、不願意發布關鍵的數據，而且數十年來均放任科學的誇大說法而不加以檢查，才會面臨這些有充分根據的猛烈砲火批評。（原注5）

媒體對錢尼的報導讓人覺得他很可能是無辜的，畢竟有九名不在場證人，其中一人還成了他的妻子。但是地區檢察官還是沒有對他的「真實無辜」做出裁決。錢尼還是隨時可能被「繫上鐵鍊」送回亨茨維爾。所有人都在猜測上訴法院何時會對「垃圾科學」的論點做出決定。不過會出現這些新聞，無疑說明我們還是朝正確的方向邁出了一步。

兩週後，德州刑事上訴法院終於出聲了。

第三章

史蒂夫・錢尼與他在審判時的檢察官見面

德州達拉斯，弗蘭克・克勞利法院大樓

自從尼爾・帕斯克三十年前在同一棟大樓裡將史蒂夫・錢尼以謀殺罪定罪以來，他就沒有正視過錢尼的雙眼了。這兩個人現在都已經六十幾歲了，他們面對面站在柯林斯法官的辦公室裡。帕斯克已經有所改變。他現在是一名辯護律師，而且已經執業很長一段時間。他對上了錢尼的目光，然後稍微低下了頭。看起來他是想對這個離他過去如此遙遠、早已被放入一個被遺忘的文件櫃裡的人說些什麼。

讓我稍微補充一下，在德州司法科學委員會發表報告之後，高等法院也傳來消息，但並不是要對錢尼的案件做出裁決，而是要將案件發回給柯林斯法官，要她針對我們尚未達成一致的兩項主張舉辦聽證：檢察官的不當行為和「真實無辜」。法院不會逐個分別裁定。發回之後，定罪完善小組便很快採取行動，完成對錢尼無罪主張的調查。派翠西亞・卡明斯和辛西婭・加爾薩打電話給無辜計畫翠貝卡辦公室的我和達娜・德爾格，將她們的決定告知我們：她們會和我們一起提議以「真實無辜」為由撤銷判決。她們發現了其他兩名更可能的嫌疑人的證據。新證據被密封後歸檔並保留在它們原本的地方，以避免沒有受到指控的個人遭到公開指名，不過既然有其他無罪證

據，就已經足夠讓地區檢察官加入該項聲請了。

我們掛上電話後，興奮地在走廊上手舞足蹈。

我們還不清楚是否會在柯林斯法官的達拉斯辦公室裡有一場鬥爭。我們對真實無辜的理由已經達成協議，但是對於不當行為的理由是否也能達成協議，則取決於帕斯克。他必須決定是要提出證詞為自己辯護，還是承認檢察官有不當行為。我們已經準備好對他的交互詰問，必須針對他在審判前夕「坐實」對錢尼不利的案件提出尖銳的問題。他的結論會決定聽證將具有對抗性，或比較偏向只是行禮如儀，類似我們上次在柯林斯法官的法庭。無法由地區檢察官辦公室告訴尼爾．帕斯克該怎麼做，他有權為自己辯護，如果這是他的決定。改變立場是一回事，擔起責任、承認錯誤，並說出這件事錯了，則是另一回事。地區檢察官亨利．韋德培植的腐敗文化誤導了他；韋德在將近四十年的任期中，透過一代代的達拉斯檢察官培養出這種文化。就是要贏，不惜一切代價。帕斯克正在思考這個代價。

他似乎做出了決定。錢尼的律師團隊都在那裡。我們等著帕斯克開口，一邊在想他可能會說些什麼，錢尼又會做何反應。帕斯克猶豫了一下，情緒全湧了上來。屋內的空氣凝結。然後，烏雲終於散去，這位前檢察官向這位很久以前被他定罪的無辜者道歉了。

錢尼走向他，雙手搭在帕斯克的肩膀上說：「我原諒你。」帕斯克也伸手搭在錢尼的肩膀上，兩個人低下頭來一起禱告。

德州達拉斯，史蒂夫和萊諾拉・錢尼的公寓

二〇一八年十二月。自從我上次見到史蒂夫・錢尼之後，又過了兩年。那時對他們來說是艱難的歲月。錢尼的兒子死於吸毒過量。急救人員就是從我現在站的這個搖搖晃晃的木頭樓梯上，把這名年輕人的屍體抬下來。救護人員把擔架抬上救護車時打破了護欄，破掉的護欄現在靠著最後一根釘子，還緊緊固定在房子的一側。萊諾拉的健康每況愈下，直到她無法繼續工作。她的兒子貝瑞也過世了。當年在錢尼的審判中作證，並且也是不在場證人之一的小男孩，據說也是因為吸毒。

錢尼同樣有健康問題。他的腸子出血，最近才有一次被驚險地送進急診室，不過他每天還是繼續去工地工作。他也會幫忙他和萊諾拉還活著的孩子。他現在也有孫子要照顧了，醫療帳單堆積如山。這對夫妻住在一棟大房子後面的一間兩房公寓，鋪了床墊睡在地板上。錢尼不需工作時，就會回到溫尼監區傳福音，並與裡頭的人分享他的故事。

錢尼一直在等。等待德州刑事上訴法院對他的命運做出決定。他很有耐心，也很樂觀，但只能一直等。

我隔著薄薄的牆壁聽到柔和的音樂聲。我敲了敲後門。聽到吉他落在地上發出低沉的聲響，然後門就突然開了。

「上帝保佑你，法布里坎特先生！」

錢尼和我在門前互相擁抱。

「上帝保佑你，錢尼先生。」雖然我和錢尼沒有共同的信仰，但這些話還是深深打動他。很少人比史蒂夫・馬克・錢尼更深切感受到祈禱的力量。做為他這趟漫長旅程的近身觀察者，不難看出上帝之手在指引他前進的道路。

我從肩包裡拿出剛宣告的判決——「單方錢尼案」（*Ex Parte Chaney*, 563 S.W.3d 239，德州刑事上訴法院，二〇一八年）：

曾經看似可以明確證明……有罪的咬痕證據已經不能證明什麼……該州的每一項有罪證據都有問題，或是已有破綻，或是完全無效。在將錢尼案中新發現的證據與該州的有罪證據互做權衡時，我們得出的結論是：新證據的出現已經清楚且令人信服地表明任何理性的陪審員都不應判錢尼有罪……

錢尼的真實無辜已經獲得證明。

二〇二〇年夏天，全球對結構性種族主義的抗議活動達到高峰，在此時，密西西比州最高法院也終於撤銷了埃迪・李・霍華德的有罪判決。法院援引「單方錢尼案」支持這個決定，而不再支持邁克爾・韋斯特過去的豐功偉業。但是法院並沒有終結訴訟，而是把案件發回霍華德法官進行第三次審理。不過，在嘗試推翻霍華德有罪判決的這幾年間，舉行過一次選舉。斯科特・科洛姆（Scott Colom）擊敗了福雷斯特・奧爾古德；奧爾古德便是使霍華德兩次以謀殺罪錯誤定罪的檢察官。科洛姆駁回了起訴，使得案件終於結束。在二〇二〇年十二月，霍華德在二十六年的牢獄生涯後，終於以自由人的身分走出死牢，儘管在戴了幾十年的腳鐐之後，他現在得重新學習邁開大步。

在霍華德平反之後不久，密西西比州從州旗上取下了南方邦聯的戰爭標誌，以一朵玉蘭花取而代之。二〇二一年四月，南方邦聯士兵／三K黨的紀念碑在守望了一個多世紀之後，也從朗茲郡巡迴法院的前面被拆除了。

不過李・霍華德法官還在法院裡面。

「單方錢尼案」公布之後，咬痕戰爭仍未終止。有更多因為咬痕證據而被定罪的無辜者，在經歷數年的牢獄之災後獲得釋放：康乃狄克州的阿爾弗雷德・斯文頓（Alfred Swinton，十八年）、麻薩諸塞州的加里・西菲扎里（Gary Cifizzari，三十五年）、喬治亞州的希拉・丹頓（Sheila Denton，十五年）、佛羅里達州的羅伯特・杜博伊斯（Robert DuBoise，三十七年）和密西根州的吉爾伯特・普爾（Gilbert Poole，三十二年）。（原注1）

不過，錢尼案的判決以垃圾科學為由被推翻，再加上德州司法科學委員會的嚴厲報告，以及基思・哈沃德獲得平反，尤其是六名法醫牙科專家全都錯了，讓法院終於開始公開質疑毀了這麼多人的這種技術到底有什麼價值。有一名聯邦法官對邁克爾・鮑爾斯在多年前所說的百分之六十三錯誤率感到驚愕，他還把垃圾科學類比為算命。該名法官在書面意見中指出：不能因為牙醫的失敗而挑剔他們，就像是不能因為算命先生無法預測未來而指責他們。

有越來越多牙醫加入鮑爾斯的行列，走上與美國法醫牙科學會相反的道路，包括美國法醫牙科學會前主席亞當・弗里曼（Adam Freeman），他與辛西婭・布爾佐佐夫斯基的證詞幫助無辜計畫的幾名當事人獲得釋放。美國法醫牙科學會的另一位前主席富蘭克林・萊特（Franklin Wright）也放棄了咬痕，並退出該組織。最後是在泰德・邦迪的審判中聲名大噪的咬痕專家迪克・蘇維龍，他也做了一件其他「開國元勳」同僚幾乎都沒有勇氣做的事：撤回自己在幾個案件中的意見，這有助於推翻至少兩起錯誤定罪。

不過，全美的五十個州都還是接受咬痕證據，而且在美國國家科學院二〇〇九年那份具有里程碑意義的研究中，批評了十三項司法科學技術，咬痕證據只是其中之一。歐巴馬總統的科學與技術顧問委員會在二〇一六年對《NAS報告》展開後續研究。眾所周知，這份《PCAST報告》（原注2）的結論與《NAS報告》幾乎相同。沒有什麼鑑定技術，包括指紋、槍枝分析、工具痕跡、鞋印、毛髮顯微鏡比對、DNA混合型判讀及咬痕，能夠識別犯罪現場證據的確切來源。大部分技術甚至無法判斷證據來自嫌疑人的可能性有多少。

但是全國許多法院還是對這類主張不加批判地接受，尤其是起訴幾乎所有暴力犯罪的州法院，窮人科學在那裡也依然普遍，並成為種族主義大量監禁政策的另一種工具。事實上，將咬痕比作算命的那名聯邦法官也沒有在審判中排除咬痕證據。他發表不利於咬痕的意見，其實是為了拒絕對貧窮的黑人本尼・斯塔克斯（Bennie Starks）被誤判為性侵罪給付賠償金。（原注3）法官駁回斯塔克斯對牙醫的訴訟，因為斯塔克斯無法證明牙醫是故意陷害他。是技術沒有「發揮功效」，所以不能將斯塔克斯在獄中的二十年光陰歸咎給牙醫。他們只是一群弄錯了的垃圾科學家。

在川普執政時期，聯邦政府放棄了對司法科學做有意義的監管。FBI實驗室朝向科學完善的所有進展都差不多退回原點，包括在大規模審核了所有以毛髮顯微鏡定罪的案件之後，原本確定會有進展的。回想一下在拉斯維加斯舉行的美國鑑識科學學會第六十八屆科學年會中，美國司法部副部長薩利・葉慈對全體所做的那篇震驚四座的演講：她說要立即展開對有罪判決的審核，以確定是否存在和頭髮顯微鏡比對一樣的「誇大證詞」。槍枝、工具痕跡、指紋、所有型態比對技術的證詞都將被仔細檢查。葉慈還宣布司法部將擔負起糾正之責。

這些事情一件都沒有發生。

無辜計畫的當事人吉米・根里奇還在科羅拉多的監獄裡服無期徒刑。如果司法部當真擔起糾正之責，說不定就會檢視他的定罪。把他關進監牢裡的唯一證據，是專家的「工具痕跡」證詞，專家說只有唯一的一把鉗子有可能造成在引爆的管狀炸彈上看到的那些刮痕。雖然科羅拉多州總檢察長素有科學取向的進步派聲譽，但是他的辦公室卻一直拒絕舉辦證據調查聽證，對那些在根里奇案中使用的「科學」的有效性進行檢驗，這些「科學」一直到科羅拉多州最高法院的面前都還通行無阻，而他的辦公室也一直在為該案的定罪辯護。

在川普執政的最後幾天，美國司法部還發表一項聲明，拒絕對所有型態比對技術的測量科學：「法醫所做的型態比對是將有疑樣本的特徵／特點和整體形狀，與一個已知的來源互相比較；它們不須進行測量。」（原注4）因此，司法部的結論是「訓練和經驗」以及仔細地觀察證據，對窮人科學而言就已經足夠。不過，喬．拜登（Joe Biden）的當選的確為科學帶來一線希望。埃里克．蘭德博士，貝瑞．謝克和彼得．紐費爾德在一九九〇年代初期諮詢的第一位DNA專家，也是製作歐巴馬的《PCAST報告》的委員會聯合主席，他在二〇二一年辭去無辜計畫的董事會職位，成為白宮科學與技術政策辦公室的主任，拜登總統將該職位提升至內閣層級。

所以，科學在今天確實占有一席之地。而科學的嚴謹程度是否會在刑事法庭上有一定的地位，還有待觀察。

後記

從達拉斯機場開車到梅賓克大約需要九十分鐘。有幾條不同的路可以走。我選了一條比較遠的路。將近一個小時後，我下了高速公路，在鐵道路右轉，然後是桃樹路左轉，看著風景越來越鄉間，完全就是德州小鎮風情。挑水工人、浸信會教堂、燒烤店。我經過種滿不知名莊稼的褐色田野，乳牛津津有味嚼著乾草捆，在十二月的冷冽冬陽下，光禿禿的樹像稻草人一樣點綴在田野間。

接近目的地時，我放慢車速。就是那兒了。一個中型的牧場式住宅，還有一個獨立的雙車位車庫。屋前車道的兩側各有一個縮小版的燈塔。這不是一棟很新或是花俏的建築，它很實在。我想到它可能是錢尼入獄前，那段勞工階級年代的理想。就此而言，它是完美的。

「上帝保佑你，法布里坎特先生！」

錢尼帶我參觀了他們的新家。在客廳的一台大電視機前面有一個大型的組合式傢俱，萊諾拉在那裡朝我揮手。多出來的一間臥室安裝了給孫子們的上下鋪。那裡還有另外一個最近剛從溫尼監區放出來的人，他和錢尼一起關了二十年，這兩個老「獄友」現在是監獄牧師了。他們偶爾會在錢尼蓋的小型錄音室裡，錄製原創的福音音樂。他們會用吉他彈幾首歌曲。我想起了我第一次造訪亨茨維爾的溫尼監區，當時錢尼把手放在那片髒髒的塑膠玻璃上和我說再見，心裡知道他的信仰總有一天會帶領他和萊諾拉一起來到這座牧場小屋。

我一直想要找個時間去拜訪錢尼，看看他的新房子、他的新生活。這個行程一直被推遲。時間總是很多。然後又都沒時間了。錢尼那令人擔心的健康問題並沒有消失。他罹患結腸癌，還擴散到腎臟。他計畫下週開始化療。有一位醫生告訴他還有四個月生命，另一個醫生則說還有幾年，一切都在未定之天。錢尼的情緒起伏不定，但是他沒有質疑上帝的安排。如果這就是他此生的終點，他也會接受，他只是擔心萊諾拉。她被診斷出患了失智症，如果沒有她的丈夫，她將無法照顧自己。

錢尼不想再次丟下她一個人了。

史蒂夫・馬克・錢尼
一九五六年一月七日至二〇二一年五月十七日
史蒂夫・錢尼走出弗蘭克・克勞利法院大樓的前門，在二十八年的錯誤監禁後重獲自由。

Courtesy of W. Tucker Carrington

埃迪·李·霍華德在帕奇曼農場的死牢裡關押了二十六年，獲釋之後的霍華德先生與作者在密西西比州的圖珀洛。

Courtesy of Keith Allen Harward

基思·艾倫·哈沃德和作者站在「藍色馬鈴薯」前面，哈沃德在維吉尼亞州被錯誤監禁了三十三年之後，和他的伴侶瑪麗·多德駕著這輛旅行房車漫遊全美。

致謝

首先要感謝已故的史蒂夫・錢尼、埃迪・李・霍華德和基思・哈沃德允許我講出他們的故事。如果沒有我的編輯和摯愛托尼亞・萊斯特（Tonya Lester），我勢必不可能講出這些故事，以及這本書裡的其他故事。我們出色的孩子奧斯卡（Oscar）和弗朗西斯卡（Francesca），每天都激勵著我要努力成為讓他們自豪的父親。我想不出比強尼・坦普（Johnny Temple）更優秀的出版者或朋友，他真正是布魯克林有原創性的人。

我非常感謝我的第一批讀者朱迪思・萊斯特（Judith Lester）和芭芭拉・勒納（Barbara Lerner），她們辛苦讀完了我早期（和冗長！）的草稿，並提供了寶貴的回饋；還要感謝亞歷山德拉・雅各布斯（Alexandra Jacobs）和馬特・凱爾納（Matt Kellner）為我後期的草稿提供傑出意見。也感謝這一路上的朋友和同伴樊尚・梭特蘭（Vincent Southerland）、麗莎・霍耶斯（Lisa Hoyes）和艾倫・李奧妮達（Ellen Leonida），他們都認真校對我的手稿並慷慨賜教。

彼得・紐費爾德、貝瑞・謝克和麥迪・德隆（Maddy deLone）願意信任我，交由我在無辜計畫建立一個新的法律部門，是我職業生涯中最大的榮幸，我永遠感謝他們對我的信任。達娜・德爾格（Dana Delger）律師與我合作了本書中討論的幾乎所有案件，她是我遇過最好的訴訟合作夥伴。

我要感謝傑森・弗洛姆（Jason Flom）支援所有策略性訴訟的想法。也要感謝塔克・卡靈頓（W. Tucker Carrington）在密西西比州悲劇般的司法體系中提供指導和良好的陪伴。我也得益於優秀的加布里埃爾・威爾遜（Gabriele Wilson）精準的封面設計。

我很高興有這個機會對我在無辜計畫和其他地方的許多同事和朋友表達謝忱，我有幸在過去二十年中與他們共同合作推進正義，他們是：阿黛爾・伯恩哈德（Adele Bernhard）、克里斯蒂娜・斯旺斯（Christina Swarns）、大衛・洛夫蒂斯（David Loftis）、科林・斯塔格（Colin Starger）、妮娜・莫里森（Nina Morrison）、奧爾加・阿克塞爾羅德（Olga Akselrod）、凡妮莎・波特金（Vanessa Potkin）、梅麗爾・施瓦茨（Meryl Schwarz）、艾瑞克・皮奇（Eric Pilch）、亞歷克西斯・阿加索克萊厄斯（Alexis Agathocleous）、凱倫・尼維爾斯（Karen Newirth）、塔肖恩・雷根（Tashawn Reagon）、雷・瓊斯（Rae Jones）、雪莉・拉瓦科（Shirley LaVarco）、凱倫・湯普森（Karen Thompson）、阿德南・蘇丹（Adnan Sultan）、簡・普徹（Jane Pucher）、蘇珊・弗里德曼（Susan Friedman）、西瑪・賽菲（Seema Saifee）、布萊斯・本傑特（Bryce Benjet）、莎拉・朱（Sarah Chu）、雷貝嘉・布朗（Rebecca Brown）、格林達・庫珀（Glinda Cooper）

博士、馬修・卡杜申（Matthew Kadushin）、馬克・勞登・布朗（Mark Loudon-Brown）、邁克爾・奧本海默（Michael Oppenheimer）、本・沃爾夫（Ben Wolff）、特魯迪・斯特拉斯堡（Trudy Strassburger）、彼得・馬科維茨（Peter Markowitz）、瑪麗卡・梅斯（V. Marika Meis）、卡倫・斯莫拉（Karen Smolar）、娜塔莎・塞拉斯（Natasha Silas）、雷娜塔・倫恩（Renata Lunn）、亞歷克西斯・卡特隆（Alexis Karteron）、麗莎・卡瓦諾（Lisa Kavanaugh）、布蘭登・葛雷特（Brandon Garrett）、林恩・羅比泰爾・加西亞（Lynn Robitaille Garcia）、琳達・肯尼・貝登（Linda Kenney Baden）、凱倫・卡法達（Karen Kafadar）博士、艾提爾・卓爾（Itiel Dror）博士、西門・科爾（Simon Cole）博士、艾麗西亞・卡里奎里（Alicia Carriquiry）博士、麥可・薩克斯（Michael Saks）、邁克爾・辛格（Michael Risinger）、朱爾斯・愛普斯坦（Jules Epstein）、斯賓塞・肖特（Spencer Short）、埃德・圖林（Ed Tulin）、莫拉・貝瑞格林納茲（Maura Barry Grinalds）、歐文・沃倫（Irwin Warren）、加布里埃爾・富恩特斯閣下（Honorable Gabriel Fuentes）、詹姆斯・杜根（James Dugan）、戴夫・科羅普（Dave Koropp）、凡妮莎・安東（Vanessa Antoun）、諾曼・雷默（Norman Reimer）、基思・芬德利（Keith Findley）與凱特・賈德森（Kate Judson）。

這本書也要獻給新的策略性訴訟團隊，勞倫・戈特斯曼（Lauren Gottesman）、安東・羅賓遜（Anton Robinson）、塔尼亞・布里夫（Tania Brief）、傑西卡・張（Jessica

Zhang）和傑弗・馬里瓦拉（Jever Mariwala），我已經迫不及待要和他們一起寫下這部作品的下一篇章。

最後的感謝獻給我的父親、我的導師尼爾・法布里坎特（Neil Fabricant），他是一位優秀的律師，職業生涯持續貢獻公共服務領域，為我樹立了典範。

原文注釋

以下注釋包括可免費獲得的線上資源網址。若引述的新聞文章未包含來源連結，除非另有說明，否則均可在 Newspapers.com 和 Newslibrary.com 取得，資料也已由作者留存。書中引用的法律評論文章和已發表的法律意見是依據《藍皮書：統一引用系統》（*The Bluebook: A Uniform System of Citation*）；法律意見均可以在 law.justia.com 等網站瀏覽。存放於美國國家衛生與醫學博物館（National Museum of Health and Medicine）的美國法醫牙科學會檔案的文件均標註為「ABFO Archive, TRUE COPY」，這是依照「無辜計畫訴美國國家衛生與醫學博物館等案」（*Innocence Project, Inc. v. Nat'l Museum of Health and Med., et al.*, 19 Civ. 1574, AJN, SDNY）中的用詞。

第一部

1. 「維吉尼亞州訴基思・艾倫・哈沃德案」的重現，主要是根據第二次審理的原始紀錄。參見 *Commonwealth v. Keith A. Harward*, Indictment No. #9489-83(Harward transcripts）。調查細節大部分來自紐波特紐斯警察局的原始檔案，尤其是「Notes Prepared by Detective C.D. Spinner, 9-14-1982 through 7-25-83」（"Spinner notes"），以及無辜計畫的〈Summary of *Commonwealth v. Keith Allen Harward*〉，瀏覽日期二〇二一年七月四日，www.justice.gov/ncfs/page/file/959681/download。引述內容均直接出自法庭筆錄和原始的警察檔案，另有標明出處者除外。註：除文中提到的無辜計畫工作人員，哈沃德的法律團隊還包括彼得・紐費爾德和世達律師事務所（Skadden, Arps, Slate, Meagher & Flow LLP）的下列無償法律顧問：唐納德・薩爾茲曼（Donald Salzman）、伊麗莎白・馬龍（Elizabeth Malone）、朱莉婭・麥克唐納・貝克（Julia MacDonald Baker），希拉蕊・奎茵（Hilary Quinn）和詹姆斯・佩里（James Perry）。
2. 地區檢察官威拉德・羅賓遜在一九八二年九月二十日寫給卡爾文森號航空母艦指揮官的信（資料由作者留存）。
3. Spinner notes，一九八三年二月二十三日；參議員保羅・崔布爾在一九八三年三月十日寫給立法事務負責人的照會；參議員阿爾豐斯・達馬托在一九八三年三月十七日寫給立法事務負責人的照會（資料由作者留存）。
4. 出自萊文和史賓納刑警之間的電話通話錄音紀錄，日期為一九八三年四月二十九日（資料由作者留存）。
5. Spinner notes，一九八三年五月十一至十二日。
6. American Board of Forensic Odontology, "Diplomates' Biographies and Photographs"，瀏覽日期二〇二〇年七月一日，www.abfo.org/wp-content/uploads/2012/08/ABFO-Diplomate-Information-revised-November-2012.pdf。
7. Spinner notes，一九八三年五月十至十一日。
8. 凱吉在一九八三年五月十二日寫給地區檢察官羅賓遜的信（資料由作者留存）。
9. Spinner notes，一九八三年五月二十七日。
10. 時間的估算是根據一篇對哈沃德初審的報導。參見 Susan Friend, "Experts Link Teeth Marks to Harward," *Daily Press,* October 27, 1983 ("Experts Link Teeth")。
11. Harward transcripts, at 510。
12. Harward transcripts, at 559。
13. "Experts Link Teeth"（一審證詞）。註：在哈沃德的第二次審理中，凱吉被問及：「您今天在這裡說有醫學上的合理程度確定性足以指認」哈沃德是咬人者，是否「有任何事會改變您這份意見」。Harward transcripts, at 605。凱吉回答：「我想，如果我在最初看到這些資料後發生了任何改變，唯一的改變就是我感覺比過去任何時候都更確定了，從我第一次對這件事做出陳述之後，我就非常確定。」同前註。
14. Death Penalty Information Center, "Virginia info"，瀏覽日期二〇二一年七月四日，deathpenaltyinfo.org/state-and-federal-info/state-bystate/virginia。

15. Susan Friend, "Harward Gets Life Sentence for Murder," *Daily Press,* October 30, 1983.

二、牙醫做為鑑識專家

1. Don Kowet, "Putting the Bite on Crime," *Oui,* June 1978 ("Putting the Bite on Crime"), ABFO Archive, TRUE COPY.
2. Sheldon Portman, "The Defense of Fair Trial from Sheppard to Nebraska Press Association: Benign Neglect to Affirmative Action and Beyond," 29 *Stanford Law Review. L. Rev.* 393, 393 n. 3 (1977)，引用自 *San Jose Mercury News*, Nov. 17, 1966 at 1, col. 8。
3. WNYC profile of Milton Helpern，瀏覽日期二〇二一年七月四日，www.wnyc.org/people/milton-helpern/。
4. "Putting the Bite on Crime," at 95.
5. 同上註。
6. 同上註，at 96。
7. William Overend, "Dental Sleuth Puts Teeth into Police Work," *Los Angeles Times,* July 23, 1976.
8. Alan W. Farrant, "Dentist Detects Criminals by Their Bite," United Press International (UPI), December 26, 1977.
9. 參見例如：Gerald Vale, "The Dentist's Expanding Responsibilities: Forensic Odontology," *Journal of Southern California Dental Association*, Vol. III, at 248-255 (1969), ABFO Archive, TRUE COPY.
10. Lowell J. Levine, "Dentistry: An Emerging Forensic Science," *New York State Journal of Medicine*, April 1, 1972, at 820 ("Emerging Forensic Science"), ABFO Archive, TRUE COPY.
11. "Emerging Forensic Science," at 821.

三、認證、判例法與泰德·邦迪

1. American Academy of Forensic Sciences，瀏覽日期二〇一九年九月九日，aafs.org/AAFS/Membership/Membership.aspx。
2. Kenneth S. Field, *History of the American Academy of Forensic Sciences, 1948-1998*，瀏覽日期二〇二一年七月四日，www.aafs.org/common/Uploaded%20files/News/History-of-the-AAFS-Book.pdf。
3. *New York State Journal of Medicine*, "Associate Editorial Board," Vol. 76 No. 4 (1976)，瀏覽日期二〇二〇年七月十日，archive.org/details/newyorkstatejour7619medi/page/12/mode/2up。
4. Flynn McRoberts, Steve Mills, "From the Start, a Faulty Science," *Chicago Tribune*, October 19, 2004.
5. "Emerging Forensic Science," at 822.
6. *People v. Marx*, 54 Cal. App. 3d 101 (1975).
7. "The Shifted Paradigm: Forensic Science's Overdue Evolution from Magic to Law," 4 Va. J. Crim. L. 1, 38-40 (Spring 2016) ("The Shifted Paradigm"), https://papers.ssrn.com/sol3/papers.cfm?abstract_id=2572480。註：在刑事案件中第一份使用咬痕證據的公開意見，是關於竊賊顯然咬過並留下的一塊乳酪，由其決定了他的命運，*Doyle v. State*, 263 S.W.2d 779, 1954。
8. William Farr, "Man Linked to Teeth Marks Convicted," *Los Angeles Times*, September 24, 1974.
9. "The Shifted Paradigm," at 44-45 (*supra*).
10. *People v. Slone*, 76 Cal. App. 3d 611 (1978).（引用自一九七八年的上訴意見，不過審前聽證是於一九七六年舉行的，即韋爾在「馬克思案」作證的兩年後。）
11. Merriam-Webster Dictionary，瀏覽日期二〇二一年七月四日，https://www.merriam-webster.com/dictionary/diplomate。
12. "American Board of Forensic Odontology, Inc., A Brief History" (2017)，瀏覽日期

二〇二一年七月四日，http://www.abfo.org/wp-content/uploads/2012/11/2-Brief-History-ABFO.pdf。

13. Gerald Vale, "Unusual Three-Dimensional Bite Mark Evidence in a Homicide Case," 21, *Journal of Forensic Sciences,* 642 (1976).
14. Ann Rule, *The Stranger Beside Me* (Twentieth-Anniversary Edition), W.W. Norton and Company (September 2000); Michael Daly, "Bundy: Is This Quiet, Polite, Intelligent Man a Mass Murderer?" *Orlando Sentinel*, December 24, 1978 ("Mass Murderer?"); Peter Gillins, "Bundy Guilty of Kidnapping," UPI, March 2, 1976; Robert Gehrke, "A Wrong Turn Led to Ted Bundy's Twisted Road to Justice," *Los Angeles Times*, September 3, 2000，瀏覽日期二〇二一年七月四日，www.latimes.com/archives/la-xpm-2000-sep-03-me-14716-story.html；Allie Yang, et al., "Timeline of Many of Ted Bundy's Brutal Crimes," ABC News, February 15, 2019，瀏覽日期二〇二〇年六月二 日，abcnews.go.com/US/timelineted-bundys-brutal-crimes；Adam Carlson, "The True Story of Ted Bundy's 'Girl Who Got Away': Teen Put Him Behind Bars—and Her Life Now," *People* magazine，瀏覽日期二〇二一年七月四日，people.com/crime/true-story-carol-daronch-now-ted-bundymovie/；Patrick McMahon, "Nita Neary Tells Jury Bundy Is Man She Saw Leaving Chi Omega," *St. Petersburg Times,* July 18, 1979; Tracy Smith, "Surviving Ted Bundy: Women Attacked by Notorious Serial Killer Share Their Stories," CBS News, *48 Hours*, April 11, 2020，瀏覽日期二〇二〇年五月十日，www.cbsnews.com/news/ted-bundyserial-killer-survivor-stories/。
15. "Mass Murderer?" at 5-D (*supra*).
16. 同上註。
17. Michael Whiteley, "Profile of a Loner Drawn in Killings," *Tallahassee Democrat*, February 11, 1978.
18. Katie Rose Quandt and Alexi Jones, research roundup: "Violent Crimes Against Black and Latinx People Receive Less Coverage and Less Justice," Prison Policy Initiative，瀏覽日期二〇二一年五月十八日，www.prisonpolicy.org/blog/2021/03/18/race-and-violence/。
19. Wesley Lowery, et al., "Where Killings Go Unsolved," *Washington Post*, June 6, 2018, www.washingtonpost.com/graphics/2018/investigations/where-murders-go-unsolved/.
20. Frank DeLoache, "A 'Very Serious Suspect,'" *St. Petersburg Times*, February 18, 1978; Richard H. Growald, "Terror in Tallahassee," UPI, January 22, 1978.
21. *Tribune* Wires, "Time-Site, Frame Fits FSU Suspect," *Tampa Tribune*, February 18, 1978.
22. Pete Spivey, "Bundy Quiz Recesses; He Won't Talk of Crime," *Orlando Sentinel Star*, February 19, 1978.
23. John Van Gieson, "Police Call Off Questioning of Slaying Suspect," *Miami Herald*, February 19, 1978.
24. 同上註。
25. "Mass Murderer?" at 5-D (*supra*).
26. Rick Barry, "Not Easy Being Ted's Girlfriend," *Tampa Tribune*, June 29, 1979.
27. Richard H. Growald, "Terror in Tallahassee"：同上註。
28. "Judge Says Bite Mark Evidence May Be Used at Bundy Trial," UPI, May 25, 1978.
29. Barbara Frye, "Probers: Break Due in Killings," UPI, July 28, 1978.
30. Mass Murderer?" at 5-D (*supra*).
31. "Surviving Ted Bundy: Women Attacked by Notorious Serial Killer Share Their Stories"：同上註。
32. Gene Miller, "Who's Your Dentist? Panel Asked," *Miami Herald*, June 29, 1978; Thomas E. Slaughter, "Delays Surround Trial," Associated Press (AP), June 10, 1979.
33. *Bundy v. State*, 455 So. 2d 330, 349 (Fla. 1984)（引用自 *People v. Marx*，同上）。
34. 萊文曾經在一九九九年試著讓自己在謝潑德的傳奇故事中占有一席之地。他寫信給克里夫蘭的助理檢察官迪恩・博蘭德（Dean Boland），力諫他挖出瑪麗蓮・謝潑德（Marilyn Sheppard）的屍體進行調查，「因為法醫學知識自從一九五四年以來，已經有飛躍式的進步」，而且「法醫牙科學專業……還從未用於對瑪麗蓮・謝潑德的遺體驗屍」。洛威爾・萊文在一九九九年八月五日寫給迪恩・博蘭德的信，瀏覽日期二〇二一年七月一日，https://engagedscholarship.csuohio.edu/defendant_exhibits_2000/。
35. Rick Barry, “State Rests Bundy Case; Judge Says Evidence ‘Short’,” *Tampa Tribune*, July 20, 1979.

四、致命性

1. Gerald L. Vale, “Bite Marks on Human Skin,” *Identification News*, May 1982（資料由作者留存）。
2. Michael Hall, “The Murders at the Lake,” *Texas Monthly* (“Murders at the Lake”), April 2014，瀏覽日期二〇二一年七月四日，www.texasmonthly.com/articles/the-murders-atthe-lake/；Cindy V. Culp, “Lake Waco Murders: Efforts Underway to Exonerate Man Convicted of Famed Slayings,” *Waco Tribune-Herald*, May 15, 2011, http://www.texasmoratorium.org/archives/1538; Tommy Witherspoon, “Waco Police Interrogate Bishop,” *Waco Tribune-Herald*, April 16, 1983，瀏覽日期二〇二一年七月四日，web.archive.org/web/20160828053538/http://lakewacomurders.com/html/Waco%20Police%20Interrogate%20Bishop.PDF；Tommy Witherspoon, “Last Lake Waco Triple Murder Defendant Dies in Prison,” *Waco Tribune-Herald*, January 14, 2017, https://wacotrib.com/news/local/crime-and-courts/last-lake-waco-triple-murderdefendant-dies-in-prison/article_0e671f9a-4171-594a-987c-82199afd628c.html; Bob Herbert, “The Wrong Man,” *New York Times*, July 25, 1997，瀏覽日期二〇二一年七月四日，www.nytimes.com/1997/07/25/opinion/the-wrong-man.html。
3. Innocence Project, “The Causes of Wrongful Conviction”，瀏覽日期二〇一九年九月九日，innocenceproject.org/informing-injustice/（垃圾科學是第二大要素；告密者證詞是第四大原因。）
4. *Spence v. State*, 795 S.W.2d 743 (1990). 註：在斯賓塞受審之前，詹姆斯．畢曉普顯然曾經拒絕讓他的牙齒模型與本案發生關聯。傑拉德．韋爾寫了一封信給斯賓塞的辯護律師，信中說：「聖路易斯奧比斯波（San Luis Obispo）男子監獄的典獄長在六月十五日告訴我：他得知『有位警官』試圖獲得有關畢曉普先生的更多訊息，包括他的牙齒模型，但是那位畢曉普並不配合。」韋爾醫師寫給海耶斯．富勒三世（Hayes Fuller III）先生的信，日期為一九九四年六月十六日。ABFO Archive, TRUE COPY.
5. “Murders at the Lake,” at 19.
6. *Spence v. Johnson*, 80 F.3d 989 (1996). p.58（第 34 頁）
7. 托馬斯．克勞斯（Thomas C. Krauss）博士聘請傑弗瑞．伯克斯（Jeffrey Burkes）醫師、彼得．漢普（Peter Hampl）醫師、約翰．肯尼（John Kenney）醫師、哈里．明瑟（Harry Mincer）醫師和迪克．蘇維龍醫師。可參見克勞斯博士撰寫的“Letter to Panel”，以及隨附的對證據的個別分析，日期為一九九三年七月十八日。ABFO Archive, TRUE COPY.
8. David Chernicky, “Ace Detective,” *Daily Press*, September 5, 1995，瀏覽日期二〇二一年七月四日，www.dailypress.com/news/dp-xpm-19950905-1995-09-05-9509050010-story.html。
9. “The Shifted Paradigm,” at 42.
10. 可參見理查德．蘇維龍醫師、檢察官和刑警在「約翰．威廉．傑克遜訴州政府案」（*John William Jackson v. State*）中的審前會議紀錄，ABFO Archive, TRUE COPY（蘇維龍宣稱「有時候你可以幫忙分辨種族」；黑人的「嘴比較大」；白人會呈現「V 型嘴，這與黑人又大又寬的方正嘴形不同；嘴的上部較窄，黑人的嘴不會這樣。他們有縫隙、有比較大的空間」，*Jackson v. State*, 511 So.2d 1047 (Fla. 2d DCA 1987); Catherine Adams, et al., *Forensic Odontology: An Essential Guide*, at 171 (Wiley Blackwell, 2014)（「『愛痕』是戀人在性興奮時造成的一種帶有情慾的咬痕。這種咬痕通常是吸吮，或許還有前牙輕咬造成的瘀傷。這種痕跡的特點是中心有擴散性的瘀傷；只存在單獨的牙印不是其特徵。」）；Bruce Rothwell, “Bite Marks in Forensic Dentistry: A Review of Legal, Scientific Issues,” *Journal of the American Dental Association*, Vol. 26, February 1995（「性犯罪中很常

見到咬傷，尤其是在男性同性戀者之間」）；Richard A. Walter, "An Examination of the Psychological Aspects of Bite Marks," *American Journal of Forensic Medicine and Pathology*, Vol. 5, No. 1, March 1984（描述「憤怒下的衝動咬人」、「虐待狂咬人」和「自我同類相食咬人」的特徵）；"Dental Sleuth Detects Criminal by Bite," UPI, January 2, 1978（法醫牙科專家杜安・德沃爾〔Duane T. DeVore〕的報告證詞宣稱「被告身上的咬痕是較早時留下的，是同性戀人之間會留下的那種咬痕」）；Jennifer D. Oliva and Velena E. Beety, "Regulating Bite Mark Evidence: Lesbian Vampires and Other Myths of Forensic Odontology," 94 *Washington Law Review* 1769 (2019)（咬痕分析家聲稱咬痕在性少數群體的犯罪中較為常見，因此他們會針對性少數群體），瀏覽日期二〇二一年七月八日，https://ssrn.com/abstract=3353868。
11. *Commonwealth v. Graves*, 456 A.2d 561 (1983).
12. Jerry Mitchell, "Forensic Dentists Defends Work He's Done in Autopsies," *Clarion-Ledger*, February 28, 2009.
13. Innocence Project, "Levon Brooks"，瀏覽日期二〇二一年七月四日，www.innocenceproject.org/cases/levon-brooks/。

五、致命的胡說八道

1. David Grann, "Trial by Fire," *New Yorker*, April 31, 2009 ("Trial by Fire")，瀏覽日期二〇二一年七月四日，www.newyorker.com/magazine/2009/09/07/trial-by-fire；Steve Mills and Maurice Possley, "Wrongly Executed?" *Chicago Tribune*, December 17, 2004; Paul Giannelli, "Junk Science and the Execution of an Innocent Man," 7 *NYU Journal of Law & Liberty* 221 (2013)。Report of the Texas Forensic Science Commission, Willingham/Willis Investigation, April 15, 2011 ("TFSC Willingham Report")，瀏覽日期二〇二〇年六月一日，www.fsc.state.tx.us/documents/FINAL.pdf。
2. *Willingham v. State*, 897 S.W.2d 351 (1995).
3. "Trial by Fire," at 2.
4. Amy Keen, "Arson Deaths of 3 Children Bring Capital Murder Charge," *Fort Worth Star-Telegram*, February 14, 1992.
5. "Trial by Fire," at 16.
6. TFSC Willingham Report, at 35.

六、最高法院的垃圾科學

1. *Daubert v. Merrell Dow Pharmaceuticals, Inc.*, argument transcript, March 30, 1993，瀏覽日期二〇一九年十一月十日，www.supremecourt.gov/pdfs/transcripts/1992/92-102_03-30-1993.pdf（只有在第 35 頁提到刑法）。
2. Joseph Sanders, "From Science to Evidence: The Testimony on Causation in the Bendectin Cases," 46 *Stanford Law Review* 1 (1993).
3. Scott Pendleton, "Judges Muzzle Science Experts in Liability Suits," *Christian Science Monitor*, September 8, 1995.
4. Peter W. Huber, *Galileo's Revenge: Junk Science in the Courtroom*, Basic Books, at 5 (1991).
5. 例如可參見 Book Note: "Rebel without a Cause," 105 *Harvard Law Review* 935, 936 (1992)，討論「應有責任的著名案例」，包括爆炸的福特 Pinto 房車和吸水力超強的 Rely 衛生棉條造成的傷害。
6. *Daubert v. Merrell Dow Pharmaceuticals, Inc.*, 509 U.S. 579, 599 (1993)（芮恩奎斯特大法官的同意意見）。
7. 參見 1992 WL 12006439 (US)。
8. 「形形色色的江湖術士成立協會」：*Galileo's Revenge*, at 14.
9. 這種保守的說法是根據貧窮的美國人的逮捕和監禁率，以及黑人和西班牙裔美國人的監禁率。例如可參見：Tara O'Neill Hayes, Margaret Barnhorst, "Incarceration

and Poverty in the United States," June 30, 2020, www.americanactionforum.org/research/incarceration-and-poverty-in-the-united-states/（窮人被逮捕的可能性是三倍）；the Sentencing Project, "Report to the United Nations on Racial Disparities in the US Criminal Justice System," April 19, 2018（「非洲裔美國人比美國白人更有可能被逮捕；而且一旦被逮捕，他們更可能被判有罪；一旦被判有罪，他們的刑期也可能更長。非裔美國成年人被監禁的可能性是白人的 5.9 倍，西班牙裔美國人則是 3.1 倍。以二〇〇一年來說，該年出生的三個黑人男孩中，就有一個在一生當中有可能入獄，每六個拉丁裔男孩中有一個；相較於每十七個白人男孩中只有一個」）(Racial Disparities in the US Criminal Justice System), www.sentencingproject.org/publications/un-report-on-racialdisparities/。

10. 10. "Record $25 Million Awarded in Silicone-Gel Implants Case," *New York Times*, December 24, 1992，瀏覽日期二〇一九年十一月十日，timesmachine.nytimes.com/timesmachine/1992/12/24/751192.html?pageNumber=13。
11. Barbara J. Feder, "Dow Corning in Bankruptcy Over Lawsuits," *New York Times*, May 16, 1995，瀏覽日期二〇一九年十一月十日，timesmachine.nytimes.com/timesmachine/1995/05/16/735595.html?pageNumber=1。

七、生命、自由與「道伯案」

1. D. Michael Risinger, "Navigating Expert Reliability: Are Criminal Standards Being Left on the Dock?" 64 *Albany Law Review* 99, 142 (2000).
2. Innocence Project, Ron Williamson, innocenceproject.org/cases/ron-williamson/.
3. *Williamson v. Reynolds*, 904 F. Supp. 1529, 1554 (E.D. Okla. 1995).
4. "Through Thick and Thin on Death Row, Two Men Defied Odds with Friendship and Hope," ABC News, August 19, 2000，瀏覽日期二〇二一年七月五日，deathpenaltyinfo.org/node/454。
5. *McCarty v. State*, 904 P.2d 110, 125 (Okla. Crim. App. 1995).
6. Mathew Hansen, "Hansen: Decades on Death Row Drive Death Penalty Fight," *Omaha World-Herald*, May 19, 2013，瀏覽日期二〇一九年二月十九日，omaha.com/news/hansen-decades-on-death-row-drive-deathpenalty-fight/article_2207801c-937d-5fbc-b2a8-489b13d56f06.html。
7. Jim Yardley, "Inquiry Focuses on Scientist Employed by Prosecutors," *New York Times*, May 2, 2001，瀏覽日期二〇一九年二月十九日，www.nytimes.com/2001/05/02/us/inquiry-focuses-on-scientist-employed-by-prosecutors.html。
8. Laurel Raymond, et al., "Cowboy Bob, Black Magic, and the Courtroom of Death," *Think Progress*, October 29, 2015，瀏覽日期二〇二一年六月二十八日，thinkprogress.org/cowboy-bob-black-magic-and-the-courtroom-ofdeath-78abd17d2fe1/。
9. 「狂野的西部」：同上註。
10. Jordan Smith, "The Death Penalty Is Largely Driven by a Small Number of Overzealous Prosecutors," *Intercept*, June 30, 2016, theintercept.com/2016/06/30/death-penalty-largely-driven-by-small-number-ofoverzealous-prosecutors/.
11. Peter J. Neufeld, "The (Near) Irrelevance of *Daubert* to Criminal Justice: and Some Suggestions for Reform," 95 S1 *American Journal of Public Health* S107, S110 (2005). 註：「道伯案」被最高法院發回時，科金斯基（Kozinski）法官明確欲將刑事被告排除在該裁決的利益之外。如同紐費爾德的觀察：「當道伯案發回到第九巡迴法院時，科金斯基法官對於法院過度相信為訴訟目的而進行的科學檢驗提出了警告，他認為這是危險的。儘管他贊成更尊重學術研究的結果，但是他也警告說：針對特定案件進行實驗，勢必會使科學家的客觀性以及由此產生的結果受到損害。科金斯基法官在撰寫道伯案的意見時，指出他對於為訴訟目的而進行科學的警告中，不包括刑事訴訟。他的理由是在刑事案件中，所有科學實驗本都是為了訴訟目的而進行的。科金斯基法官沒有意識到在刑事調查中進行實驗，也有存在偏見的危險，他在沒有適當理由的情況下，駁斥這樣的擔憂。」同前註，at S111。

12. Brandon L. Garrett and M. Chris Fabricant, "The Myth of the Reliability Test," 86 *Fordham Law Review* 1559 (2018), https://papers.ssrn.com/sol3/papers.cfm?abstract_id=3136632.

第二部

1. 「德州訴史蒂夫・馬克・錢尼案」的重現主要是根據以下資料來源：作者於二〇一八年十二月二十日和二〇一九年十二月十九日對史蒂夫・錢尼的訪談；作者的個人日記；原審紀錄；達拉斯公設辯護人案件檔案，以及 *Ex Parte Steven Mark Chaney*, 563 S.W.3d 239 (Tex. Crim. App. 2018)。引用均直接出自法庭筆錄和原始的案件檔案，但是以下有標註引用的地方除外。「審判二」是指錢尼的第一次審判在柯蒂斯・希爾頓作證之後突然以無效的審理結束——希爾頓發表了與他之前的證詞不一致的陳述，而且沒有事先通知辯方。
2. Skip Hollandsworth, "See No Evil," *Texas Monthly*, May 1993，瀏覽日期二〇二一年七月五日，www.texasmonthly.com/articles/see-no-evil-3/。
3. "Motive Sought in Fatal Stabbing of Dallas Couple," *Dallas Morning News*, 16A, June 22, 1987.
4. *Texas v. Chaney*, Trial II, Vol. 8, at 715.
5. *Ex Parte Chaney*, 563 S.W.3d at 244–247.
6. *Ex Parte Chaney*, at fn. 49.
7. Jim Atkinson, "The Law and Henry Wade," *D Magazine*, June 1977，瀏覽日期二〇二〇年五月十六日，www.dmagazine.com/publications/dmagazine/1977/june/the-law-and-henry-wade/。
8. *Texas v. Chaney*, Trial II Vol. 6, at 465.
9. *Texas v. Chaney*, Trial II Vol. 6, at 135.
10. *Texas v. Chaney*, Trial II Vol. 6, at 135.
11. *Ex Parte Chaney,* 563 S.W.3d at 264–265.
12. *Chaney v. State*, 775 S.W.2d 722 (1989).

一、無辜計畫

1. 無辜計畫的創辦史：根據作者個人所知；Jane Gitschier, "The Innocence Project at Twenty: An Interview with Barry Scheck," *PLOS Genetics*, August 8, 2013，瀏覽日期二〇二一年七月五日，journals.plos.org/plosgenetics/article?id=10.1371/journal.pgen.1003692。
2. Eric S. Lander, "Why I Teach," The Moth, October 21, 2014, themoth.org/storytellers/eric-s-lander.
3. National Research Council, National Academy of Sciences, "DNA Technology in Forensic Science" (1992).
4. National Research Council, National Academy of Sciences, "The Evaluation of Forensic DNA Evidence" (1996).

二、美國國家科學院的聽證會

1. 引用森恩的說法：出自大衛・森恩對美國國家科學院演講的投影片（二〇〇七年四月二十三日），瀏覽日期二〇二一年七月五日，sites.nationalacademies.org/cs/groups/pgasite/documents/webpage/pga_049919.pdf。
2. C. Michael Bowers. "Problem-Based Analysis of Bite Mark Misidentifications: The Role of DNA," *Forensic Science International* 159 Supplement 1: s104-s109, 2006.
3. Fernanda Santos, "In Quest for a Killer, an Inmate Finds Vindication," *New York Times*, December 21, 2006，瀏覽日期二〇一九年二月，www.nytimes.com/2006/12/21/nyregion/21brown.html?pagewanted=all&_r=1；羅伊・布朗案的其他細節：Innocence Project, Roy Brown, www.innocenceproject.org/cases/roy-brown/；Brandon L. Garrett, *Convicting the Innocent: Where Criminal Prosecutions Go Wrong* 108-09

(Harvard University Press, 2011).

4. Brandon Garrett, "Convicting the Innocent Database," Roy Brown，瀏覽日期二〇二一年七月五日，www.convictingtheinnocent.com/exoneree/roy-brown/。
5. 同上註。
6. Fernanda Santos, "With DNA from Exhumed Body, Man Finally Wins Freedom," *New York Times*, January 24, 2007，瀏覽日期二〇二一年七月五日，www.nytimes.com/2007/01/24/nyregion/24brown.html。
7. Liliana Segura and Jordan Smith, "Bad Evidence: Ten Years After a Landmark Study Blew the Whistle on Junk Science, the Battle Over Forensics Rages On," *Intercept,* May 5, 2019，瀏覽日期二〇二一年七月五日，theintercept.com/2019/05/05/forensic-evidence-aafs-junk-science/。
8. 其論點是基於毛髮配對的證明價值（普遍都被誇大了），FBI 也會培訓檢測人員提供這類虛假證詞做為證據。參見 FBI Press Release, April 20, 2015，瀏覽日期二〇二一年七月五日，www.fbi.gov/news/pressrel/press-releases/fbi-testimony-on-microscopichair-analysis-contained-errors-in-at-least-90-percent-of-cases-in-ongoing-review；"The Shifted Paradigm," at 87–90 (*supra*).
9. Spencer S. Hsu, "Review of FBI Forensics Does Not Extend to Federally Trained State, Local Examiners," *Washington Post,* December 22, 2012.
10. 作者於二〇一九年二月二十日在馬里蘭州巴爾的摩的美國鑑識科學學會會議上對馬克斯．胡克的訪談（紀錄由作者留存）；Jeffrey Toobin, "The CSI Effect: The Truth About Forensic Science," *New Yorker,* May 7, 2007，瀏覽日期二〇一九年二月，www.newyorker.com/magazine/2007/05/07/the-csi-effect。
11. 參見 "Do detox diets offer any health benefits?" www.mayoclinic.org/healthy-lifestyle/nutrition-and-healthy-eating/expert-answers/detox-diets/faq-20058040（出自與梅奧診所〔Mayo Clinic〕的註冊營養師／證照營養師／食品與營養學專家凱瑟琳．澤拉茨基〔Katherine Zeratsky〕的訪談）；Ben Goldacre, *Bad Science: Quacks, Hacks, and Big Pharma Flacks*, Farrar, Straus and Giroux；再版本（October 12, 2010）（批評「排毒」產業）。
12. "Charges Filed in Fatal Fire," *St. Petersburg Times*, October 17, 1990, at 1B; "Test Fire Helps to Free Murder Suspect," *San Francisco Chronicle*, March 21, 1991; John Lentini, C.F.I., "The Lime Street Fire: Another Perspective," *Fire and Arson Investigator*, Vol. 43, No.1, September 1992; "Nightmare on Lime Street: How a Ghastly Jacksonville Fire Forever Changed Arson Science in America," *Folio Weekly*, February 23–March 1, 2010，瀏覽日期二〇二一年七月五日，globalwrong.files.wordpress.com/2013/01/nightmare-on-lime-street1.pdf；"Criminal, 527 Lime Street"，朱麗安．亞歷山大（Julienne Alexander）主持的播客節目，瀏覽日期二〇二一年七月五日，thisiscriminal.com/episode-135-527-lime-street-3-6-2020/。
13. J. Paul Wyatt, "Rooming House Fire Kills Six," *UPI*, March 25, 1983，瀏覽日期二〇二一年七月五日，www.upi.com/Archives/1983/03/24/Rooming-house-fire-kills-six/6839417330000/。
14. 作者於二〇一九年二月二十日在馬里蘭州巴爾的摩的美國鑑識科學學會會議中對約翰．倫蒂尼的訪談（紀錄由作者留存）。p.121（第 75 頁）
15. Robert Broadhurst obituary，瀏覽日期二〇二一年七月五日，www.dignitymemorial.com/obituaries/sandy-springs-ga/robert-broadhurst-jr-6965623。
16. John J. Lentini, *Scientific Protocols for Fire Investigation*, 2nd Ed., at 529, CRC Press, Taylor & Francis Group (2013).
17. 同上註。
18. 出自對倫蒂尼的訪談。
19. Sandra McIntosh, "Carr Guilty in Wife's Murder; Hastings Owner Harangues Jurors Prior to Sentencing," *Atlanta Journal-Constitution,* May 11, 1994, at A/1；卡爾案的其他詳情出自對倫蒂尼的訪談；Jeffery Scott, "Carr Tells His Side of How Wife Died," *Atlanta Journal-Constitution*, July 4, 2004, at C/1; *Carr v. State*, 267 Ga. 701 (1997)（喬治亞州最高法院判決）；*Carr v. State*, 1996 WL 33482455 (Ga.)（上訴摘要）；Maurice Possley, National Registry of Exonerations, Weldon Wayne Carr，瀏覽日期二〇二一年七月五日，https://www.law.umich.edu/special/exoneration/Pages/casedetail.

aspx?caseid=3936。
20. *Carr v. State*, 482 S.E.2d 314 (1997).
21. 傑拉德・赫斯特博士的宣誓書，二〇〇四年二月。參見 https://www.texasobserver.org/wp-content/legacy/uploads/files/hurstreport.pdf。
22. Scott Horton, "Rick Perry's Witch Trials," *Harper's Magazine*, October 9, 2009 ("Perry's Witch Trials")，瀏覽日期二〇二一年七月五日，harpers.org/2009/10/rick-perrys-witch-trials/。
23. John Moritz, "Executed Man's Case Challenged," *Fort Worth Star-Telegram*, May 3, 2006, at B12.
24. the National Registry of Exonerations，瀏覽日期二〇二一年七月五日，www.law.umich.edu/special/exoneration/Pages/detaillist.aspx?View={FAF6EDDB-5A68-4F8F-8A52-2C61F5BF9EA7}&FilterField1=Group&FilterValue1=A。
25. Michael Hall, "Separated at Death," *Texas Monthly*, December 2009, https://www.texasmonthly.com/articles/separated-atdeath/.
26. Jamie Ward, "Veteran Investigator Says New Arson Science is 'Junk'," *News-Herald*, Willoughby, OH, December 10, 2006.
27. John Lentini, "Scientists, Not 'Artists', Should Investigate Fires," *News-Herald*, Willoughby, OH, December 22, 2006.
28. 倫蒂尼對美國國家科學院委員會演講的 PowerPoint 投影片，瀏覽日期二〇二一年七月五日，sites.nationalacademies.org/cs/groups/pgasite/documents/webpage/pga_049915.pdf。p.132（第 82 頁）
29. Malcolm Gladwell, *Blink: The Power of Thinking Without Thinking*, Little, Brown and Company (2005).
30. Amos Tversky and Daniel Kahneman, "Judgment under Uncertainty: Heuristics and Biases Science," *Science,* New Series, Vol. 185, No. 4157, at 1124-1131 (September 27, 1974).
31. Hal Bernton, "FBI 'Overconfidence' Blamed," *Seattle Times*, January 7, 2006，瀏覽日期二〇二一年七月五日，www.seattletimes.com/seattle-news/fbioverconfidence-blamed/。
32. 32. Dror and Charlton, "Why Experts Make Errors," 56 *Journal of Forensic Identification*, 600, at 600–616 (2006); Dror et al., "Cognitive Bias in Forensic Anthropology: Visual Assessment of Skeletal Remains Is Susceptible to Confirmation Bias," 54 *Science & Justice* 208 (2014).
33. Dan Simon, *In Doubt: The Psychology of the Criminal Justice Process*, at 2. Harvard University Press (2012).
34. Jennifer Eberhardt et al., "Seeing Black: Race, Crime, and Visual Processing," 87 *Journal of Personality and Social Psychology* 87(6), 876 (2004).
35. Banks et al., "Discrimination and Implicit Bias in a Racially Unequal Society," 94 *California Law Review* 1169, 1175 (2006).
36. Pizzi et al., "Discrimination in Sentencing on the Basis of Afrocentric Features," 10 *Michigan Journal of Race and Law* 327 (2005).
37. Smith et al., "Implicit White Favoritism in the Criminal Justice System," 66 *Alabama Law Review* 871, 879 (2015).
38. Ayres and Waldfogel, "A Market Test for Race Discrimination in Bail Setting," 46 *Stanford Law Review* 987, 992 (1994).
39. Debra Cassens Weiss, "Partners in Study Gave Legal Memo a Lower Rating When Told Author Wasn't White," *ABA Journal*, April 21, 2014，瀏覽日期二〇二一年七月五日，www.abajournal.com/news/article/hypothetical_legal_memo_demonstrates_unconscious_biases。
40. Jason A. Okonofua and Jennifer L. Eberhardt, "Two Strikes: Race and the Disciplining of Young Students," 26 *Psychological Science* 1, at 2 (2015).
41. 參見 Blair et al., "Clinicians' Implicit Ethnic/Racial Bias and Perceptions of Care Among Black and Latino Patients," 11 *Annals of Family Medicine* 42 (2013)。

三、史蒂夫・錢尼的前進道路

1. 錢尼在定罪後為自由的奮鬥：出自對錢尼的訪談、作者的個人日記與原審紀錄。有關於連續假釋被拒造成的創傷詳情，可參見 Richard Rivera, "Traumatized to Death: The Cumulative Effects of Serial Parole Denials," 23 *City University of New York Law Review* F. 25 (2020), July 5, 2021, www.cunylawreview.org/traumatized-to-death/。
2. Jessica Pishko, "No County for Innocent Men," *D Magazine*, May 15, 2018，瀏覽日期二〇二一年七月五日，www.dmagazine.com/frontburner/2018/05/dallas-county-exonerations-innocentconviction-integrity-unit/。
3. Robert Tharp, "Inmate Freed After DNA Testing," *Dallas Morning News*, January 5, 2007.
4. Ralph Blumenthal, "For Dallas, New Prosecutor Means an End to the Old Ways," *New York Times*, June 3, 2007，瀏覽日期二〇二一年七月五日，www.nytimes.com/2007/06/03/us/03dallas.html。
5. Steve McGonigle, Ed Timms, "Racial Bias Pervades Jury Selection," *Dallas Morning News*, at 1A, March 9, 1986.
6. Michael Graczyk, "DNA Helps Shatter DA's Legacy, 19 of the 'Chief's' Convictions Overturned," AP, July 30, 2008.
7. Scott Horton, "In Praise of a Prosecutor," *Harper's Magazine*, November 15, 2008，瀏覽日期二〇二一年七月五日，harpers.org/2008/11/in-praise-of-a-prosecutor/。
8. Mary Mapes, "When Henry Wade Executed an Innocent Man," *D Magazine*, May 2016 ("Henry Wade Executed an Innocent Man"), www.dmagazine.com/publications/d-magazine/2016/may/henry-wadeexecuted-innocent-man/.

四、鑑識科學的神話破滅

1. 二〇〇九年美國鑑識科學學會的「科學會議」議程，瀏覽日期二〇二一年七月五日，aafs.org/common/Uploaded%20files/Resources/Proceedings/2009_Proceedings.pdf。
2. National Academy of Sciences, Committee on Identifying the Needs of the Forensic Sciences Community, "Strengthening Forensic Science in the United States: a Path Forward," at 89 (2009) (NAS Report)（省略內文的引用和引述）。
3. 對胡克的訪談。
4. "Bad Medicine, Part I: the Story of 98.6," *Freakonomics Radio* (Bad Medicine)，瀏覽日期二〇二一年七月五日，freakonomics.com/podcast/bad-medicine-part-1-story-rebroadcast/（節目文字紀錄）。
5. Radley Balko, "Indeed, and Without a Doubt: How a Mississippi Dentist May be Sending Innocent People to Jail," Reason.com, August 2, 2007，瀏覽日期二〇二一年七月五日，reason.com/2007/08/02/indeed-and-without-a-doubt/。
6. Radley Balko, "A Forensics Charlatan Gets Caught in the Act," Reason.com, May 15, 2009 ("Forensics Charlatan")，瀏覽日期二〇二一年七月五日，reason.com/2009/05/15/a-forensics-charlatan-gets-cau/。
7. Innocence Project, Levon Brooks，瀏覽日期二〇二一年七月五日，innocenceproject.org/cases/levon-brooks/。
8. *Steven Hayne v. the Innocence Project*, § 3:09-CV-218-KSLRA (SDMS, Jackson Division)，邁克爾・韋斯特經宣誓的證詞，March 13, 2012 (*Hayne v. the Innocence Project*)（資料由作者留存）。
9. NAS Report, at 100.

五、大量監禁時代的終局性原則

1. National Research Council, *The Growth of Incarceration in the United States: Exploring Causes and Consequences*, National Academies Press (2014)，瀏覽日期二〇二一年七月五日，https://doi.org/10.17226/18613。

2. Bryan A. Stevenson, "Confronting Mass Imprisonment and Restoring Fairness to Collateral Review of Criminal Cases," 41 *Harvard Civil Rights–Civil Liberties Law Review* 339, 350 (2006).
3. 參　見 M. Chris Fabricant, "War Crimes and Misdemeanors: Understanding 'Zero-Tolerance' Policing as a Form of Collective Punishment and Human Rights Violation," 3 *Drexel Law Review* 373, 401-06 (2011), papers.ssrn.com/sol3/papers.cfm?abstract_id=1837672; M. Chris Fabricant, "Rethinking Criminal Defense Clinics in 'Zero-Tolerance' Policing Regimes," 36 *NYU Review of Law & Social Change* 351, 344-45 (2012) ("Rethinking Criminal Defense"), papers.ssrn.com/sol3/papers.cfm?abstract_id=1921445.
4. "Racial Disparities in the US Criminal Justice System" (*supra*).
5. NAACP Criminal Justice Fact Sheet，瀏覽日期二〇二一年七月五日，www.naacp.org/criminal-justice-fact-sheet/。
6. 作者擔任公設辯護人的職涯：擔任上訴和審判辯護人的資歷九年；在佩斯法學院（Pace Law School）擔任窮人法律諮詢的主任三年。
7. 根據作者在紐約市經歷的個人主觀估計。可參見 "Rethinking Criminal Defense"（批評以種族主義為根據的警政制度，並提出對抗的法律策略），見上文。
8. 從奴隸制到吉姆・克勞法，再到大量監禁的弧形：Michelle Alexander, *The New Jim Crow: Mass Incarceration in an Age of Colorblindness,* The New Press (2010)；也可參見 Loic Wacquant, "From Slavery to Mass Incarceration: Rethinking the "Race Question" in the US," 13 *New Left Review* 41 (2002); Ira Glasser, "American Drug Laws: the New Jim Crow," 63 *Albany Law Review* 703, 703-04 (2000)。

六、拒絕承認他們是無辜的

1. 可以肯定的是，DNA 革命讓全美五十州通過法條，允許定罪後 DNA 檢驗，雖然通常是在極有限的情況下。可見："Access to Post-Conviction DNA Testing," Innocence Project, https://innocenceproject.org/causes/access-post-conviction-dna-testing/。一九九六年，當時的美國總檢察長珍妮特・雷諾（Janet Reno）對越來越多以 DNA 平反的案件感到不安，因此說出了對當時的美國最高檢察首長來說意義重大的讓步：「刑事司法制度並非萬無一失。」總檢察長委託國家司法研究院發布一份報告，宣傳對 DNA 證據的使用。雷諾在該報告的序言中寫道：「對刑事司法制度最好的形容，應該是對真相的追尋。」National Institute of Justice, US Department of Justice, Pub. No. NCJ 161258, "Convicted by Juries, Exonerated by Science: Case Studies in the Use of DNA Evidence to Establish Innocence After Trial," at iii (1996), https://www.ojp.gov/pdffiles/dnaevid.pdf.
2. *Kansas v. Marsh*, 548 U.S. 163, 193 (2006)（史卡利亞大法官的協同意見）。
3. 參見 Jacqueline McMurtrie, "The Unindicted Co-Ejaculator and Necrophilia: Addressing Prosecutors' Logic-Defying Responses to Exculpatory DNA Results," 105 *Journal of Criminal Law and Criminology, 853* (2015).
4. "Anita Alvarez *60 Minutes* interview*:* State's Attorney Defends Convictions, 'Necrophilia' Theory," *Huffington Post*, December 11, 2012，瀏覽日期二〇二一年七月五日，www.huffpost.com/entry/anita-alvarez-60-minutes_n_2273017。
5. Lincoln Caplan, "The Destruction of Defendants' Rights," *New Yorker,* June 21, 2015，瀏覽日期二〇二一年七月五日，www.newyorker.com/news/news-desk/the-destruction-of-defendantsrights。
6. 史卡利亞對死刑／無辜者的法學理論：參見 Lee Kovarsky, "Justice Scalia's Innocence Tetralogy," 101 *Minnesota Law Review* 94 (2016)（解構史卡利亞對死刑的法學理論）。註：我們必須指出（就像是科瓦爾斯基〔Kovarsky〕所做的）：哈利・布萊克蒙（Harry Blackmun）大法官宣稱他將不再「笨拙地修補死刑這部機器」，眾所周知，史卡利亞對這段話表示嘲笑，他說布萊克蒙是柿子挑軟的吃，只選了「我們面前的謀殺案中比較不那麼殘忍的幾個⋯⋯」來宣示他的立場。史卡利亞舉出當時最高法院審理的另外一宗亨利・李・麥克科倫（Henry Lee McCollum）的死刑案件做為反例，好將死刑合理化。麥克科倫是因為參與性侵一名「十一歲的女孩」而被定罪，史卡利亞強調這名女孩「被四名男子性侵，然後被人將她的內褲塞進喉嚨裡致死」。不過就在史卡利亞死前，麥克科倫在死囚牢裡待了三十年之後，終於透過 DNA 證據獲得平反。

7. Richard C. Dieter, "Changing Views on the Death Penalty in the United States"，於二〇〇七年十月七日在中國北京的「美國和中國的死刑替代方案研討會」上發表的論文，瀏覽日期二〇二一年七月五日，files.deathpenaltyinfo.org/legacy/files/pdf/Beijing07.pdf。
8. 伊利諾州州長喬治・萊恩在西北大學法學院的演講稿，瀏覽日期二〇二一年七月五日，deathpenaltyinfo.org/stories/in-ryans-words-i-must-act。安東尼・波特案：Maurice Possley and Rob Warden, National Registry of Exonerations, Anthony Porter, www.law.umich.edu/special/exoneration/Pages/casedetail.aspx?caseid=3544.
9. *Marsh*, 548 U.S. at 193 (2006). 註：薩繆爾・格羅斯（Samuel Gross）教授在二〇一四年對死刑冤案的可能發生率展開一項嚴謹的研究，並發表在一份備受推崇的期刊。該研究得出的結論是錯誤率至少為百分之四。Samuel R. Gross, et al., "Rate of false conviction of criminal defendants who are sentenced to death," 111 Proceedings of the National Academy of Sciences of the United States of America 7230 (2014), https://www.pnas.org/content/111/20/7230.

七、處死無辜的人

1. *Furman v. Georgia*, 408 U.S. 238, 315 (1972)（馬紹爾大法官的協同意見）。
2. 除了下文引用的新聞報導之外，對沃克案的重現主要是根據在《*D Magazine*》發表的下列優秀文章：Mary Mapes, "When Henry Wade Executed an Innocent Man," *supra*。
3. 這個種族主義說法有一個值得注意的歷史，也與反對「布朗訴教育委員會案」（*Brown v. Board of Education*）有關，可參見 Justin Driver, "Of Big Black Bucks and Golden-Haired Little Girls: How Fear of Interracial Sex Informed *Brown v. Board of Education* and its Resistance," in *The Empire of Disgust*, Oxford University Press (2018), oxford.universitypressscholarship.com/view/10.1093/oso/9780199487837.001.0001/oso-9780199487837-chapter-3。註：下文中帶有種族主義的引用都會加上引號。
4. WBAP-TV（電視台：德州沃思堡）。News script: "Walker Sentenced to Electric Chair," January 25, 1956，瀏覽日期二〇一九年九月一日，texashistory.unt.edu/ark:/67531/metadc497980/：University of North Texas Libraries, The Portal to Texas History, https://texashistory.unt.edu; UNT Libraries Special Collections。
5. WBAP-TV. News script: "'Negro' Confesses Dallas Slaying", January 31, 1954，瀏覽日期二〇一九年九月一日，texashistory.unt.edu/ark:/67531/metadc726970/m1/1/：University of North Texas Libraries, The Portal to Texas History, https://texashistory.unt.edu; UNT Libraries Special Collections。
6. 可參見 Floyd Casebolt, *Ennis Daily News* (Ennis, Texas), Vol. 63, No. 26, Ed. 1, February 1, 1954，瀏覽日期二〇一九年九月二十日，texashistory.unt.edu/ark:/67531/metapth782607/m1/1/：University of North Texas Libraries, The Portal to Texas History, https://texashistory.unt.edu; Ennis Public Library。
7. WBAP-TV. News script: "Funeral," October 2, 1953，瀏覽日期二〇一九年九月十二日，texashistory.unt.edu/ark:/67531/metadc721936/m1/1/：University of North Texas Libraries, the Portal to Texas History, https://texashistory.unt.edu; UNT Libraries Special Collections。
8. WBAP-TV. News script: "Reward Suit," December 17, 1957，瀏覽日期二〇一九年九月二日，texashistory.unt.edu/ark:/67531/metadc800079/m1/1/：University of North Texas Libraries, The Portal to Texas History, texashistory.unt.edu; UNT Libraries Special Collections。
9. Joe Pappalardo, "'We Want Them to Shut Up': The Two Dallas Cops Who Earned Hoover's Ire After JFK Killing," *Dallas Observer,* October 30, 2017，瀏覽日期二〇二一年七月五日，www.dallasobserver.com/news/declassified-jfkdocuments-show-show-feud-between-fbi-and-dallas-police-10015830。
10. Stephen Young, "Interim Police Chief Blames Low Murder Clearance Rate on

Witnesses," *Dallas Observer*, January 10, 2017，瀏覽日期二〇二一年七月五日，www.dallasobserver.com/news/interim-police-chiefblames-low-murder-clearance-rate-on-witnesses-9067739。
11. Wes Wise, "Make Sure Conspiracy Count Is Not in the Indictment," *Dallas Morning News*, November 21, 1993.
12. Steven R. Reed, "Police Captain Felt He Had Strong Case on Oswald," *Houston Chronicle*, November 20, 1988 ("Police Captain").
13. "Looks Are Deceiving, Tough Lawman Cracked Slaying," November 24, 1963 ("Fritz Stories")，瀏覽日期二〇二一年七月五日，www.fold3.com/page/641431378-john-will-fritz/stories；也可參見 Paula Bosse: "Will Fritz and the JFK Investigation," *Flashback: Dallas*, November 22, 2016，瀏覽日期二〇二一年七月五日，flashbackdallas.com/2016/11/22/november-22-1963-willfritz-and-the-investigation/。註：上面引用的報導都沒有特別提到湯米・李・沃克，但是都有討論「黑人遊蕩者」造成恐慌的事實，因此可以確定這些報導的確是關於對沃克的審訊和定罪。
14. "Fritz Stories" *(supra)*.
15. Kent Biffle, "Book Uncloaks Dallas Figures' Links to Klan," *Dallas Morning News*, February 5, 1995.
16. UPI, "Looks Are Deceiving, Tough Lawman Cracked Slaying"; "Police Captain." 同上註。
17. *Walker v. State*, 162 Tex. Crim. 408, 286 S.W.2d 144 (1956)（拒絕認為大陪審團採納亨利・韋德的測謊證詞是不適當的，因為「同樣的證詞已經被無異議承認，而且上訴人也有為自己作證」）。
18. "Mother, 14, Backs Murder Trial Alibi," *Abilene Reporter-News*, March 27, 1954.
19. "Confession in Rape-Murder Laid to Fear," *Kilgore News Herald*, March 28, 1954.
20. "Women in Court Weep at Verdict," *Fort Worth Star-Telegram*, March 30, 1954.
21. "Rapist Is Given Death," *Galveston Daily News*, March 30, 1954. 也可參見 the *Cuero Record*, Vol. 60, No. 77, Ed. 1, "Death Verdict for Walker in Parker Crime: All-White Jury Convicts 'Negro' for Murder of Woman," March 30, 1954，瀏覽日期二〇一九年九月二日，texashistory.unt.edu/ark:/67531/metapth695426/m1/6/, "'Negro' Gets Death Sentence in Murder of Dallas Women," *Sweetwater Reporter*, Vol. 57, No. 75, Ed. 1, at 3, March 30, 1954，瀏覽日期二〇一九年九月二日，texashistory.unt.edu/ark:/67531/metapth284092/m1/3/?q=%22tommy%20lee%20walker%22。
22. "Henry Wade Executed an Innocent Man" (*supra*), at 17.
23. WBAP-TV. News script: "'Negro' to Appeal Death Sentence," March 30, 1954，瀏覽日期二〇一九年九月一日，texashistory.unt.edu/ark:/67531/metadc726157/m1/3/: University of North Texas Libraries, The Portal to Texas History, texashistory.unt.edu; UNT Libraries Special Collections。
24. "Executed Man Pleads Innocence to End," *Ennis Daily News*, Vol. 65, No. 113, Ed. 1, May 12, 1956，瀏覽日期二〇一九年九月二日，texashistory.unt.edu/ark:/67531/metapth801829/m1/1/?q=%22tommy%20lee%20walker%22。
25. Jim Dwyer and Kevin Flynn, "New Light on Jogger's Rape Calls Evidence into Question," *New York Times*, December 1, 2002，瀏覽日期二〇二一年七月五日，www.nytimes.com/2002/12/01/nyregion/new-light-on-jogger-s-rape-calls-evidence-intoquestion.html。
26. Jim Dwyer with Susan Saulny, "Hair Evidence in Jogger Case Is Discredited," *New York Times*, October 25, 2002，瀏覽日期二〇二一年七月五日，www.nytimes.com/2002/10/25/nyregion/hair-evidence-injogger-case-is-discredited.html。
27. Rebecca Morin, "'They Admitted Their Guilt': 30 Years of Trump's Comments about the Central Park Five," *USA Today*, June 19, 2019，瀏覽日期二〇二一年七月五日，www.usatoday.com/story/news/politics/2019/06/19/what-trump-has-said-central-park-five/1501321001/。
28. Tom Raum, "Bush Warns Terrorists Against Attack: Don't Exploit Vote Dispute, He Warns," AP, December 7, 2000.
29. 喬治・沃克・布希在二〇〇〇年十二月七日的活動，主要是根據以下資料來源進行重建：Tom Raum, "Bush Works on White House Staff While Awaiting Word from

Courts," AP, December 8, 2000; Judy Keen, "Bush Lets Others Watch Courtroom," *USA Today*, December 8, 2000 ("Bush Lets Others Watch"); David Karp, "One Austin's Rapt; Other's Blase," *St. Petersburg Times*, December 8, 2000.

30. Steve Thomma and Lenny Savino, "Florida Election Cases Now in Judges' Hands," *Charlotte Observer*, December 8, 2000.
31. "Bush Lets Others Watch" *(supra)*.
32. 二〇〇〇年十二月七日的備忘錄可以在「*Texas Observer*」的網頁上看到，瀏覽日期二〇二一年四月十七日，www.texasobserver.org/wpcontent/legacy/media/k2/attachments/Memo.pdf。
33. David Mann, "DNA Tests Undermine Evidence in Texas Execution, New Results Show Claude Jones Was Put to Death on Flawed Evidence," *Texas Observer*, November 11, 2010 ("Put to Death on Flawed Evidence")，瀏覽日期二〇二一年七月五日，www.texasobserver.org/texas-observer-exclusive-dna-tests-undermine-evidence-in-texas-execution/。
34. Jim Yardley, "ON THE RECORD/Bush and the Death Penalty; Texas' Busy Death Chamber Helps Define Bush's Tenure," *New York Times*, January 7, 2000，瀏覽日期二〇二一年七月五日，www.nytimes.com/2000/01/07/us/record-bush-death-penalty-texas-busy-deathchamber-helps-define-bush-s-tenure.html。註：《紐約時報》的報導稱布希任內執行死刑的人數為一百一十一人。許多其他資料來源則指出是一百五十二人。可參見 Arlette Saenz, "George Bush Executed Texans at Faster Rate than Rick Perry," ABC News, September 22, 2011（「在布希的五年州長任內，德州總共有一百五十二人被處死」），瀏覽日期二〇二一年七月五日，abcnews.go.com/blogs/politics/2011/09/george-bush-executed-texans-at-faster-rate-than-rick-perry。
35. "Put to Death on Flawed Evidence" (*supra*); Nathan Thornburgh, "In Texas, Seeking the Truth About an Executed Man," *Time*, May 31, 2010，瀏覽日期二〇二一年七月五日，content.time.com/time/printout/0,8816,1990809,00.html；Allan Turner, "Inmates Legacy Rests on a Tiny Piece of Evidence," *Houston Chronicle*, at A1, September 22, 2007; Cindy Horswell, "Long Journey Ends a Brother's Last Wish," *Houston Chronicle*, at B1, December 8, 2010; David Pasztor, "Truth Hangs by a Hair: DNA Tests Sought by the *Observer* and the Innocence Project Could Show Whether Texas Executed an Innocent Man," *Texas Observer*, September 21, 2007，瀏覽日期二〇二一年七月五日，www.texasobserver.org/2589-truthhangs-by-a-hair-dna-tests-sought-by-the-observer-and-the-innocence-projectcould-show-whether-texas-executed-an-innocent-man/。
36. *Jones v. State*, No.71, 127 (Tex. Cr. App. No. 71,127)（不同意見，at 8）。
37. "Truth Hangs by a Hair" (*supra*).
38. Jeff Carlton, "Judge Orders DNA Testing in '89 Capital Murder Case," AP, June 16, 2010.
39. Brian Rogers, "'Courageous' Houston GOP Judge Who Overturned Texas Sodomy Law Dies," *Houston Chronicle*, March 1, 2018，瀏覽日期二〇二一年七月五日，www.chron.com/news/houston-texas/houston/article/GOPjudge-who-overturned-Texas-sodomy-law-dies-12719886.php。
40. "Put to Death on Flawed Evidence" (*supra*).

八、史蒂夫・錢尼被繫上鐵鍊

1. Beth Schwartzapfel, "No Country for Innocent Men," *Mother Jones*, January/February 2012，瀏覽日期二〇二一年七月五日，www.motherjones.com/politics/2011/12/tim-cole-rick-perry/。
2. Brian Montopoli, "Rick Perry: I Don't Lose Sleep over Texas Executions," CBS News, September 7, 2011; Elizabeth Flock, "Presidential Debate: Rick Perry Says 'I've Never Struggled' with Death Penalty," *Washington Post*, September 8, 2011，瀏覽日期二〇二一年七月五日，www.washingtonpost.com/blogs/blogpost/post/presidential-debate-

rick-perry-says-ive-never-struggledwith-death-penalty/2011/09/08/gIQAbJLBCK_blog.html。
3. Jonathan Allen, "Hutchison Won't Resign Senate Seat," *Politico*, November 13, 2009，瀏覽日期二〇二一年七月五日，www.politico.com/story/2009/11/hutchison-wont-resign-senate-seat-029501。
4. "Perry's Witch Trials" (*supra*); Brandi Grissom, "For Perry, Support of Death Penalty May Be Mixed Bag Nationally," *Dallas Morning News*, July 5, 2011; Paul Burka, "The Terminator," *Texas Monthly*, December 2009，瀏覽日期二〇二一年七月五日，www.texasmonthly.com/politics/the-terminator/。
5. Pamela Colloff, "Why John Bradley Lost," *Texas Monthly*, January 21, 2013 ("Why John Bradley Lost")，瀏覽日期二〇二一年七月五日，www.texasmonthly.com/politics/why-john-bradley-lost/。
6. Innocence Project, "Texas Governor Replaces Forensic Examiners," September 30, 2009, www.innocenceproject.org/texasgovernor-replaces-forensic-examiners/.
7. Why John Bradley Lost（引用自 *Grits for Breakfast* 部落格）。
8. "The State Forensic Panel Criticized Their Leader for Calling Cameron Todd Willingham 'A Guilty Monster'," *Dallas Morning News*, October 16, 2010，瀏覽日期二〇二一年七月五日，www.dallasnews.com/news/texas/2010/10/16/thestate-forensic-panel-criticized-their-leader-for-calling-cameron-todd-willinghama-guilty-monster/。
9. Michael Hall, "False Impressions," *Texas Monthly*, January 2016，瀏覽日期二〇二一年七月五日，www.texasmonthly.com/articles/false-impressions/；Jeremy Stahl, "Texas Executed an Almost Certainly Innocent Man," *Slate*, August 15, 2015，瀏覽日期二〇二一年七月五日，slate.com/news-and-politics/2015/08/texas-forensicscience-commission-failed-chairman-john-bradleys-job-was-to-shut-down-thecameron-todd-willingham-investigation.html；Lisa Falkenberg, "Is Perry Pulling a Nixon?" *Houston Chronicle*, September 30, 2009，瀏覽日期二〇二一年七月五日，www.chron.com/news/falkenberg/article/Is-Perry-pulling-a-Nixon-1591626.php。

九、現狀

1. Stefanie Cohen and Brad Hamilton, "Faux-rensic Evidence," *New York Post*, February 22, 2009.
2. Strengthening Forensic Science in the United States: Hearing Before the Senate Committee on the Judiciary, 111th Cong. 1 (2009)，瀏覽日期二〇二一年七月五日，www.govinfo.gov/content/pkg/CHRG-111shrg54720/html/CHRG-111shrg54720.htm。
3. 同上註。
4. Paul C. Giannelli, "The 2009 NAS Report on Forensic Science: A Literature Review," 48 *Criminal Law Bulletin* 378 (2012).

第三部

1. 「密西西比州訴埃迪・李・霍華德案」的重現主要是根據原始法庭紀錄和原始的案件檔案。引用均直接出自法庭紀錄和原始檔案，以下有標註引用的地方除外。
2. Dr. Michael H. West, Bite Mark Report, February 10, 1992（資料由作者留存）。
3. *Triplett v. State of Mississippi*, 666 So.2d 1356 (Miss. 1995)（推翻因伯丁的不適格造成的有罪判決）。
4. *Howard v. State*, 701 So.2d 274, 288 (Miss.1997) ("Howard I").
5. 同上註。
6. *State v. Howard*, 92-400-CR1, Howard I, at 275–289（法庭紀錄由作者留存）。
7. David M. Oshinsky, "*Worse than Slavery*": *Parchman Farm and the Ordeal of Jim Crow Justice*, at 110, Free Press Paperbacks/Simon & Schuster (1996) ("*Worse than Slavery*").
8. "*Worse than Slavery*," at 245.

9. Phyllis Goldfarb, "Race, Exceptionalism, and the American Death Penalty: A Tragedy in Many Acts," 48 *New England Law Review* 691, 694–95 (2017); Margaret Winter and Stephen F. Hanlon, "Parchman Farm Blues: Pushing for Prison Reforms at Mississippi State Penitentiary," 35 No. 1 *Litigation* 6, 5 (2008); Hannah Grabenstein, "Inside Mississippi's Notorious Parchman Prison," *PBS Newshour*, January 29, 2018，瀏覽日期二〇二一年七月五日，www.pbs.org/newshour/arts/inside-mississippis-notorious-parchman-prison。
10. ACLU Press Release, "Facility Was Plagued by Inhumane Conditions and Lack of Medical and Mental Health Care," June 4, 2010，瀏覽日期二〇二一年七月六日，www.aclu.org/press-releases/aclu-strikes-deal-shutter-notorious-unit-32-mississippi-state-penitentiary。

一、取消垃圾科學

1. Innocence Project, Donald Gates, www.innocenceproject.org/cases/donald-eugene-gates/; Innocence Project, Kirk Odom, www.innocenceproject.org/cases/kirk-odom/; Innocence Project, Santae Tribble, www.innocenceproject.org/cases/santae-tribble/.
2. ACLU Press Release, "ACLU Brief Says Conviction and Capital Sentence Should Be Overturned Because of Racial Bias," July 18, 2013，瀏覽日期二〇二一年七月五日，www.aclu-wa.org/blog/aclu-briefsays-conviction-and-capital-sentence-should-be-overturned-because-racial-bias。
3. 美國公民自由聯盟的律師卡桑德拉・斯塔布斯（Cassandra Stubbs）在二〇一三年由美國公民自由聯盟做成的法庭之友書狀中，提出在金特里案中這個「純白人世界」／「惡質存在」的種族偏見論點（資料由作者留存）。有關金特里案的其他細節：Andrew Binion, "Little Comfort Remains for Father of East Bremerton Murder Victim," *Kitsap Sun, USA Today* Network, October 15, 2018，瀏覽日期二〇二一年七月五日，www.kitsapsun.com/story/news/2018/10/15/washington-supreme-court-death-penalty-jonathan-lee-gentry/1632887002/；Rachel La Corte and Gene Johnson, "Washington State Ends 'Racially Biased' Death Penalty," AP, October 11, 2018，瀏覽日期二〇二一年七月五日，www.kitsapsun。
4. 可參見 Spencer S. Hsu, "Convicted Defendants Left Uninformed of Forensic Flaws Found by Justice Dept.," *Washington Post*, April 16, 2012; "Justice Dept., FBI to Review Use of Forensic Evidence in Thousands of Cases," *Washington Post*, July 10, 2012; "Man Exonerated in 1982 DC Killing; DNA Reveals FBI Error in Conviction," *Washington Post*, July 21, 2014; "After FBI Admits Overstating Forensic Hair Matches, Focus Turns to Cases," *Washington Post*, April 20, 2015; "DC Man Imprisoned by Flawed FBI Forensic Evidence Exonerated," *Washington Post*, May 23, 2015。
5. Daniel Rivero, "The FBI Convicted This Man Using Hair Analysis. It Was a Dog's Hair," *Splinter News*, April 21, 2015，瀏覽日期二〇二一年七月五日，splinternews.com/the-fbi-convicted-this-man-using-hair-analysis-itwas-1793847374。
6. Office of the Inspector General, US Department of Justice, "An Assessment of the 1996 Department of Justice Task Force Review of the FBI Laboratory" (2014) ("OIG Report")，瀏覽日期二〇二一年七月五日，oig.justice.gov/reports/2014/e1404.pdf。
7. "OIG Report," at 14. 註：FBI 託辭由於實驗室缺乏電腦的案件追蹤系統，因此要找到之前的定罪十分困難。但是《監察長辦公室報告》發現有一個「毛髮和纖維案例的『手動日誌』，可以獲得一九八二年到一九八七年之間的實驗室報告」，還有「一個單獨的電腦資料庫 Express System，可以獲得爆裂物單位在一九七二年之後的報告」。同上註。
8. "OIG Report," at 14.
9. "OIG Report," at ii.
10. "OIG Report," at i, 66.
11. 可參見 Geoff Earle, "Discredited Ex-FBI Agent Hired Back as a Private Contractor Years Later," *New York Post*, July 21, 2014，瀏覽日期二〇二一年七月五日，nypost.com/2014/07/21/discredited-ex-fbi-agent-hired-back-as-a-privatecontractor-years-

later/。
12. Paul C. Giannelli, "Comparative Bullet Lead Analysis: A Retrospective," 47 *Criminal Law Bulletin* 306 (2010)，瀏覽日期二〇二一年七月五日，scholarlycommons.law.case.edu/cgi/viewcontent.cgi?article=1096&context=faculty_publications。
13. Maurice Possley, National Registry of Exonerations, Jason Krause。參見 https://www.law.umich.edu/special/exoneration/Pages/casedetail.aspx?caseid=5135。註：作者曾經對克勞斯案提供諮詢，也對法庭之友的書狀有貢獻。
14. 有關於頭髮審核協議的詳細討論，可參見"The Shifted Paradigm," at 28-30 (*supra*)。
15. Brandon L. Garrett, "Bad Hair: The Legal Response to Mass Forensic Errors," 42 *Litigation* 32, 35 (2016)，瀏覽日期二〇二一年七月五日，scholarship.law.duke.edu/cgi/viewcontent.cgi?article=6581&context=faculty_scholarship。
16. "Deputy Attorney General Sally Q. Yates Delivers Remarks During the Sixty-Eighth Annual Scientific Meeting Hosted by the American Academy of Forensic Sciences," Las Vegas, NV, February 24, 2016，瀏覽日期二〇二一年七月五日，www.justice.gov/opa/speech/deputy-attorney-general-sally-q-yates-delivers-remarks-during-68th-annual-scientific（發言稿）。

二、咬痕戰爭的第一槍

1. UT Health, San Antonio, School of Dentistry, Preceptors & Fellowships，瀏覽日期二〇一九年二月，www.uthscsa.edu/academics/dental/departments/comprehensive-dentistry/preceptor-fellowship。
2. 這句話和以下所有引述均出自以下案件的法庭紀錄：*People v. Clarence Dean*, Indictment No. 04555/07, June 12, 14, 2012 ("Dean transcripts")（資料由作者留存）。為使其更清楚，對話經過濃縮和略做編輯。
3. "Dean transcripts," at 21。註：森恩繼續作證說：批評者認為牙醫「正試著把我們對屍體識別所做的工作延伸到對咬痕的識別。他們通常是指，在做屍體識別時，有三十二顆牙齒，每顆牙有五個面，加上所有骨頭和其他物質一起參與識別，這與在咬痕配對中或許只有四或五個、六個參考點可以進行識別非常不同。好吧，那其實不是真的。我的意思是，我們還是可以進行識別，在世貿中心時，我們有許多案例都是用很少的殘存部位，也就是僅有的、不多的資訊，完成了識別。」("Dean transcripts," at 21)
4. 可參見 Michael J. Saks, "Scientific Evidence and the Ethical Obligations of Attorneys," 49 *Cleveland State Law Review* 421 (2001)。
5. American Board of Forensic Odontology, *Diplomates Reference Manual*, at 90（二〇一六年三月版）。
6. 參見 David R. Senn and Paul G. Stimson, *Forensic Dentistry*, 2nd ed., CRC Press, Taylor & Francis Group (2010)。註：《法醫牙科學》（*Forensic Dentistry*）封面的傷口照片沒有說明來源。作者根據自己對這張著名圖片的知識，而在書中提到那據說是泰德·邦迪造成的傷口（這張圖片在網路上廣泛流傳）。
7. *The Dr. Oz Show*, "The One Piece of Physical Evidence that Put Ted Bundy Behind Bars, Revealed," May 7, 2019，瀏覽日期二〇一九年二月，www.doctoroz.com/episode/true-crime-who-ted-bundys-daughter?video_id=6033481435001。
8. *Hayne v. the Innocence Project*, at 36.

三、史蒂夫·錢尼的新律師

1. Linda Rodriguez McRobbie, "In Texas, a New Law Lets Defendants Fight Bad Science," *Atlantic*, February 28, 2014，瀏覽日期二〇一九年二月，www.theatlantic.com/national/archive/2014/02/in-texas-a-newlaw-lets-defendants-fight-bad-science/283895/。
2. 此處的說明是根據美國國家免罪登記處（National Registry of Exonerations）所列的十七個案件，瀏覽日期二〇一九年二月，www.law.umich.edu/special/exoneration/Pages/search.aspx；其他案件的相關文件則是由法醫學完善中心（Center

for Integrity in Forensic Sciences）的執行董事凱特．賈德森（Kate Judson）提供的（資料由作者留存）。也可參見 Emily Bazelon, "Shaken-Baby Syndrome Faces New Questions in Court," *New York Times*, February 2, 2011，瀏覽日期二〇二一年七月六日，www.nytimes.com/2011/02/06/magazine/06baby-t.html。

3. "TFSC Willingham Report," at 8.
4. Albert Samaha, "Don't Ever Tell Us What You Saw: The Story Behind the Deadliest Prison Bus Crash in Texas History," *BuzzFeed News*, January 13, 2016，瀏覽日期二〇二一年七月五日，www.buzzfeednews.com/article/albertsamaha/the-deadliest-prison-bus-crash-in-texas-history。

五、咬痕戰爭益發險惡

1. Proceedings of the American Academy of Forensic Sciences, February 2013, *Academy News*, "Distinguished Fellow Honoree," January 2013, Vol. 43, Issue 1, at 4，瀏覽日期二〇二一年七月五日，www.aafs.org/common/Uploaded%20files/Resources/News%20Library/2013/Jan13Rev01-13.pdf。
2. *State v. Stinson*, 134 Wis. 2d 224 (1986).
3. National Registry of Exonerations, Robert Lee Stinson，瀏覽日期二〇二一年七月五日，www.law.umich.edu/special/exoneration/Pages/casedetail.aspx?caseid=3666。
4. Amanda Lee Myers, "Bites Derided As Unreliable in Court," AP, June 16, 2013.
5. 這個場景是根據作者的第一手印象加以重現；引用的文字是來自助理地區檢察官羅伯特．法拉利（Robert Ferrari）提交給麥克斯韋．威利法官的一封信（那封信是為了替摩日的行為辯護），該信可見於 *People v. Clarence Dean* Indictment No. 04555/07，日期為二〇一六年一月八日（Ferrari letter）（資料由作者留存）。
6. People's brief in *People v. Clarence Dean*, Indictment No. 04555/07（資料由作者留存）。也可參見 Radley Balko, "The Path Forward on Bite Mark Matching—and the Rearview Mirror," *Washington Post*, February 12, 2015，瀏覽日期二〇二一年七月五 日，www.washingtonpost.com/news/the-watch/wp/2015/02/20/the-path-forward-onbite-mark-matching-and-the-rearview-mirror/（其中詳細描述摩日的誤導性摘要和她在二〇一三年美國鑑識科學學會會議上的行為）。
7. "Ferrari letter," at 3–4.
8. Radley Balko, "Attack of the Bite Mark Matchers," *Washington Post*, February 18, 2015，瀏覽日期二〇二一年七月五日，www.washingtonpost.com/news/the-watch/wp/2015/02/18/attack-of-the-bite-markmatchers-2/。
9. 作者是以鮑爾斯辯護團隊的顧問身分出席該次倫理聽證，該辯護團隊是由超大型律師事務所的前合夥人加布里埃爾．富恩特斯閣下（Gabriel Fuentes，簡博律師事務所〔Jenner & Block, LLP〕的前合夥人）和歐文．沃倫（Irwin Warren，現已從威嘉律師事務所〔Weil, Gotshal and Manges, LLP〕退休）無償帶領。
10. Franklin D. Wright and Melissa Mourges, "Bitemarks from the Emergency Room to the Courtroom: the Importance of the Expert in Forensic Odontology," Proceedings of the American Academy of Forensic Sciences, February 2015, at 740，瀏覽日期二〇二一年七月五日，aafs.org/common/Uploaded%20files/Resources/Proceedings/2015_Proceedings.pdf。

六、史蒂夫．錢尼的新檢察官

1. angelliftdental.com/our-team/，瀏覽日期二〇二一年七月一日。
2. *Ex Parte Chaney*, 2018, at fn. 49.
3. Timothy Cole Exoneration Review Commission, Report to: Texas Governor Greg Abbott, Texas Legislature, Texas Judicial Council, December 2016, at 6，瀏覽日期二〇二一年七月五日，www.txcourts.gov/media/1436589/tcerc-final-report-december-9-2016.pdf。
4. "Dallas DA Disappears without Explanation," *USA Today*, August 24, 2015，瀏覽日期二〇二一年七月五日，www.usatoday.com/story/news/nation/2015/08/24/dallas-da-

disappears-withoutexplanation/32298973/。

七、基思．哈沃德喊出「將軍！」

1. Bill McKelway, "From the Archives: How the 1984 Escape from Virginia's Death Row Happened," *Richmond Times-Dispatch*, May 30, 2009，瀏覽日期二〇二一年七月五日，richmond.com/from-the-archives/from-the-archives-how-the-1984-escape-from-virginias-death-row-happened/article_19ea1684-9af2-5d24-86ab-5875eaf2068c.html。
2. Prison Policy Initiative, Virginia profile，瀏覽日期二〇二一年七月五日，www.prisonpolicy.org/profiles/VA.html。
3. "Ironclad in Its Time, MCC Faces Its Own Death Penalty," SoVaNow.com, December 13, 2011，瀏覽日期二〇二一年七月五日，www.sovanow.com/index.php?/news/article/about_mecklenburg_correctional_center/。

第四部

1. *Howard v. Mississippi*, No. 2014-DR-01305-SCT, Oral Argument Webcast Transcription, at 67, June 23, 2015（資料由作者留存）。
2. *Howard v. State*, 945 So.2d 326, 370 (Miss. 2006).
3. Jamelle Bouie, "Twelve Deaths in Mississippi Tell a Grim Story," *New York Times*, January 31, 2020，瀏覽日期二〇二一年七月五日，www.nytimes.com/2020/01/31/opinion/mississippi-prison-deaths.html?smid=nytcore-ios-share。
4. Shannon Estes, "Day Care Awaits Verdict," *Hattiesburg American*, December 2, 2000（其中指出懷特在二〇〇〇年的審判中聘用韋斯特為專家）。
5. Betty Mallet, "Dentist Allowed to Testify," *Hattiesburg American*, December 1, 1983（「韋斯特之前沒有在咬痕案中作證的經驗」）；Betty Mallett, "Dentist Testimony Links Bite Mark to Don Horn," *Hattiesburg American*, December 2, 1983（所引之用語，及指出懷特是檢察官）。p.287（第181頁）
6. 參見 *Brewer v. State*, 725 So.2d 106 (1998)（懷特在肯尼迪．布魯爾案中替韋斯特辯護）；*Brewer v. State*, 819 So.2d 1169 (2002)（同案）；*Howard v. State*, 701 So.2d 274 (1997)（懷特在埃迪．李．霍華德的第一次有罪判決上訴時替韋斯特辯護）；*Howard v. State*, 853 So.2d 781 (2003)（懷特在埃迪．李．霍華德的第二次有罪判決上訴時替韋斯特辯護）；*Brown v. State*, 798 So.2d 481 (2001)（懷特在舍伍德．布朗〔Sherwood Brown〕的謀殺有罪判決上訴的審前分析中替韋斯特辯護，該判決在二〇一七年撤銷）；也可參見 *Brown v. State*, 277 So.3d 1288 (2017)（撤銷布朗的有罪判決）。
7. 這句話和以下所有引述均出自「埃迪．李．霍華德訴密西西比州案」在二〇一六年四月十六日的證詞。為使其更清楚，對話經過濃縮和略做編輯。可參見 Deposition of Dr. Michael Howard West, April 16, 2016, *Howard v. Mississippi*, No. 2000-0115-CVI；2010-DR-01043-SCT，於二〇二一年七月五日在《華盛頓郵報》網站瀏覽，www.washingtonpost.com/news/the-watch/wp/2016/08/24/expert-witness-goes-nutsduring-questioning-for-mississippi-death-penalty-case/。

一、我們的英雄

1. 所有引述均出自二〇一六年五月四日至六日、二〇一七年十月二日在朗茲郡巡迴法院舉辦的定罪後證據調查聽證的法庭紀錄。為使其更清楚，對話經過濃縮和略做編輯。*Howard v. Mississippi*, No. 2000-0115-CVI; 201-DR-01043-SCT（法庭紀錄資料由作者留存）。
2. "Forensics Charlatan" (*supra*).
3. *Howard v. Mississippi*, Lowndes County Circuit Court, October 10, 2018（未公開之意見，資料由作者留存）。

二、德州法醫科學委員會的聽證

1. Bob Marley, "Slave Driver," *Catch a Fire* (Island Records, 1976).
2. 作者人在現場，被害人家屬的評論也可見於下列報導：Jessica Lussenhop, "Can You Catch a Killer Using Only Teeth Marks?" BBC News, February 15, 2016，瀏覽日期二〇二一年六月二日，www.bbc.com/news/magazine-35564041。
3. 這句話和以下所有引述均出自二〇一五年十一月十六日的委員會聽證紀錄。為使其更清楚，對話經過濃縮和略做編輯。參見 Texas Forensic Science Commission, "Bite Mark Comparison Review Panel Meeting," TFSC Complaint No. 1109.15.07, November 16, 2015（檔案資料由作者留存）。也可參見 "Bite Mark Comparison Review Panel Meeting," TFSC Complaint No. 1109.15.07，瀏覽日期二〇二一年七月八日，https://www.txcourts.gov/media/1439991/20150916-minutes-fsc-bitemark-comparison-review-panel.pdf（會議紀錄）。p.318（第 200 頁）
4. Brandi Grissom, "Arguments Over Bite Marks Get Testy at Texas Forensic Science Commission Meeting," *Dallas Morning News*, November 17, 2015，瀏覽日期二〇二一年七月五日，www.dallasnews.com/news/politics/2015/11/17/argumentsover-bite-marks-get-testy-at-texas-forensic-science-commission-meeting/。
5. Texas Forensic Science Commission, "Forensic Bitemark Comparison Complaint Filed by National Innocence Project on Behalf of Steven Mark Chaney—Final Report," at 16–17 (2016)，瀏覽日期二〇二〇年六月，www.txcourts.gov/media/1440871/finalbitemarkreport.pdf。

三、史蒂夫・錢尼與他在審判時的檢察官見面

1. Innocence Project, "Description of Bite Mark Exonerations," https://innocenceproject.org/wp-content/uploads/2021/07/Description-ofbite-mark-exonerations-and-statistical-analysis_UPDATED-7.6.2021_DRAFT-1.pdf（其中記錄了所有已知的、可歸因於咬痕證據的錯誤定罪）。
2. President's Council of Advisors on Science and Technology, "Report to the President: Forensic Science in Criminal Courts: Ensuring Scientific Validity of Feature-Comparison Methods" (2016).
3. *Starks v. City of Waukegan*, No. 09 C 348, 2015 WL 5012131, at *13 (N.D. Ill. July 24, 2015).
4. 美國司法部對《PCAST 報告》之聲明，二〇二一年一月十三日，瀏覽日期二〇二〇年七月五日，https://www.justice.gov/olp/page/file/1352496/download。

國家圖書館出版品預行編目資料

法庭上的偽科學：從齒痕鑑定冤案檢視美國刑事司法系統中的垃圾科學
克里斯・法布里坎特 M. Chris Fabricant 著　堯嘉寧 譯
初版. -- 臺北市：商周出版：城邦文化事業股份有限公司出版：
英屬蓋曼群島商家庭傳媒股份有限公司城邦分公司發行
2023.12　面；　公分
譯自：Junk Science and the American Criminal Justice System
ISBN 978-626-318-939-3（平裝）

1. CST: 刑事偵查 2.CST: 鑑識 3.CST: 司法制度 4.CST: 法醫學

548.6　　112018568

法庭上的偽科學：從齒痕鑑定冤案檢視美國刑事司法系統中的垃圾科學

原文書名／Junk Science and the American Criminal Justice System
作　　者／克里斯・法布里坎特 M. Chris Fabricant
譯　　者／堯嘉寧
責任編輯／陳玳妮
版　　權／林易萱

行銷業務／周丹蘋、賴正祐
總 編 輯／楊如玉
總 經 理／彭之琬
事業群總經理／黃淑貞
發 行 人／何飛鵬
法律顧問／元禾法律事務所 王子文律師
出　　版／商周出版　城邦文化事業股份有限公司
台北市中山區民生東路二段 141 號 4 樓
電話：(02) 25007008　傳真：(02)25007759
E-mail：bwp.service@cite.com.tw
Blog：http://bwp25007008.pixnet.net/blog
發　　行／英屬蓋曼群島商家庭傳媒股份有限公司城邦分公司
台北市中山區民生東路二段 141 號 2 樓
書虫客服服務專線：(02)25007718；(02)25007719
服務時間：週一至週五上午 09:30-12:00；下午 13:30-17:00
24 小時傳真專線：(02)25001990；(02)25001991
劃撥帳號：19863813；戶名：書虫股份有限公司
讀者服務信箱：service@readingclub.com.tw
歡迎光臨城邦讀書花園　網址：www.cite.com.tw
香港發行所／城邦（香港）出版集團有限公司
香港九龍九龍城土瓜灣道 86 號順聯工業大廈 6 樓 A 室
E-mail：hkcite@biznetvigator.com
電話：(852) 25086231　傳眞：(852) 25789337
馬新發行所／城邦（馬新）出版集團【Cite (M) Sdn. Bhd.】
41, Jalan Radin Anum, Bandar Baru Sri Petaling,
57000 Kuala Lumpur, Malaysia.
Tel: (603) 90578822　Fax: (603) 90576622
Email: cite@cite.com.my

封面設計／李東記
排　　版／芯澤有限公司
印　　刷／韋懋印刷有限公司
經 銷 商／聯合發行股份有限公司
電話：(02)2917-8022　傳真：(02)2911-0053

■ 2023 年 12 月 05 日初版　　Printed in Taiwan

定價 580 元

城邦讀書花園
www.cite.com.tw

ISBN 978-626-318-939-3